GESTÃO DAS RELAÇÕES ECONÔMICAS INTERNACIONAIS E COMÉRCIO EXTERIOR

Dados Internacionais de Catalogação na Publicação (CIP)
(Câmara Brasileira do Livro, SP, Brasil)

Ultemar da Silva, José
 Gestão das relações econômicas intenacionais e comércio exterior / José Ultemar da Silva, organizador. -- São Paulo : Cengage Learning, 2008.
 Vários autores.

 Bibliografia
 ISBN 978-85-221-0626-4

 1. Comércio exterior 2. Relações econômicas internacionais I. Silva, José Ultemar da.

08-05274   CDD-382

Índices para catálogo sistemático:
1. Relações econômicas internacionais :
Comércio internacional 382

GESTÃO DAS RELAÇÕES ECONÔMICAS INTERNACIONAIS E COMÉRCIO EXTERIOR

José Ultemar da Silva

(Organizador)

Givan Fortuoso da Silva

José Flávio Messias

Marcos Antônio de Andrade

Paula Meyer Soares Passanezi

Samir Keedi

Sérgio dos Santos

Austrália • Brasil • Japão • Coréia • México • Cingapura • Espanha • Reino Unido • Estados Unidos

Gestão das Relações Econômicas Internacionais e Comércio Exterior

José Ultemar da Silva (organizador)

Gerente Editorial: Patricia La Rosa

Editora de Desenvolvimento: Danielle Mendes Sales

Supervisor de Produção Editorial: Fabiana Albuquerque

Produtora Editorial: Fernanda Batista dos Santos

Copidesque: Andréa Pisan Soares Aguiar

Revisão: Camilla Bazzoni e Vivian Miwa Matsushita

Diagramação: ERJ

Capa: Marcela Perroni (Ventura Design)

© 2008 Cengage Learning Edições Ltda.

Todos os direitos reservados. Nenhuma parte deste livro poderá ser reproduzida, sejam quais forem os meios empregados, sem a permissão, por escrito, da Editora.

Aos infratores aplicam-se as sanções previstas nos artigos 102, 104, 106 e 107 da Lei nº 9.610, de 19 de fevereiro de 1998.

Para informações sobre nossos produtos, entre em contato pelo telefone **0800 11 19 39**
Para permissão de uso de material desta obra, envie seu pedido para
direitosautorais@cengage.com

© 2008 Cengage Learning. Todos os direitos reservados.
ISBN 13: 978-85-221-0626-4
ISBN 10: 85-221-0626-6

Cengage Learning
Condomínio E-Business Park
Rua Werner Siemens, 111 – Prédio 20 – Espaço 03
Lapa de Baixo – CEP 05069-900
São Paulo – SP
Tel.: (11) 3665-9900 – Fax: (11) 3665-9901
sac@thomsonlearning.com.br
www.thomsonlearning.com.br

Para suas soluções de curso e aprendizado, visite www.cengage.com.br

Impresso no Brasil.
Printed in Brazil.
1 2 3 4 5 6 7   12 11 10 09 08

Sobre os Autores

José Ultemar da Silva
Pós-doutor em Administração pela FEA-USP, doutor em Ciências Sociais, mestre em Economia Política pela PUC/SP e especialista em Comércio Exterior pela Fecap-SP. Professor de cursos de graduação e de pós-graduação da Universidade Nove de Julho (Uninove).

Givan Fortuoso da Silva
Mestre em Administração de Empresas pela Universidade Presbiteriana Mackenzie, professor do curso de graduação em Comércio Exterior do Mackenzie e de cursos de pós-graduação da Uninove.

José Flávio Messias
Doutor em Ciências Sociais e mestre em Economia Política pela PUC/SP. Professor de cursos de pós-graduação da Uninove e da Faculdade Eniac.

Marcos Antônio de Andrade
Mestre em Administração de Empresas pela Universidade Nove de Julho e especialista em Comércio Exterior pela FASP. Professor de cursos de graduação e de pós-graduação da Uninove.

Paula Meyer Soares Passanezi
Doutora e mestre em Economia de Empresas pela FGV-SP. Professora e coordenadora do curso de graduação em Economia e do curso de pós-graduação em Finanças e Banking da Uninove.

Samir Keedi
Bacharel em Economia pela PUC-SP, pós-graduado e mestre em Administração pela Unip. Consultor da Aduaneiras, especialista em Transportes, Logística, Incoterms e Carta de Crédito. Autor de vários livros e tradutor oficial para o Brasil do Incoterms 2000. Professor da Aduaneiras e de cursos de pós-graduação/MBA de várias universidades.

Sérgio dos Santos
Bacharel em Administração pela Unib e pós-graduado em Comércio Exterior pela Unip. Professor de cursos de graduação e de pós-graduação em Comércio Exterior da Uninove.

"Se planejarmos para um ano, devemos plantar cereais.
Se planejarmos para décadas, devemos plantar árvores.
Se planejarmos para a vida, devemos educar o homem."

Kwantzu, China, século III a.C.

Sumário

Prefácio XVII

1 Origem e evolução do comércio internacional 1
Introdução 1
1.1 O comércio exterior brasileiro na década de 1980 2
1.2 O comércio exterior brasileiro na década de 1990 5
    1.2.1 Condicionantes da abertura da economia brasileira 5
    1.2.2 O governo Collor e o processo de abertura econômica . 8
1.3 O governo Itamar Franco 8
    1.3.1 Perspectivas históricas 8
    1.3.2 A retomada do processo de integração econômica
          regional 10
    1.3.3 O Mercosul e a sua importância para a
          alavancagem do comércio exterior brasileiro 10
    1.3.4 A reforma da política de importação 13
1.4 O governo Fernando Henrique Cardoso 15

1.5 O comércio exterior brasileiro a partir dos anos 2000............17
Exercícios de fixação..20
Referências bibliográficas...20

2 A sistemática de importação 23

Introdução 23
2.1 Importação – definição e importância 24
2.2 Aspectos comerciais na importação 24
    2.2.1 *Incoterms* (*International Commercial Terms*) na importação 25
    2.2.2 Modalidades de pagamento na importação.................28
2.3 Sistema administrativo das importações 30
    2.3.1 Sistema Integrado de Comércio Exterior – Siscomex Importação 30
    2.3.2 Registro de importador 31
2.4 Licenciamento das importações...31
    2.4.1 Modalidades de licenciamento 31
    2.4.2 Licenciamento de importação – considerações gerais ..32
2.5 Classificação fiscal de mercadorias 33
    2.5.1 Nomenclatura Comum do Mercosul (NCM) 34
    2.5.2 Nomenclatura da Associação Latino-Americana de Desenvolvimento e Integração (NALADI/SH)............35
    2.5.3 Tabela de Incidência do Imposto sobre Produtos Industrializados (TIPI) 36
    2.5.4 Nomenclatura de Valor Aduaneiro e Estatística (NVE) ...36
    2.5.5 Orientações gerais para realização do trabalho de classificação fiscal de mercadorias 36
2.6 Tratamento fiscal aplicado às importações brasileiras 38
    2.6.1 Impostos incidentes na importação 38
    2.6.2 Taxas e serviços na importação....................................43
2.7 Despacho aduaneiro nas importações..................................45
    2.7.1 Definição e etapas do processo de despacho aduaneiro na importação 45

2.7.2 Despacho aduaneiro antecipado 47
2.7.3 Declaração Simplificada de Importação (DSI) 48
2.8 Regimes aduaneiros – tipologia 48
2.8.1 Regimes aduaneiros especiais existentes no Brasil e a sua importância 49
Exercícios de fixação 60
Referências bibliográficas 60

3 Discutindo a importância e a sistemática das exportações 63

Introdução 63
3.1 Breve relato sobre a evolução das exportações brasileiras 65
3.2 O conceito de exportação 69
3.3 O Registro do Exportador (RE) 70
3.4 Identificação e classificação fiscal da mercadoria 71
3.5 O processo de exportação passo a passo 72
3.5.1 Principais despesas específicas de exportação 74
3.5.2 Documentos inerentes à exportação 75
3.6 Tipos de exportação 77
3.7 Formas de pagamento 78
Considerações finais 78
Exercícios de fixação 79
Referências bibliográficas 79

4 Logística internacional 81

Introdução 81
4.1 Início dos transportes 82
4.2 A logística 82
4.3 Utilização da logística 83
4.4 A inoperância brasileira e os prejuízos constantes 84
4.5 Adequações para nossa logística portuária 85

4.6 Fazendo logística 86
4.7 Globalização e sua importância logística 89
4.8 Custos logísticos 89
Exercícios de fixação 92
Referências bibliográficas 92

5 Mercado cambial 93
Introdução 93
5.1 Sistemas cambiais de alguns países 94
    5.1.1 Alemanha 94
    5.1.2 Chile 94
    5.1.3 Espanha 95
    5.1.4 França 95
    5.1.5 México 96
    5.1.6 Nova Zelândia 96
    5.1.7 Portugal 96
    5.1.8 Peru 97
    5.1.9 Reino Unido 97
    5.1.10 Uruguai 98
    5.1.11 Venezuela 98
5.2 O sistema cambial brasileiro 99
    5.2.1 Conselho Monetário Nacional (CMN) 99
    5.2.2 Banco Central do Brasil (Bacen) 99
    5.2.3 Bancos comerciais 101
    5.2.4 Bancos múltiplos 101
    5.2.5 Outros participantes do mercado de câmbio 101
    5.2.6 Secretaria de Comércio Exterior (Secex) 102
    5.2.7 Secretaria da Receita Federal (SRF) 102
    5.2.8 Ministério das Relações Exteriores 102
    5.2.9 Sistema de Informações do Banco Central (Sisbacen)....103
    5.2.10 Sistema Integrado de Comércio Exterior (Siscomex)...103

5.3 Mercado de câmbio brasileiro 103
    5.3.1 Regulamento do Mercado de Câmbio e Capitais
          Internacionais (RMCCI) 105
5.4 Contratação das operações de câmbio....................................106
    5.4.1 Formalização das operações de câmbio.....................107
    5.4.2 Liquidação de operação de câmbio 107
    5.4.3 Alteração de uma operação de câmbio......................107
    5.4.4 Cancelamento de contrato de câmbio 107
    5.4.5 Prazo das operações de câmbio.................................108
    5.4.6 Tipos de contrato de câmbio.....................................108
Exercícios de fixação..109
Referências bibliográficas..109

6 Os financiamentos no comércio exterior 111

Introdução 111
6.1 A expansão das relações comerciais entre os países 112
6.2 Os mecanismos de apoio às exportações 112
6.3 O Brasil no comércio internacional 115
    6.3.1 Participação brasileira no comércio internacional e
          utilização dos financiamentos 116
6.4 Financiamentos 117
    6.4.1 Definição de financiamento 119
    6.4.2 Formas de financiamento..119
    6.4.3 Política brasileira para financiamentos.....................119
6.5 PROGER Exportação..120
6.6 Financiamentos privados às exportações 120
6.7 Adiantamento sobre Contrato de Câmbio (ACC)...................121
    6.7.1 ACC indireto 122
6.8 Adiantamento sobre Cambiais Entregues (ACE)....................122
6.9 Adiantamento às exportações ou pré-pagamento 122

6.10 Financiamento com recursos próprios do exportador ou de terceiros..123
    6.10.1 Taxas mínimas de juros para os financiamentos......123
6.11 Seguro de crédito à exportação..124
6.12 Fundo de Garantia para a Promoção da Competitividade (FGPC)...124
    6.12.1 Comissão de garantia 126
Considerações finais..127
Exercícios de fixação..127
Referências bibliográficas..128
Sites..128

7 Os pagamentos internacionais: modalidades...... 129

Introdução 129
7.1 *Forfaiting* 130
7.2 Pré-pagamento de exportação 131
7.3 Compra e venda de *performance* de exportação..................133
7.4 *Export note* 134
7.5 Programa de Financiamento às Exportações (Proex)...........136
    7.5.1 Proex/financiamento..136
    7.5.2 Proex/equalização 138
7.6 BNDES-EXIM...142
    7.6.1 Pré-embarque..143
    7.6.2 Pré-embarque especial..144
    7.6.3 Pré-embarque – empresa âncora 144
    7.6.4 Pós-embarque 145
7.7 Securitização de exportação 146
7.8 Agências Internacionais de Crédito (ECAs) 147
7.9 *Leasing* internacional 149
7.10 Assunção de dívida internacional 149
7.11 Mútuo externo 149

7.12 Empréstimos de acordo com a Resolução n° 2.770 150
7.13 Garantias externas.. 150
      7.13.1 *Bid bond* 152
      7.13.2 *Performance bond* 152
      7.13.3 *Advance payment guarantee* 152
      7.13.4 *Standby letter of credit* 152
      7.13.5 *Comfort letter* 153
Exercícios de fixação 154
Referências bibliográficas 154
Sites 154

8 Órgãos reguladores do comércio internacional... 155

8.1 O avanço do comércio internacional na Europa e as transformações das relações internacionais 155
8.2 Cenário de regulação internacional 159
8.3 *General Agreement on Tariffs and Trade* (GATT) 159
      8.3.1 Princípios do GATT 161
8.4 Organização Mundial do Comércio (OMC) 162
      8.4.1 Os Princípios da OMC 164
8.5 Organização das Nações Unidas (ONU) 165
8.6 Fundo Monetário Internacional (FMI) 166
8.7 A Rodada de Doha 166
Exercícios de fixação 167
Referências bibliográficas 167

9 Gestão internacional e competitividade nos negócios 169

Introdução 169
9.1 A globalização e as mudanças nas organizações 170
9.2 Estratégias competitivas no ambiente globalizado 172

9.3 Investimentos: base da competitividade no comércio internacional 173
9.4 A valorização da voz do consumidor 176
9.5 Preocupação social corporativa no cenário globalizado 176
9.6 Comércio eletrônico: a expansão dos negócios 177
9.7 O Brasil após a abertura comercial 179
Considerações finais 180
Exercícios de fixação 181
Referências bibliográficas 182

10 O papel das instituições na construção do século XXI segundo a nova economia e as relações internacionais 185

Introdução 185
10.1 O papel das instituições na visão das relações internacionais .. 186
10.2 O surgimento das organizações internacionais 187
10.3 A ascensão dos blocos econômicos e das instituições multilaterais 188
10.4 A crise de atuação do Estado e do *Welfare State* 189
10.5 O papel das instituições segundo a nova economia 195
Considerações finais 198
Exercícios de fixação 199
Referências bibliográficas 199

Prefácio

Um livro sobre relações econômicas internacionais e comércio exterior apresenta uma demanda cada vez maior, uma vez que o tema vem ganhando espaço em jornais, revistas, filmes e documentários na grande aldeia global. Na verdade, o contexto internacional ainda é um mundo desconhecido e, com o passar dos anos, o número de obras sobre o tema deverá aumentar consideravelmente.

Esta obra destina-se, em especial, a alunos, profissionais e pesquisadores das áreas de Administração, Economia, Comércio Exterior e Relações Internacionais. Como esses são assuntos de grande interesse no Brasil, fizemos um esforço para torná-los mais acessíveis e compreensíveis aos que não estão familiarizados com eles. Este material foi elaborado com base nas experiências dos autores, que atuam na área como professores, pesquisadores e palestrantes, e contribuíram imensamente para o desenvolvimento deste trabalho.

Em relação à literatura sobre relações econômicas internacionais e comércio exterior, este livro se distingue dos demais pela linguagem clara e objetiva; apresenta análise aplicada sobre o assunto em sua total dimensão, sem esquecer das tendências que tornam o exterior fonte de renda e de expansão transnacional. Atualmente, em tempos de crises e instabilidades, as empresas priorizam o comércio internacional e buscam no resto do mundo oportunidades de minimizar suas dependências e suas deficiências, aprimorar estratégias e efetivar a expansão dos negócios.

Ademais, abordamos nesta obra a discriminação e os problemas que reinam no comércio internacional, justamente no momento em que os países fecham as portas para tentar resolver crises internas. Contudo, muitos se esquecem de que várias crises são oriundas do esgotamento e da má condução das políticas econômicas adotadas. É por meio dessa análise que apresentamos os elementos que possibilitam comparar tais políticas.

Isoladas, as nações não conseguem sobreviver! Esse discurso é muito usado para explicar a importância das relações comerciais entre os países. Na verdade, quando se fala em relações internacionais é preciso expandir as explicações para enquadrar a dimensão dessas relações, que saem do caráter comercial e abrangem tantos outros aspectos.

Não se trata aqui de abordar somente a sistemática do comércio internacional. Pretende-se fazer com que os leitores entendam a interação entre as relações comerciais e as demais áreas do saber (social, política, econômica, produtiva, cultural, religiosa, entre outras). Quando falamos em relações comerciais, em um primeiro momento nos referimos à compra e à venda; utilizando o vocabulário mais técnico, falamos sobre importação e exportação, mas a discussão é muito ampla.

Com a expansão das navegações, a descoberta da América e a circunavegação da África abriram-se novas possibilidades para a burguesia em ascensão. Os vastos mercados que envolviam a Índia e a China, o processo de colonização da América, o ativo comércio das colônias, a evolução fantástica dos mecanismos de troca e o aumento das mercadorias em geral foram fatores que determinaram o desenvolvimento do comércio, da produção industrial, dos serviços e do capitalismo. Crescimento que, muitas vezes, foi prejudicado por guerras e conflitos entre as nações.

No que diz respeito a negócios internacionais, a proposta é também fornecer uma visão abrangente do papel de alguns dos principais organismos internacionais no comércio entre países; em meio à globalização dos mercados e à crescente desregulamentação financeira e comercial, esses organismos adquiriram importância crucial de controle. De um lado, porque alguns deles definem e muitas vezes impõem os rumos da globalização, de outro, porque grande parte deles possui mecanismos de participação que não são devidamente explorados.

Esta obra está dividida em dez capítulos; o objetivo é apresentar aos leitores os temas em seqüência lógica.

No primeiro capítulo fazemos uma abordagem sobre a origem e a evolução do comércio internacional, mostrando as fases dessa evolução, as razões, a importância e os problemas do comércio internacional.

No segundo capítulo apresentamos a sistemática de importação. Passo a passo mostramos o processo de importação e os aspectos administrativos e fiscais inerentes. Outro objetivo é mostrar a importância das importações no desenvolvimento das nações, pois os países não conseguem viver apenas de recursos próprios.

No terceiro capítulo abordamos questões práticas sobre a sistemática de exportação proporcionando ao leitor informações básicas sobre regras e procedimentos administrativos e fiscais envolvidos nas operações de exportação, apresentamos também a importância do Sistema Integrado de Comércio Exterior (Siscomex) e dos demais órgãos competentes que participam dessa operação.

No quarto capítulo apresentamos uma abordagem sobre a importância da logística no cenário das transações internacionais, bem como os custos logísticos resultantes dos diversos modais de transportes internacionais.

No quinto capítulo destacamos o funcionamento do mercado de câmbio e o importante papel que exerce nos fluxos de comércio internacional, com participação direta na definição do cenário econômico de alguns mercados, principalmente em países como o Brasil, classificado como emergente. Esse conceito torna-se relevante porque uma grande oscilação no preço de uma taxa de câmbio pode influenciar diretamente diversos setores de uma economia e contribuir para estabelecer tendências no ritmo de desenvolvimento de um mercado e de seu Produto Interno Bruto (PIB).

O sexto capítulo trata dos financiamentos no comércio exterior. Apresenta as dificuldades das empresas para obter matérias-primas, máquinas, equipamentos e instrumentos diversos, os quais são utilizados para a produção de bens e a instalação de novas indústrias. Nesse contexto, são apresentadas as principais linhas de financiamento para exportação, as garantias e os principais órgãos reguladores.

No sétimo capítulo destacamos os pagamentos internacionais. A proposta é apresentar particularidades das principais operações de financiamento, suas características e seus fluxos. Além dos financiamentos, apresentamos algumas das principais garantias de comércio exterior praticadas no mercado brasileiro.

No oitavo capítulo elencamos os órgãos reguladores do comércio internacional. A proposta é discutir sobre os principais organismos intervenientes nas transações econômico-financeiras internacionais e mostrar a importância desses órgãos na evolução e regulação dessas operações.

O nono capítulo discute a gestão dos negócios no cenário internacional. Abordamos a nova gestão das empresas no cenário internacional, mostrando a competitividade no mundo dos negócios bem como a importância de as empresas se prepararem para enfrentar a grande concorrência no comércio mundial, um ambiente cada vez mais globalizado e competitivo. O texto traz informações sobre comércio exterior e experiências em gestão internacional, além disso, oferece uma visão analítica sobre o tema.

O décimo capítulo é marcado pela abordagem do papel das instituições na construção do século XXI a partir da ótica da nova economia e das relações internacionais, caracterizado pelo surgimento de novos paradigmas, decorrentes do ritmo acelerado dos avanços tecnológicos e seus desdobramentos nos campos econômico, político e social, representando, assim, uma dinâmica na determinação dos rumos da economia e na intermediação dos conflitos existentes nas relações internacionais entre os Estados-membros.

José Ultemar da Silva
Organizador

1

Origem e evolução do comércio internacional

Givan Fortuoso da Silva

A proposta deste capítulo é contextualizar o comércio exterior brasileiro, apresentando e discutindo sua evolução e tendências. A abordagem terá como ponto focal o desenvolvimento da competitividade do Brasil no cenário mundial; temas importantes, como a globalização e a integração regional, farão parte da discussão e da análise propostas.

Introdução

O capítulo está estruturado em seções. A primeira esboça o comércio exterior brasileiro na década de 1980. A segunda apresenta um panorama do comércio exterior brasileiro na década de 1990, com destaque para a abertura da economia brasileira. Na etapa seguinte, discutem-se os resultados do comércio exterior brasileiro durante o governo Fernando Henrique Cardoso. Por fim, a última seção trata da atividade internacional do Brasil a partir de 2000.

1.1 O comércio exterior brasileiro na década de 1980

A economia brasileira recuperou-se de forma gradual e lenta do processo de estagflação (processo que envolve queda da produção, elevação do nível de desemprego e alta taxa de inflação) sofrido entre o fim dos anos 70 e início dos anos 80.

A política desenvolvimentista ou heterodoxa, comum de governos militares, assumida pelo governo do presidente João Baptista de Figueiredo, que iniciou em março de 1979, na figura do seu Ministro do Planejamento, Delfim Netto, contribuiu para a lenta recuperação da economia brasileira. O antecessor do ministro, Mário Henrique Simonsen, era árduo defensor do ajuste fiscal e da eliminação dos investimentos considerados não-prioritários.

Ao se adotar uma política desenvolvimentista pretendia-se reeditar o "milagre econômico", período de crescimento econômico ocorrido entre 1968 e 1973. Essa intenção, além de muito contestada, foi, como destaca Rego *et al.* (2003), comprometida principalmente devido aos dois choques do petróleo em 1973 e 1979, à elevação dos juros internacionais e à recessão mundial. O resultado para a economia brasileira: recessão, perda de produtividade e endividamento externo.

A crise do endividamento externo nos anos 80 provocou ajustes na política econômica brasileira. A política de comércio exterior voltou-se por completo para a obtenção de superávits comerciais por meio do controle das importações e de incentivos às exportações.

Os anos 80 e o início dos anos 90 foram turbulentos para a economia brasileira, de acordo com Serra (1990). A variação da taxa de crescimento do PIB (Produto Interno Bruto), que era 4% negativa em 1981, foi a 8% positiva em meados da década; em 1990 voltou a ser 4% negativa e, em meados dessa década, foi a 4% positiva. A taxa de inflação também sofreu grandes flutuações, variou de 65% em 1986 a 1.800% em 1989; no fim da década de 1990, a taxa de inflação representava menos de 10%. A esse quadro soma-se o fato de que somente na década de 1980 o país teve quatro moedas diferentes e passou por sete planos de estabilização monetária (Quadro 1.1), 53 mudanças nas regras de preços, 17 alterações nas regras de câmbio, 13 políticas salariais, 20 planos para lidar com o problema da dívida externa e 18 projetos para corte de despesas do governo.

Quadro 1.1 Planos de estabilização econômica implementados no Brasil a partir de 1986

Plano	Ano	Principais características
Cruzado (I e II)	1986	• Muda a moeda de cruzeiro para cruzado • Congela preços e salários • Extingue a correção monetária • Cria o seguro-desemprego e o gatilho salarial (reajuste automático de salários sempre que a inflação atinge determinado nível) • Decreta a moratória e suspende o pagamento da dívida externa

continua...

Bresser	1987	• Mantém o congelamento de preços, os salários e a moratória • Aumenta tarifas públicas • Elimina o gatilho salarial
Verão	1989	• Procura segurar a inflação pelo controle do déficit público • Privatiza estatais • Estabelece novo congelamento de preços • Determina a desindexação da economia
Collor	1990	• Confisca 80% dos depósitos bancários e das aplicações financeiras • Retoma o cruzeiro como moeda • Congela preços • Acaba com a indexação • Demite funcionários • Privatiza estatais • Fecha órgãos públicos • Começa a abrir a economia à competição internacional
Real	1994	• Implementa o real como moeda • Fixa a taxa de câmbio na paridade de R$ 1,00 para US$ 1,00 • Acelera as privatizações • Eleva os juros • Facilita as importações • Prevê o controle dos gastos públicos • Mantém o processo de abertura econômica • Busca medidas de apoio à modernização das empresas
Real	1999	• Livre flutuação do câmbio e redução das taxas de juros domésticas

Fonte: Ministério das Relações Exteriores – MRE (2006).

Dupas e Suzigan (1991) apontam que, a partir da década de 1980, houve uma desaceleração no desenvolvimento industrial em razão da *indefinição de uma estratégia industrial de longo prazo* e da *implementação de uma rígida política de ajustamento macroeconômico*. Diante desse quadro, a inserção internacional da indústria brasileira, como explicitado pelos autores, estava centrada em baixos salários e intenso uso dos recursos naturais, e não em produtividade, qualidade e tecnologia. Na verdade, no período em análise, são poucas as indústrias competitivas – entre elas, podem-se citar a siderúrgica, a aeronáutica e a de celulose –, uma demonstração do atraso tecnológico no que se refere à produção, ao controle de qualidade e equipamentos vivido pela economia nacional, o que ocasionou perda de produtividade e competitividade por parte da indústria brasileira.

Mourão (1991, p. 152) observa que

> *a partir da crise do começo da década de 1980, a busca da competitividade nos mercados externos apareceu como o elemento dinâmico da economia, indutor de investimentos modernizadores e de ampliações de capacidade voltadas, pelo menos parcialmente, para a exportação.*

O mesmo autor apresenta a necessidade de se definir uma estratégia industrial distinta da substituição das importações, na qual o Brasil se integre com o mundo não em uma posição subordinada e de dependência, mas sim em uma posição de competitividade e interdependência. Nesse sentido, como observado por Rego *et al.* (2003), acreditava-se, já no início da década de 1980, que a abertura econômica seria inevitável, pois, segundo os autores, o modelo de substituição das importações estava esgotado e a liberalização econômica apresentava-se como o modelo mais adequado para as economias dos países emergentes como forma de proporcionar desenvolvimento com melhoria da qualidade de vida da população.

A internacionalização da indústria brasileira, segundo Bielschowsky e Stumpo (1996), ocorreu durante a década de 1980. Esses autores identificam que a integração da economia brasileira com o resto do mundo se deu em duas fases. A primeira, durante os anos 80, foi caracterizada pela elevação no coeficiente de exportação, resultante da política inibidora aplicada às importações, ocasionada pela crise da dívida externa, o que fez com que as importações representassem um percentual menor no montante do comércio exterior brasileiro. Convencionou-se chamar essa fase de "industrialização substitutiva". Já a segunda fase, que compreende a primeira metade da década de 1990, corresponde à abertura econômica, que levou à elevação do coeficiente importado, porém ainda com aumento no coeficiente de exportação. A participação das exportações brasileiras entre 1980 e 1989 pode ser vista na Tabela 1.1.

Tabela 1.1   Participação do Brasil nas exportações mundiais – 1980/1989

Ano	Exportações do Brasil (A)	Exportações Mundiais (B)	(A)/(B) %
1980	20,1	1.940,8	1,04
1981	23,3	1.924,2	1,21
1982	20,2	1.765,5	1,14
1983	21,9	1.734,5	1,26
1984	27,0	1.840,6	1,47
1985	25,6	1.872,0	1,37
1986	22,3	2.046,4	1,09
1987	26,2	2.401,1	1,09
1988	33,8	2.742,0	1,23
1989	34,4	2.981,5	1,15

Fonte: Secretaria de Comércio Exterior – Secex (2006).

A abertura da economia brasileira acompanhou o processo de abertura comercial intensificado nos países latino-americanos a partir da metade dos anos 80, conforme descrito por Rego *et al.* (2003). Esse movimento, denominado *modernização conservadora*, foi influenciado pelo Consenso de Washington, que funcionava como receituário de medidas liberalizantes e de ajustes para as economias em desenvolvimento, e concebido por organismos internacionais sediados em Washington, como o Fundo Monetário Internacional (FMI) e o Banco Mundial.

O ano de 1988 foi o marco inicial da reforma comercial brasileira: houve a eliminação de controles quantitativos e administrativos sobre as importações do país. O esgotamento do modelo de substituição das importações e a crescente desregulamentação dos mercados internacionais foram fatores contribuintes para a intensificação da abertura da economia do país a partir de 1990.

Para Azevedo e Portugal (1997), os efeitos mais visíveis da reforma tarifária de 1988, segundo o aspecto da proteção tarifária, foram a redução da tarifa média de importação de 51%, que vigorou entre 1985 e 1987, para 41%, em 1988, e a elevação da tarifa modal de 30% para 40%, no mesmo período (Tabela 1.2). Ao passo que, antes da reforma, o intervalo de variação das alíquotas de importação se situava entre zero e 105%, após sua implementação, esse intervalo foi reduzido, ficando entre zero e 85%, com poucos itens com tarifa superior a 50%. Assim, a maior parte da pauta de importações, que apresentava alíquota superior a 40%, foi reduzida para esse patamar, que acabou concentrando a maioria das tarifas nominais nesse valor.

Tabela 1.2   Tarifa nominal de importação brasileira (%)

	Ano					
Dados	1985	1986	1987	1988	1989	1990
Média	51,3	51,3	51,0	41,0	35,5	32,2
Moda	30,0	30,0	30,0	40,0	40,0	40,0
Desvio-Padrão	26,0	26,0	26,3	17,6	20,8	19,6

Fonte: Elaborado por Azevedo e Portugal (1997) com base nos dados da Secex.

1.2   O comércio exterior brasileiro na década de 1990

1.2.1   Condicionantes da abertura da economia brasileira

O avanço da globalização econômica ocasionou profundas mudanças na economia mundial devido ao aumento do comércio internacional, dos investimentos multinacionais e das transações financeiras internacionais. Gradin (1991) afirma que a abertura da economia brasileira é resultante da própria evolução da economia global e tem como motivos a integração econômica entre países (formação de blocos econômicos), a inovação produtiva e comercial, o aumento de eficiência dos meios de comunicação e o avanço das empresas multinacionais. De acordo com esse autor, o processo de internacionalização da economia brasileira ocorreria pela presença no país da ação ou provocação de empresas e Estados estrangeiros ou, não menos importante e talvez mais significante, pela presença do Estado e de empresas brasileiras no exterior. Para tanto, segundo o autor, as empresas brasileiras teriam de assumir uma postura pró-ativa frente ao processo de globalização dos mercados e diante o novo papel de interação com a economia internacional.

A globalização da economia fez com que o Brasil reavaliasse sua presença e participação no comércio global. Essa reavaliação foi resultado da instabilidade econômica da década de 1980 e da globalização da economia que, segundo Rego *et al.* (2003), ocasionou significativo atraso tecnológico do Brasil em relação ao mundo, tanto no que se referia à obsolescência de máquinas e equipamentos quanto aos métodos administrativo-gerenciais e às relações capital-trabalho. Os mesmos autores relatam, ainda, que o baixo nível de investimento visto na década de 1980 incorreu em deficiências nos serviços de infra-estrutura, principalmente nos setores de energia, telecomunicações e transportes. As questões educacional e de formação profissional também são apontadas pelos autores como carências competitivas resultantes da década de 1980.

Consciente de que o caminho para a inserção e maior participação do Brasil na economia global passava pela abertura comercial, competitividade da indústria nacional e melhor administração do comércio exterior, Tápias (1999) afirma que a ampliação da base exportadora do país tomou dimensão estratégica por ter, o Brasil, condições de reverter sua participação no mercado internacional que, historicamente, como pode ser observado na Tabela 1.3, não ultrapassava 1%.

Tabela 1.3 Participação do Brasil nas exportações mundiais – 1990/1999

Ano	Exportações do Brasil (A)	Exportações Mundiais (B)	(A)/(B) %
1990	31,4	3.395,3	0,83
1991	31,6	3.498,5	0,90
1992	35,8	3.708,0	0,97
1993	38,6	3.725,1	1,04
1994	43,5	4.204,0	1,04
1995	46,5	5.042,0	0,92
1996	47,7	5.308,0	0,90
1997	53,0	5.518,0	0,96
1998	51,0	5.386,0	0,95
1999	48,0	5.583,0	0,86

Fonte: Secretaria de Comércio Exterior – Secex (2006).

A opinião de Tápias (1999) é corroborada por Almeida (2000), que relata a perda do dinamismo do comércio exterior brasileiro, por meio da constatação de que uma das deficiências no processo de desenvolvimento do país está no baixo grau de internacionalização da economia nacional. Almeida (2000) conclui, tomando por base a Tabela 1.4, que:

> [...] o Brasil reconhece uma "involução" ao longo do período, saindo de um percentual das exportações em relação ao PIB equivalente a mais do que o dobro da média mundial em 1870 (11,8% contra 5,0%) para cerca de um terço daquela média em 1992 (4,7% para 13,5%), o que denota uma considerável perda de dinamismo, uma vez que o comércio exterior é, reconhecidamente, um dos mais poderosos indutores de crescimento econômico, da modernização tecnológica e dos ganhos de competitividade.

Tabela 1.4 Exportações de mercadorias em % do PIB, 1820-1992 (exportações e PIB em preços de 1990)

	1820	1870	1900	1913	1950	1973	1992
Estados Unidos	2,0	2,5	3,7	3,6	3,0	5,0	8,2
Japão	—	0,2	2,4	3,5	2,3	7,9	12,4
Alemanha	—	9,5	15,6	12,8	6,2	23,8	32,6
França	1,3	4,9	8,2	8,6	7,7	15,4	22,9
Grã-Bretanha	3,1	12,0	17,7	13,3	11,4	14,0	21,4
Canadá	—	12,0	12,2	15,8	13,0	19,9	27,7
Austrália	—	7,4	12,8	11,2	9,1	11,2	16,9
China	—	0,7	1,4	1,7	1,9	1,1	2,3
Coréia	0,0	0,0	1,0	4,5	1,0	8,2	17,8
México	—	3,7	10,8	14,8	3,5	2,2	6,4
Argentina	—	9,4	6,8	6,1	2,4	2,1	4,3
Brasil	—	11,8	9,5	7,1	4,0	2,6	4,7
Mundo	1,0	5,0	8,7	9,0	7,0	11,2	13,5

Fonte: Almeida (2000) com base em Maddison, Angus. *Monitoring the world economy*, 1820-1992.

Mendes e Teixeira (2004) relatam que um dos debates mais intensos na década de 1990 referiu-se ao papel do Estado na economia e contou com defensores desde os mais liberais aos mais intervencionistas. Essa discussão estava associada ao debate sobre os aspectos dinâmicos da economia (avanço tecnológico e produtivo) e sobre os impedimentos macroeconômicos e microeconômicos para a implantação de uma efetiva política de crescimento. Discutiram-se tanto os aspectos da ação governamental quanto as falhas do Estado ou do mercado, bem como a necessidade (ou não) da intervenção pública para resolver os problemas da economia, aumentar a competitividade econômica e melhorar a qualidade de vida das pessoas.

1.2.2 O governo Collor e o processo de abertura econômica

O governo Fernando Collor de Mello inicia nesse contexto econômico e adota dois planos de estabilização econômica: o primeiro – Plano Collor I – em março de 1990; e o segundo – Plano Collor II – em janeiro de 1991.

Mendes e Teixeira (2004) apontam que o ano de 1990 representou, do ponto de vista político, um novo modelo de crescimento e desenvolvimento para o país. Esse modelo caracterizou-se pela instauração, no início do governo Collor, de uma nova política industrial, a PICE – Política Industrial e de Comércio Exterior, a qual previa o aumento da eficiência na produção e comercialização de bens e serviços mediante a modernização e a reestruturação da indústria.

A liberalização econômica, de acordo com Rego *et al.* (2003), ganha contornos a partir de 1990 com a apresentação da nova política industrial brasileira que, ao contrário daquelas adotadas anteriormente, tem a competitividade como base.

Guimarães (1996) observa que para o cumprimento da nova política industrial surgida em 1990, centrada no estímulo à competitividade empresarial, seria necessário criar regras estáveis e transparentes para a competição industrial, bem como redefinir um conjunto de instrumentos destinado a incentivar a competitividade das empresas nacionais. Entre as medidas para estimular a competitividade, o autor destaca a revisão dos incentivos ao investimento, à produção e à exportação, o apoio maciço à capacitação tecnológica da empresa nacional e a definição de uma estratégia geral de promoção de indústrias nascentes em áreas de alta tecnologia.

Mendes e Teixeira (2004) argumentam que a verdadeira competitividade empresarial proposta pela nova política industrial somente seria alcançada por meio da liberalização do comércio exterior, da privatização, da eliminação do controle de preços, do comportamento mais liberal perante o capital estrangeiro e da criação de um ambiente macroeconômico mais estável.

Em decorrência do processo de *impeachment* do então Presidente Fernando Collor, assume a presidência, em outubro de 1992, Itamar Franco, que recupera, em parte, o discurso desenvolvimentista.

1.3 O governo Itamar Franco

1.3.1 Perspectivas históricas

A partir de 1993 a economia brasileira presencia um novo ciclo de crescimento associado à gradativa recuperação da taxa de investimento (RIGOLON; GIAMBIAGI, 1999) após mais de uma década de crescimento modesto, inflação elevada e taxa de investimento declinante. Esse ciclo é reforçado a partir de 1994 pelo sucesso do Plano Real ao estabilizar a inflação. No período entre 1993 e 1997, o PIB cresceu à taxa média anual de 4,2%, contra 1,4% entre 1981 e 1992. A taxa de investimento (a preços constantes de 1980) aumentou de 14,4% do PIB em 1993 para 16,1% entre 1994 e 1996 e 18% em 1997. Já a inflação caiu de um nível superior a 40% a.m. em junho de 1994 para praticamente zero nos últimos meses de 1998.

A Tabela 1.5 apresenta o coeficiente de exportação e de importação do Brasil, do Japão, dos Estados Unidos e da Espanha. Por meio desse coeficiente pode-se constatar o avanço da internacionalização da indústria brasileira entre 1980 e 1994, primeiro no que tange à exportação (anos 80), em seguida, no que se refere às importações (anos 90). Bielschowsky e Stumpo (1996), ao comparar o Brasil aos demais países analisados, observam que tanto o coeficiente de exportação quanto o de importação brasileiros superaram os dos Estados Unidos.

Tabela 1.5 Coeficiente de exportação e de importação da indústria manufatureira (total e grupos de setores,** em anos selecionados – Brasil, Japão, Estados Unidos e Espanha)

	Brasil					Japão	EUA	Espanha
	1980	1989	1993	1994		1992	1992	1991
Coeficiente de exportação*	%	%	%	%		%	%	%
Tradicionais	10,5	14,2	17,2	18,3		3,5	6,5	9,9
Insumos básicos	5,3	22,9	24,8	22,1		8,7	11,6	22,9
Metalomecânicos eletroeletrônicos	8,3	18,1	19,4	19,2		20,4	19,7	32,8
Total	8,5	17,7	19,8	19,6		13,0	13,0	19,5
Coeficiente de importação*	%	%	%	%		%	%	%
Tradicionais	1,9	4,2	7,2	8,3		7,3	9,3	13,3
Insumos básicos	12,3	10,9	15,1	13,5		7,3	13,1	38,4
Metalomecânicos eletroeletrônicos	13,2	16,1	23,5	31,9		3,6	22,7	49,1
Total	7,7	9,2	14,1	16,7		5,4	15,9	29,1

Fonte: IBGE, Decex, Cepal (base de dados PADI) e Unido; Bielschowsky e Stumpo, 1996.
* Os coeficientes de exportação e importação correspondem, respectivamente, à razão de % entre o valor das exportações e o valor bruto de produção, e o valor das importações e valor bruto da produção.
** Setores tradicionais: alimentos, têxteis/calçados, madeira/móveis, imprensa, pinturas, sabão, perfume, material de construção, outras indústrias; setores de insumos básicos: papel/celulose, química/petroquímica, siderurgia/metalurgia de não ferrosos; setores mecânicos/eletroeletrônicos; produtos metalúrgicos, equipamentos elétricos e não elétricos (bens de capital e de consumo), equipamentos de transporte e instrumentos científicos.

Algumas ações do governo Itamar Franco justificam o avanço percebido no fluxo do comércio exterior brasileiro.

1.3.2 A retomada do processo de integração econômica regional

O governo Itamar Franco reassume a integração regional como prioridade no que diz respeito à política externa, sem esquecer as importantes relações e a cooperação com os norte-americanos. A integração regional assim como a defesa das negociações multilaterais passam a ser um dos eixos da política externa desse período, objetivando o desenvolvimento e a revalorização da presença brasileira no cenário mundial (CERVO, 1997).

A política externa do governo Itamar Franco, conduzida pelos chanceleres Fernando Henrique Cardoso e Celso Amorim, visava à integração do país ao sistema internacional de forma democrática, respeitando os direitos humanos, as liberdades individuais e almejando o desenvolvimento com justiça social.

1.3.3 O Mercosul e a sua importância para a alavancagem do comércio exterior brasileiro

Cervo (1997) observa que a importância dada à integração regional, no governo Itamar Franco, focava o fortalecimento do projeto em andamento, o Mercosul e a possível constituição da Área de Livre Comércio Sul-Americana (ALCSA), que englobaria a Iniciativa Amazônica. A criação da ALCSA bem como a reunião da Zona de Paz e Cooperação do Atlântico Sul (ZPCAS) eram propostas que tinham por fim fortalecer o papel do Brasil na região e eram respostas do governo às pressões norte-americanas de envolver a região sul-americana em seu projeto de integração hemisférica – inicialmente como uma ampliação do Nafta (North American Free Trade Agreement) e mais tarde como proposta de criação da Área de Livre Comércio das Américas (Alca).

O Mercosul surgiu com o Tratado de Assunção, firmado por Brasil, Argentina, Paraguai e Uruguai, em 26 de março de 1991. Como resultado do acordo entre os países-membros houve a redução/eliminação das barreiras tarifárias com o objetivo de favorecer e intensificar as trocas comerciais. Previa-se a máxima liberação do comércio intra-regional até 2006 por meio da Tarifa Externa Comum (TEC), implementada em grande parte a partir de 1º de janeiro de 1995. O ano de 2006 marcaria o término do período de convergência ascendente ou descendente das tarifas nacionais que ainda estavam em regime de exceção; daí em diante, a TEC estaria implementada para a totalidade do universo tarifário (MINISTÉRIO DAS RELAÇÕES EXTERIORES – MRE, 2006).

A Tabela 1.6 apresenta a evolução do comércio entre o Brasil e os demais países do Mercosul. Pode-se observar o salto quantitativo nas relações comerciais entre os países-membros, evidência da importância desse acordo.

Tabela 1.6 Evolução do comércio entre o Brasil e os demais países do Mercosul – série histórica, em US$ milhões – FOB

Ano	Exportação	Importação	Saldo
1970	228	160	68
1975	589	330	259
1980	1.812	1.044	768
1985	990	684	307
1990	1.320	2.312	-992
1995	6.154	6.844	-690
1996	7.305	8.302	-996
1997	9.045	9.426	-381
1998	8.878	9.416	-538
1999	6.778	6.719	58
2000	7.733	7.795	-62
2001	6.364	7.009	-646
2002	3.311	5.611	-2.300
2003	5.672	5.685	-13
2004	8.912	6.390	2.522
2005	11.726	7.052	4.675

Fonte: Associação de Comércio Exterior do Brasil – AEB (2006).

Embora considere promissor o início do Mercosul devido à queda nas tarifas de importação, Meyer (2006) faz críticas à adesão do Brasil e indica dez razões para enterrar o acordo (Quadro 1.2).

Quadro 1.2 Dez razões para enterrar o Mercosul

Razão	Argumento
1. O Brasil é grande demais para o Mercosul.	O PIB do Brasil representa 80% do PIB do bloco. A economia e o parque industrial do Brasil são mais eficientes.

continua...

2. O bloco dificulta acordos com os Estados Unidos e com a União Européia.	Pela representatividade e eficiência, o Brasil ganharia mais firmando acordo com economias maiores. No entanto, sendo membro do Mercosul, os acordos com outros países ou com outras regiões devem ser decididos em consenso.
3. A diplomacia brasileira está acima dos interesses comerciais.	Em razão de o Mercosul ser um projeto prioritário do governo brasileiro, aceita todas as condições impostas por seus sócios sem exigir contrapartidas.
4. O cronograma de integração foi desmoralizado.	O não-cumprimento do cronograma definido para o bloco, que deveria ter a união aduaneira vigorando a partir de 2001, foi prorrogado para 2006 e, então, para 2009, o que compromete a credibilidade e o sucesso do bloco.
5. As normas não estão claras.	Há mudanças unilaterais nas regras comerciais, o que dificulta a prática comercial e gera insegurança para as empresas exportadoras.
6. Não há punições estipuladas para quem descumpre as regras.	A inexistência de mecanismos de punição, como os existentes na União Européia, faz com que os sócios ajam de acordo com suas próprias conveniências.
7. O órgão de arbitragem do Mercosul para resolver conflitos comerciais não funciona na prática.	O Mercosul conta com um Tribunal Permanente de Revisão e com um sistema arbitral de solução de controvérsias. Esses mecanismos, além de não serem muito utilizados, são pouco efetivos em suas decisões.
8. O Mercosul vem perdendo relevância para os países-sócios.	Embora o volume de negócios entre os países do Mercosul tenha aumentado desde 1991, a participação relativa do bloco nas exportações da maioria dos sócios vem despencando.
9. Perde-se tempo com a criação de instituições pouco relevantes.	A proposta para a criação de instituições, por exemplo, o Banco do Sul, surge sem que algumas etapas, como o estabelecimento da união aduaneira, tenham sido cumpridas.
10. Acordos bilaterais são mais eficazes.	A insistência em fortalecer o Mercosul distancia o Brasil de possibilidades mais interessantes e mais rentáveis, como os acordos comerciais, molde adotado pelo Chile.

Fonte: Elaborado pelo autor com base em Meyer (2006).

1.3.4 A reforma da política de importação

Guimarães (1996) coloca a reforma da política de importação e a adoção de uma efetiva política de competição interna como medidas governamentais necessárias diante da maior exposição da indústria à competitividade. Esse autor (p. 7) destaca como principais pontos da nova política de importação:

> a revogação da isenção e redução tributária contemplada em vários regimes especiais de importação; a reconstituição da tarifa aduaneira como instrumento básico de proteção em substituição aos sistemas discricionários e pouco transparentes de restrição quantitativa; e a implantação progressiva de reforma da tarifa aduaneira, com redução das alíquotas e de seu grau de dispersão, acompanhada da definição de instrumentos de salvaguarda contra a penetração excessiva de importações e de mecanismos que minimizem os custos do ajuste estrutural nos setores mais impactados.

De acordo com Azevedo e Portugal (1997), na fase inicial, a nova política de importações do governo brasileiro assumiu características liberalizantes, fez uso do tratamento tarifário aplicado às importações como forma de manter a inflação sob controle por meio da oferta de bens comercializáveis importados, que tiveram as alíquotas de importação reduzidas, principalmente de produtos com maior peso nos índices de preços ou nos quais se verificavam pressões inflacionárias.

Deve-se destacar também, algo bem observado pelos autores, a antecipação da Tarifa Externa Comum (TEC), que vigoraria a partir de janeiro de 1995, mas que passou a vigorar em setembro de 1994. Com essa iniciativa, houve uma redução tarifária que fez com que a alíquota nominal média de importação diminuísse de 13,2% em julho de 1993, para 11,2% em dezembro de 1994. Essa mesma tendência foi seguida pela tarifa efetiva média, que declinou de 18,9% para 14,4% no mesmo período, como pode ser observado na Tabela 1.7.

A redução tarifária das importações expôs as empresas brasileiras a um choque de competitividade mediante o acirramento da concorrência com os produtos importados. As alíquotas nominais médias de importação no Brasil foram gradativamente reduzidas, dos 30% vigentes em 1990, para 13,9% em 1995.

Conforme Azevedo e Portugal (1997) ressaltam, os déficits contínuos na balança comercial e as restrições externas aos financiamentos desses déficits, motivadas pela crise cambial mexicana e pela elevação das taxas de juros internacionais fizeram com que houvesse ajustes na política de importação. Ainda segundo os autores (p. 6):

> buscando evitar que os déficits comerciais sinalizassem uma situação de risco potencial para os investidores externos – o que inviabilizaria o equilíbrio do balanço de pagamentos via entrada líquida de capitais –, a política econômica teve de ser alterada, com reflexos na política de importações. Criou-se, assim, um impasse entre a obrigatoriedade de se manter os acordos comerciais junto ao Mercosul e à OMC e a necessidade de um retrocesso, mesmo que temporário, no processo de abertura comercial.

Tabela 1.7 Evolução das tarifas nominais e efetivas –1988-1995 (%)

Discriminação	Jul./88	Set./89	Set./90	Fev./91	Jan./92	Out./92	Jul./93	Dez./94	Dez./95
Tarifa nominal									
Média simples	38,5	31,6	30,0	23,3	19,2	15,4	13,2	11,2	13,9
Média ponderada	34,7	27,4	25,4	19,8	16,4	13,3	11,4	9,9	11,5
Mediana	40,2	32,6	31,3	20,8	20,2	14,4	12,8	9,8	12,8
Mínimo	0,2	0,1	0,1	0,1	0,0	0,0	0,0	0,0	0,0
Máximo	76,0	75,0	78,7	58,7	48,8	39,0	34,0	24,7	55,5
Desvio-padrão	15,4	15,9	15,1	12,7	10,5	8,2	6,7	5,9	9,5
Tarifa efetiva									
Média simples	50,4	45,0	45,5	35,1	28,9	22,5	18,9	14,4	23,4
Média ponderada	42,6	35,7	33,7	26,5	21,7	17,2	14,5	12,3	12,9
Mediana	52,6	38,1	34,6	24,0	20,0	16,7	15,1	11,3	14,6
Mínimo	54,5	-4,4	-4,3	-3,3	-2,8	-2,3	-2,0	-1,9	-1,9
Máximo	183,0	219,5	312,9	225,2	185,5	146,8	129,8	44,6	270,9
Desvio-padrão	33,4	39,8	53,3	39,7	32,7	25,2	21,7	9,7	45,9

Fonte: Kume (1996) citado por Azevedo e Portugal (1997).

Azevedo e Portugal (1997) apontam que a elevação das tarifas de importação de determinados produtos e a instauração de restrições não tarifárias, como quotas de importação, foram os caminhos encontrados pelo governo brasileiro para diminuir os déficits na balança comercial. De acordo com os autores, o principal alvo dessas restrições às importações eram bens de consumo duráveis, os quais haviam apresentado um substancial incremento importador em 1994. Assim, as alíquotas de importação de uma série de produtos desse segmento foram elevadas. Em fevereiro de 1995, o governo incluiu automóveis, tratores e caminhões na lista de exceção à tarifa externa comum e elevou as tarifas desses bens de 20% para 32%.

Lacerda (2006) registra alguns pontos que merecem atenção e que servem de aprendizado no processo de abertura da economia brasileira nos anos 90. O primeiro aspecto refere-se à redução das alíquotas de importação. Para o autor (2006), é muito desfavorável reduzir alíquotas de importação associadas à valorização cambial. O período 1994-1998, de valorização cambial, provocou ampla reestruturação em vários setores. O impacto foi expressivo sobre o valor adicionado da produção e provocou um substancial aumento de US$ 200 bilhões no passivo externo em virtude principalmente dos déficits na balança comercial e de serviços.

Ainda com base na mesma fonte, a abertura comercial deveria ser precedida de uma melhoria nos fatores estruturais (infra-estrutura e logística, sistema tributário, condições de financiamento, entre outros), o conhecido "custo Brasil", importantes para uma inserção internacional competitiva. Esses fatores, na percepção do autor, pouco evoluíram, embora se saiba dessa necessidade e de sua importância para a competitividade das empresas brasileiras.

1.4 O governo Fernando Henrique Cardoso

A ascensão de Fernando Henrique Cardoso, conhecido como FHC, à Presidência da República, em 1995, levou à reposição das disposições ideológicas e políticas do governo Collor. Assim, conforme registra Cervo (1997), o pensamento econômico brasileiro atrelou-se às tendências da ordem internacional dos anos 90. De acordo com o olhar do novo governo, o Brasil havia superado a condição de país em desenvolvimento e não necessitava que sua política exterior preenchesse requisitos de desenvolvimento interno, precisava, sim, de uma política exterior voltada à adaptação do país à era da globalização.

O sucesso da estabilização econômica marca o período de 1995 a 2000, com a implantação do Plano Real no fim de 1993. A política industrial, contudo, não sofreu grandes mudanças em relação àquela definida anteriormente. O contexto interno absorvido com a situação de instabilidade financeira e a recessão não contribuiu para que fossem implementadas ações mais efetivas no âmbito de uma nova política de crescimento (MENDES; TEIXEIRA, 2004).

Para Lampreia (1998), a condução da política externa do governo FHC representou um fator de credibilidade para o Brasil. Para esse autor,

> o presidente agregou, no entanto, a confiabilidade e a atratividade que decorrem do êxito do Plano Real, a qualidade de sua liderança e o peso de seu envolvimento pessoal na atividade diplomática, além do

compromisso com os valores e ideais – democracia, direitos humanos, justiça social, preservação do meio ambiente – dominantes neste momento da história mundial.

Lampreia (1998) destaca, ainda, que as mudanças ocorridas na sociedade brasileira a partir da década de 1990, em particular em meados dela, fizeram com que o Brasil se tornasse um país mais visível e atuante no cenário internacional e, em certa medida, um dos grandes beneficiários do processo globalização.

No entanto, ao analisar a Tabela 1.3, apresentada anteriormente, que registra a participação brasileira nas exportações mundiais no período entre 1990 e 1999, constata-se a baixa participação brasileira – inferior a 1% – nas exportações mundiais. Tendo como referência a Tabela 1.8, note-se que, de um total de 13.133 empresas atuantes na atividade de exportação no ano de 1996, 219 foram responsáveis por quase 64% do valor exportado pelo Brasil, o que demonstra a concentração da atividade exportadora num grupo reduzido de empresas.

Tabela 1.8 Número de empresas e valor exportado – 1996

Valor exportado por empresa (US$ milhões)	Número de empresas	Valor exportado total (US$ milhões)	%
Acima de 40	219	30.453	63,79
20-40	172	4.781	10,01
15-20	104	1.798	3,76
10-15	203	2.458	5,15
Subtotal	698	39.490	82,71
até 10	12.435	8.247	17,29
Total	13.133	47.737	100,00

Fonte: Sistema Alice – MICT/Secex/Decex.

O exposto na revista *Comércio Exterior Informe BB* (1999) confirma ser o modelo exportador brasileiro extremamente concentrador, pois, em um universo formado por cerca de 4 milhões de empresas instaladas no Brasil, apenas 14.147 (ou 0,35% do total), considerando o ano 1998, realizaram operações de exportação. Observe-se, ainda, que 50% do valor exportado ficou a cargo de 84 empresas.

Para Lampreia (1998), os avanços no plano político, por meio do atendimento de antigos anseios da sociedade brasileira e internacional, por exemplo, a valorização internacional da democracia, dos direitos humanos, do desenvolvimento sustentável, somados aos anseios no plano econômico – estabilidade e perspectiva de retomada de crescimento mais acelerado – fizeram com que o Brasil voltasse a ser um dos principais destinatários de investimentos diretos, o que favoreceu a modernização da infra-estrutura e do parque produtivo nacionais. Ademais, a tendência de liberalização comercial, que o Brasil passou a seguir desde o início dos anos 90, ajudou a consolidar a estabilidade de preços interna, embora tenha submetido a indústria brasileira a uma pressão à qual não estava acostumada.

No entanto, conforme citam Rigolon e Giambiagi (1999), os efeitos das crises financeiras internacionais de 1997 e de 1998 interromperam, temporariamente, as tendências de crescimento do PIB e de aumento do investimento. Em 1998, o crescimento econômico foi nulo, o que impactou negativamente em 1999.

Lampreia (1998) observa que

> *a internacionalização criou desafios, alguns deles muito salutares, de eficiência, competitividade, mas também, na frente externa, de luta contra o protecionismo e contra as assimetrias de poder na definição e aplicação das regras internacionais de comércio. Em outras palavras, a luta contra as incoerências da globalização, que resultam, sobretudo, desses diferenciais de poder que ainda definem a realidade internacional.*

A disposição para com a atividade internacional pode ser notada com base no indicador "número de empresas exportadoras", que apresentou um crescimento de 6,2% de 2000 para 2001 (16.246 empresas em 2000, contra 17.267 em 2001), mesmo com as condições desfavoráveis no cenário internacional nesse último ano (AVANÇA BRASIL, 2006).

Markwald (2006) observa que, a partir de meados de 2002, o volume brasileiro de exportação apresentou forte crescimento, representado por elevados saldos comerciais e pela significativa redução da vulnerabilidade externa da economia brasileira. Para o autor, esse novo perfil do comércio exterior brasileiro é justificado pela conjuntura internacional favorável, efeitos defasados da desvalorização cambial promovida no período 1999/2002, ganhos de produtividade acumulados durante a década de 1990 e baixo crescimento doméstico. O autor observa, ainda, que a evolução percebida nas exportações também é notada na diversificação geográfica e nos produtos exportados, que não mais se restringem apenas aos agroindustriais, pois passam a contemplar setores industriais intensivos em economias de escala. Contudo, o desempenho exportador brasileiro ainda é concentrado no desempenho exportador de grandes empresas e tem como base a comercialização de produtos de médio e baixo conteúdo tecnológico.

1.5 O comércio exterior brasileiro a partir dos anos 2000

Em 2004, Fernando Henrique Cardoso passa a faixa presidencial ao novo presidente, Luiz Inácio Lula da Silva. Deve-se ressaltar o momento vivido pelo comércio exterior brasileiro, não representado apenas pelos crescentes superávits comerciais, mas também por sua participação no cenário internacional, pelas relações diplomáticas e por uma visão mais globalizada de mundo.

O governo Lula, em linhas gerais, dá continuidade à política de comércio exterior de FHC. Reforça-se o propósito de aumentar as exportações brasileiras; não se contêm as importações, pois percebe-se, de forma definitiva, que o crescimento e o desenvolvimento econômico têm laços estreitos com o comércio internacional.

De acordo com Jank (2003), em 2003, o Brasil comemora recorde histórico nas exportações, que superam US$ 70 bilhões. No entanto, como pode ser observado na Tabela 1.9, o montante exportado pelo país ainda representa menos de 1% do comércio mundial. O referido autor cita também que somando exportações e importações, estas representam apenas 18% do PIB, um dos níveis mais baixos do mundo. Portanto, segundo Jank (2003), o aumento dos fluxos de comércio total, nos dois sentidos, é fundamental para o Brasil.

Tabela 1.9 Participação do Brasil nas exportações mundiais – 2000/2005

Ano	Exportações do Brasil (A)	Exportações mundiais (B)	(A)/(B) %
2000	55,1	6.295,0	0,88
2001	58,2	6.031,0	0,97
2002	60,4	6.306,0	0,96
2003	73,1	7.365,0	0,99
2004	96,5	9.191,0	1,05
2005	118,3	10.393,0	1,14

Fonte: Secretaria de Comércio Exterior – Secex (2006).

Sabendo da importância do comércio exterior para o desenvolvimento da economia brasileira, o presidente Lula, por meio do Ministério do Desenvolvimento, Indústria e Comércio Exterior (MDIC), comandado por Luiz Fernando Furlan, lança a Política Industrial, Tecnológica e de Comércio Exterior (PITCE), cujo principal propósito era atingir a marca de US$ 100 bilhões de exportações.

O ministro Luiz Fernando Furlan esperava atingir a meta de US$ 100 bilhões de exportações em 2006. Para tanto, foram criadas várias medidas que contribuíram para a conquista do número estipulado. As medidas tomadas estavam direcionadas para o apoio a microempresas, pequenas e médias empresas, seguindo um modelo semelhante ao da Itália, onde tais empresas são responsáveis por grande parte das exportações.

Dentre as medidas anunciadas destaca-se a Medida Provisória nº 252, de 15 de junho de 2005, conhecida como "MP do bem", cujo propósito era aquecer a economia por meio da diminuição da carga tributária com a instituição do Regime Especial de Tributação para a Plataforma de Exportação de Serviços de Tecnologia da Informação (REPES), do Regime Especial de Aquisição de Bens de Capital para Empresas Exportadoras (RECAP) e do Programa de Inclusão Digital; dispunha sobre incentivos fiscais para a inovação tecnológica e dava outras providências. No entanto, a "MP do bem" não foi votada e perdeu sua eficácia em 13 de outubro de 2005. Os incentivos fiscais da referida MP foram restaurados pela Lei nº 11.196, de 21 de novembro de 2005.

No estudo realizado por Almeida (2006), expõe-se não somente o salto quantitativo das exportações brasileiras, mas também o avanço qualitativo dessas operações no ano de 2005.

Em termos quantitativos, o estudo mostra que em 2005 as exportações somaram US$ 118,3 bilhões e as importações, US$ 73,5 bilhões, com saldo de US$ 44,8 bilhões. Isso significa que a balança comercial teve o maior resultado da história e que as exportações atingiram um patamar recorde. Cabe notar que o crescimento do saldo comercial com relação a 2004 atingiu 33%.

Qualitativamente, constatam-se vários resultados importantes no que tange ao perfil das exportações e à composição dos setores geradores de saldo comercial. A diversificação das exportações e a incorporação de novos setores ao rol dos tradicionais setores exportadores representam um ponto relevante nos resultados do comércio exterior brasileiro em 2005. Deve-se notar a menor dependência de segmentos de menor intensidade tecnológica e de menor dinamismo ao longo dos ciclos do comércio exterior.

O autor observa que, assim como em 2004, o dinamismo das vendas externas em 2005 veio acompanhado de um aumento das importações. Esse aumento, contudo, foi inferior ao de 2004 (30% em 2004, 17,1% em 2005), apesar da depreciação extremamente elevada do dólar.

O comércio exterior brasileiro vem se consolidando nas últimas décadas, principalmente a partir do fim dos anos 90. Contudo, a representatividade do Brasil no comércio mundial é inexpressiva diante da capacidade produtiva que o país possui. Ciente disso, o governo brasileiro continua adotando medidas para promover as exportações das empresas nacionais.

Nesse sentido, foi editada pelo governo federal a Medida Provisória nº 315, de 3 de agosto de 2006, que propõe algumas mudanças na política cambial brasileira. O objetivo é estabelecer ações compensatórias aos exportadores brasileiros que têm sofrido o impacto da valorização do real em relação ao dólar. Um dos pontos discutidos na MP nº 315 refere-se à possibilidade de reter 30% dos dólares resultantes das vendas externas da empresa que, com isso, pode pagar seus compromissos em moeda estrangeira (importações, investimentos, dívidas, remessas de lucros e outros). O propósito dessa medida é reduzir os custos financeiros e tributários para os exportadores, que têm de arcar com despesas para converter dólares em reais e pagar CPMF a cada entrada e saída de recursos. Busca-se, assim, reduzir o ingresso de moeda estrangeira e, por conseguinte, a valorização do real em relação ao dólar.

Com o exposto, tem-se a clara visão do comércio exterior brasileiro na atualidade: as exportações assumiram um novo padrão por meio da redução da dependência em relação a produtos básicos, destacando-se, na pauta de exportação brasileira, produtos manufaturados e semimanufaturados intensivos em recursos naturais e energia, com alto grau de competitividade e expansão. Note-se, ainda, uma crescente especialização, no conjunto, de produtos industrializados com conteúdo tecnológico relativamente simplificado e pequeno valor agregado.

Exercícios de fixação

1. Discuta a importância dos governos democráticos no processo de abertura econômica.

2. Apresente os principais pontos abordados no processo de abertura da economia brasileira, destacando os efeitos positivos e negativos.

3. Mostre, de forma sucinta, o panorama das exportações brasileiras nas décadas de 1980 e 1990.

4. Discuta os aspectos do comércio exterior brasileiro. Analise as deficiências e apresente propostas.

5. Argumente a atual política comercial externa brasileira. Examine as medidas adotadas pelo governo e o seu impacto sobre o comércio exterior brasileiro.

Referências bibliográficas

ALMEIDA, Daniel Keller de. O comércio exterior brasileiro em 2005. Instituto de Estudos para o Desenvolvimento Industrial (IEDI), 2006. Disponível em: <www.iedi.org.br/admin_ori/pdf/20060303_comex.pdf>. Acesso em: ago. 2006.

ALMEIDA, Paulo Roberto de. A inserção econômica internacional do Brasil em perspectiva histórica. In: PANNUNZIO, Antonio Carlos et al. *Cadernos Adenauer 2: o Brasil no cenário internacional*. São Paulo: Fundação Konrad Adenauer, 2000. p. 37-56.

ASSOCIAÇÃO DE COMÉRCIO EXTERIOR DO BRASIL (AEB). Evolução do comércio entre Brasil e demais países do Mercosul – série histórica. Disponível em: <http://www.aeb.org.br/Evolucao_Comercio_Brasil-Mercosul.pdf>. Acesso em: jul. 2006.

AVANÇA BRASIL. Avaliação dos Programas – Macrobjetivo 04: Atingir US$ 100 bilhões de exportações até 2002 – cultura exportadora. Disponível em: <http://www.abrasil.gov.br/avalppa/site/content/av_prog/04/01/prog0401.htm>. Acesso em: ago. 2006.

AZEVEDO, André Filipe Z.; PORTUGAL, Marcelo S. Abertura comercial brasileira e instabilidade da demanda de importações. Disponível em: <http://www.ufrgs.br/ppge/pcientifica/1997_05.pdf>. Acesso em: ago. 2006.

BIELSCHOWSKY, Ricardo; STUMPO, Giovanni. A internacionalização da indústria brasileira: números e reflexões depois de alguns anos de abertura. In: BAUMANN, Renato (Org.). *O Brasil e a economia global*. Rio de Janeiro: Campus, 1996. p. 167-94.

BRASIL. Lei nº 11.196, de 21 de novembro de 2005. Institui o Regime Especial de Tributação para a Plataforma de Exportação de Serviços de Tecnologia da Informação (REPES), o Regime Especial de Aquisição de Bens de Capital para Empresas Exportadoras (RECAP) e o Programa de Inclusão Digital; dispõe sobre incentivos fiscais para a inovação tecnológica. Disponível em: <https://www.planalto.gov.br/ccivil_03/_Ato2004-2006/2005/Lei/L11196.htm>. Acesso em: ago. 2006.

BRASIL. Medida Provisória nº 252, de 15 de junho de 2005. Institui o Regime Especial de Tributação para a Plataforma de Exportação de Serviços de Tecnologia da Informação

(REPES), o Regime Especial de Aquisição de Bens de Capital para Empresas Exportadoras (RECAP) e o Programa de Inclusão Digital; dispõe sobre incentivos fiscais para a inovação tecnológica e dá outras providências. Disponível em: <http://www.receita.fazenda.gov.br/Legislacao/MPs/2005/mp252.htm>. Acesso em: ago. 2006.

BRASIL. Medida Provisória nº 315, de 3 de agosto de 2006. Dispõe sobre operações de câmbio, sobre registro de capitais estrangeiros, sobre o pagamento em lojas francas localizadas em zona primária de porto ou aeroporto, sobre a tributação do arrendamento mercantil de aeronaves, sobre a novação dos contratos celebrados nos termos do § 1º do art. 26 da Lei nº 9.491, de 9 de setembro de 1997; altera o Decreto nº 23.258, de 19 de outubro de 1933, a Lei nº 4.131, de 3 de setembro de 1962, o Decreto-Lei nº 1.455, de 7 de abril de 1976, e revoga dispositivo da Medida Provisória nº 303, de 29 de junho de 2006. Disponível em: <https://www.planalto.gov.br/ccivil_03/_Ato2004-2006/2006/Mpv/315.htm>. Acesso em: ago. 2006.

BRASIL. Ministério do Desenvolvimento, Indústria e Comércio Exterior – MDIC. Secretaria de Comércio Exterior (Secex). Departamento de Desenvolvimento e Planejamento de Comércio Exterior (Depla). Evolução do Comércio Exterior Brasileiro – 1950 a 2005. Disponível em: <http://www.desenvolvimento.gov.br/sitio/secex/depPlaDesComExterior/indEstatistica.htm>. Acesso em: ago. 2006.

BRASIL. Ministério das Relações Exteriores (MRE). Mercosul – Mercado Comum do Sul. Disponível em: <http://www.mre.gov.br/cdbrasil/itamaraty/web/port/relext/mre/orgreg/mercom/index.htm>. Acesso em: ago. 2006.

BRASIL. Ministério das Relações Exteriores (MRE). Planos de estabilização econômica. Disponível em: <http://www.mre.gov.br/cdbrasil/itamaraty/web/port/economia/panorama/apresent/q-plano.htm>. Acesso em: ago. 2006.

CERVO, Amado Luiz. Política de comércio exterior e desenvolvimento: a experiência brasileira. Disponível em: <ftp.unb.br/pub/UnB/ipr/rel/rbpi/1997/66.pdf>. Acesso em: jul. 2006.

COMÉRCIO EXTERIOR INFORME BB. Brasília: Banco do Brasil. Edição especial XIX ENAEX, 1999. 46 p.

DUPAS, Gilberto; SUZIGAN, Wilson. A nova articulação da economia mundial e as opções para o Brasil: estratégia industrial e modernização tecnológica. In: VELLOSO, João Paulo dos Reis (Coord.). *O Brasil e a nova economia mundial*. Rio de Janeiro: José Olympio, 1991. p. 15-38.

GRADIN, Victor. Investimentos brasileiros no exterior. In: VELLOSO, João Paulo dos Reis (Coord.). *O Brasil e a nova economia mundial*. Rio de Janeiro: José Olympio, 1991. p. 155-60.

GUIMARÃES, Eduardo Augusto. A experiência recente da política industrial no Brasil: uma avaliação. Texto para discussão nº 409, IPEA. abr. 1996. Disponível em: <http://www.ipea.gov.br/pub/td/td_409.pdf>. Acesso em: ago. 2006.

JANK, Marcos Sawaya. A política comercial do governo Lula. *O Estado de S.Paulo*, São Paulo, 23 dez. 2003. p. A2. Disponível em: <http://www.iconebrasil.org.br/portugues/conteudo.asp?idCategoria=1&idDocumento=28&Integra=Sim&Currpage=8>.

KUME, Honório. A política de importação no Plano Real e a estrutura de proteção efetiva. *Texto para discussão* nº 423, IPEA, maio 1996 apud AZEVEDO, André Filipe Z.; PORTUGAL, Marcelo S. Abertura comercial brasileira e instabilidade da demanda de importações. Disponível em: <http://www.ufrgs.br/ppge/pcientifica/1997_05.pdf>. Acesso em: ago. 2006.

LACERDA, Antonio Corrêa de. Abertura da economia e competitividade. Disponível em: <http://terramagazine.terra.com.br/interna/0,,OI1035481-EI7095,00.html>. Acesso em: ago. 2006.

LAMPREIA, Luiz Felipe. A política externa do governo FHC: continuidade e renovação. Disponível em: <http://ftp.unb.br/pub/unb/ipr/rel/rbpi/1998/41.pdf>. Acesso em: jul. 2006.

LOURENÇO, Gilmar Mendes. Lula e FHC: obras parecidas. Disponível em: <http://www.ipardes.gov.br/pdf/bol_ana_conjuntural/bol_28_2a.pdf>. Acesso em: jul. 2006.

MARKWALD, Ricardo A. A agenda da política comercial. Editorial. *Revista Brasileira de Comércio Exterior* nº 87, abr.-jun. de 2006.

MENDES, Constantino Cronemberger; TEIXEIRA, Joanílio Rodolpho. Desenvolvimento econômico brasileiro: uma releitura das contribuições de Celso Furtado. Texto para discussão nº 1.051. Brasília: IPEA, 2004. Disponível em: <http://www.centrocelsofurtado.org.br/adm/enviadas/doc/25_20060704233400.pdf>. Acesso em: jul. 2006.

MEYER, Carolina. 10 razões para enterrar o Mercosul. *Exame*, São Paulo, ano 40, n. 15, p. 42-6, 2006.

MOURÃO, Júlio. Investir no exterior. In: VELLOSO, João Paulo dos Reis (Coord.). *O Brasil e a nova economia mundial*. Rio de Janeiro: José Olympio, 1991. p. 149-54.

REGO, José Márcio, MARQUES, Rosa Maria (Orgs.). *Economia brasileira*. 2. ed. São Paulo: Saraiva, 2003.

RIGOLON, Francisco José Zagari; GIAMBIAGI, Fabio. *A economia brasileira*: panorama geral. Disponível em: <http://www.bndes.gov.br/conhecimento/estudos/ecobras.pdf>. Acesso em: jul. 2006.

SERRA, José. Existe uma saída. *Veja*, São Paulo, nº 23, 1990. p. 62-3.

TÁPIAS, Alcides. 2000: ano da virada das exportações. *Comércio exterior informe BB*. Edição Especial XIX ENAEX, 1999. p. 2.

2

A sistemática de importação

Givan Fortuoso da Silva

O presente capítulo apresenta a dinâmica da atividade de importação – os aspectos negociais, administrativos, aduaneiros e fiscais inerentes a ela. A simplicidade e a objetividade das informações permitirão ao leitor entender as práticas relacionadas à importação.

Introdução

Sabe-se que nenhum país é auto-suficiente, o que faz com que busque no mercado internacional fontes que supram de suas carências. Essa interdependência econômica delimita a nova ordem econômica mundial caracterizada pelo fenômeno da globalização.

Nenhum agente econômico, seja país, seja empresa, pode ignorar a economia globalizada vigente. Diante disso, o presente capítulo propõe-se a apresentar a dinâmica da atividade de importação e os aspectos negociais, administrativos, aduaneiros e fiscais próprios da atividade. Por meio de informações simples e objetivas será possível entender a prática da operação de importação, atividade cada vez mais essencial para a competitividade do país e das empresas brasileiras.

2.1 Importação – definição e importância

Importar significa, de acordo com o *Dicionário Aurélio, fazer vir de outro país, estado, ou município; trazer para dentro.* Na sua essência, a importação busca atender as necessidades (algo vital) ou os desejos (algo superficial) de um país por meio da aquisição de um bem (tangível) ou de um serviço (intangível) que não é produzido, ou é produzido de forma não competitiva, no país demandante.

Essa definição respalda-se na teoria das vantagens absolutas (Adam Smith) e na teoria das vantagens comparativas (David Ricardo), conforme apresentado por Ratti (2001).

A teoria das vantagens absolutas proposta por Adam Smith diz que o país deve se dedicar a produzir o que produz com menor custo e trocar o excedente de produção (gerado pela divisão do trabalho e especialização da produção) com o mercado internacional.

David Ricardo propôs a teoria das vantagens comparativas (ou teoria dos custos comparativos) partindo do pressuposto da teoria de Adam Smith. Para David Ricardo, o livre comércio traz benefícios a dois países, mesmo que um deles produza de forma mais vantajosa (vantagem absoluta) que o outro.

A importação, além de atender as necessidades e os desejos de um país, proporciona as seguintes vantagens:

- acesso a novos mercados supridores: isso permite a diversificação no fornecimento e a não-dependência de um único mercado (interno) ou de poucos mercados fornecedores;
- isenções e reduções tarifárias: como a importação é motivada por interesses nacionais, as importações, nos casos previstos em lei, são beneficiadas por tratamento tarifário diferenciado;
- benefícios fiscais: aplicados na importação, quando o bem a ser produzido com os insumos importados tem como destino o mercado externo. No presente capítulo trataremos dos regimes aduaneiros especiais, entre os quais podemos citar o *drawback* e o Regime Aduaneiro de Entreposto Industrial sob Controle Informatizado (Recof);
- acesso a conhecimento técnico (*know-how*): possibilita o desenvolvimento do setor produtivo local;
- concorrência à qual é exposta a indústria do país importador: esse fator proporciona uma vantagem, pois a proteção de mercado, por meio de práticas protecionistas, ocasiona a obsolescência produtiva e a perda de produtividade e competitividade.

2.2 Aspectos comerciais na importação

A operação de importação não se concentra apenas em seguir os trâmites propostos pela legislação brasileira. Embora se saiba que muitas são as exigências de um processo de importação, grande parte dos problemas pode ser eliminada (ou diminuídos) se as tratativas comerciais forem bem conduzidas. Nessa etapa serão destacados alguns pontos importantes que devem ser observados no fechamento do negócio entre exportador e importador brasileiro.

Deve-se ressaltar que todas as determinações surgidas da negociação internacional devem ser registradas em um contrato de compra e venda internacional.

Um contrato de compra e venda internacional corresponde a um acordo de vontades entre as partes que cria, modifica ou extingue um direito. É aquele pelo qual se troca um bem ou serviço pelo compromisso de pagamento; é o acordo da pluralidade de vontades à qual a lei aplicável confere efeitos de direito. O contrato é internacional quando se tem uma relação de troca entre partes de países distintos (elemento da estraneidade), ou seja, a transação está sujeita a mais de um sistema jurídico (ENGELBERG, 2003).

A *pro forma invoice*, ou fatura pro forma, é a fórmula contratual mais comumente empregada nas transações internacionais. Esse documento é emitido pelo exportador (VAZQUEZ, 2003). Ressalte-se que, segundo Lunardi (2001), a fatura pro forma é extremamente resumida, geralmente emitida mediante utilização de formulário pré-impresso. Esse autor enfatiza que a pro forma não deve ser confundida com a commercial invoice (fatura comercial), documento contábil relacionado com a execução do contrato, emitido pelo vendedor por ocasião da entrega dos bens.

2.2.1 Incoterms (*International Commercial Terms*) na importação

International Commercial Terms são regras contratuais que regulam as transações comerciais. De acordo com Melo (1999, p. 57), os *incoterms*

> originaram-se de diversas fontes, como certas categorias ou ramos do comércio que, por necessidade de organização e disciplina, instituíram mecanismos de auto-regulamentação contratual, de fórmulas contratuais, criando modelos estandardizados dos direitos e obrigações das partes.

Rodrigues (2004) afirma que os *incoterms* foram definidos pela *International Chamber of Commerce* (Câmara de Comércio Internacional – CCI) e servem de regras oficiais nos contratos firmados entre exportadores e importadores.

Ao apresentar o histórico dos *incoterms*, Lunardi (2001) relata que a primeira versão surgiu em 1936 e que, em virtude da dinâmica do comércio mundial, sofreu várias revisões (1953, 1967, 1976, 1980 e 2000), sendo que a última versão (atual) data de 2000 (*Incoterms*, publicação nº 560, CCI).

Deve ser observado que no presente tópico não se pretende discutir exaustivamente os *incoterms*, mas sim fazer um apanhado geral dos termos, ressaltando o seu papel no processo de importação.

Os *incoterms* são representados por siglas compostas de três letras e estão relacionados a 13 regras contratuais. Os termos de compra e venda internacional – *incoterms* –, de acordo com Lunardi (2001), definem o momento da entrega da mercadoria, ou seja, quando ocorre a transferência de custos e riscos.

O Quadro 2.1 apresenta os 13 *incoterms* e suas respectivas definições simplificadas.

Quadro 2.1 International Commercial Terms

	Incoterm	Responsabilidade
1	EXW *Ex Works*	O vendedor cumpre as suas obrigações quando disponibiliza as mercadorias em sua propriedade (instalações), isto é, na fábrica, no armazém, na indústria, usina, plantação etc., ao comprador.
2	FCA *Free Carrier*	O vendedor cumpre as suas obrigações quando entrega as mercadorias, desembaraçadas para exportação, à custódia do transportador internacional nomeado pelo comprador, no local ou ponto determinado.
3	FAS *Free Alongside Ship*	O vendedor deve disponibilizar a mercadoria no costado do navio, no local de carregamento indicado pelo comprador, ou seja, quando as mercadorias cruzam a amurada do navio, no porto de embarque convencionado, dentro do prazo estipulado, e avisar o comprador/importador do término da operação. A condição FAS exige que o vendedor desembarace as mercadorias para exportação.
4	FOB *Free on Board*	O vendedor deve entregar a mercadoria, desembaraçada para exportação, a bordo do navio designado pelo comprador, no porto de embarque indicado, na data, ou no período estabelecido.
5	CFR *Cost and Freight*	O vendedor deve pagar os custos e o frete até o porto de destino designado. O risco de perda das mercadorias ou de danos a elas bem como quaisquer custos adicionais são transferidos do vendedor para o comprador no momento em que as mercadorias cruzam a amurada do navio, no porto de embarque.
6	CIF *Cost, Insurance and Freight*	O vendedor tem as mesmas obrigações atribuídas ao CFR, além de ter de providenciar o seguro marítimo contra o risco de perda das mercadorias e de danos provocados a elas durante o transporte.
7	CPT *Carriage Paid To*	O vendedor paga o frete até o destino designado. O risco de perda das mercadorias ou de danos sofridos por elas bem como quaisquer custos adicionais transferem-se do vendedor para o comprador quando as mercadorias são entregues à custódia do transportador internacional.

continua...

8	CIP *Carriage and Insurance Paid To*	O vendedor tem as mesmas obrigações atribuídas ao CPT, todavia, tem a obrigação de contratar seguro contra o risco de perda das mercadorias e de danos provocados a ela durante o transporte.
9	DAF *Delivered at Frontier*	O vendedor cumpre as suas obrigações quando as mercadorias são disponibilizadas, no meio de transporte escolhido, desembaraçadas para exportação, mas não desembarcadas, no ponto ou local designado na fronteira, porém, antes da divisa alfandegária do país limítrofe.
10	DES *Delivered Ex Ship*	O vendedor cumpre as suas obrigações quando as mercadorias são disponibilizadas para o comprador a bordo do navio no porto de destino designado, não desembaraçadas para importação.
11	DEQ *Delivered Ex Quay*	O vendedor cumpre as suas obrigações quando as mercadorias são colocadas à disposição do comprador, não desembaraçadas para importação, no cais do porto de destino designado.
12	DDU *Delivered Duty Unpaid*	O vendedor cumpre as suas obrigações quando as mercadorias são disponibilizadas no local designado no país do importador, excluindo os direitos, os impostos e os outros encargos oficiais devidos em razão da importação.
13	DDP *Delivered Duty Paid*	O vendedor cumpre as suas obrigações quando as mercadorias estiverem disponíveis no local designado, no país de destino. O vendedor deve assumir os riscos e custos, incluindo direitos, impostos e outros encargos para a entrega das mercadorias no local designado.

Fonte: Elaborado pelo autor com base em Vazquez (2003, p. 49-110).

No que diz respeito às importações brasileiras, Lunardi (2001), ao analisar os *incoterms*, afirma que não há nenhuma restrição quanto à utilização de EXW (*Ex Works*) e de FCA (*Free Carrier*) em uma importação no Brasil. O autor destaca que, por ser a legislação cambial brasileira obsoleta, se deve atentar às limitações operacionais referentes à remessa de valor para o exterior para cumprimento das despesas determinadas por esses termos.

Os termos CIF (*Cost, Insurance and Freight*) e CIP (*Carriage and Insurance Paid To*) apresentam, segundo Lunardi (2001), restrição quanto à contratação do seguro internacional, pois, de acordo com a legislação brasileira, o seguro de transporte internacional na importação deve ser feito por meio de sociedades seguradoras estabelecidas no país.

O mesmo autor, ao analisar o DDU (*Delivered Duty Unpaid*), registra que não há restrição na utilização dessa condição de venda, ressalta, porém, que todas as despesas ocorridas no território nacional devem ser identificadas e destacadas de forma a permitir que sejam deduzidas do valor aduaneiro, ou seja, do valor total da importação para efeito de cálculo de impostos.

O DDP (*Delivered Duty Paid*), com base no referido autor, apresenta restrição quando utilizado em importações brasileiras uma vez que o exportador é responsável pelo despacho aduaneiro na importação (processo de liberação alfandegária) e pelo recolhimento de impostos e taxas incidentes na importação. No entanto, a legislação brasileira entende que o contribuinte do imposto de importação é aquele que promove a entrada de mercadoria no território nacional, ou seja, o importador.

Para os *incoterms* FAS (*Free Alongside Ship*), FOB (*Free On Board*), CFR (*Cost and Freight*), CPT (*Carriage Paid To*), DAF (*Delivered At Frontier*), DES (*Delivered Ex Ship*), DEQ (*Delivered Ex Quay*), Lunardi (2001) não apresenta nenhuma restrição à prática deles em uma importação no Brasil.

2.2.2 Modalidades de pagamento na importação

As importações podem ser processadas com ou sem cobertura cambial. A importação sem cobertura cambial não gera ônus financeiro para o importador, ou seja, não gera compromisso de pagamento. A importação com cobertura cambial, por sua vez, cria o compromisso de pagamento por parte do importador da mercadoria. As modalidades de pagamento das quais o importador brasileiro pode fazer uso são destacadas adiante.

Carta de crédito de importação

Definida como um instrumento de garantia internacional, a carta de crédito é a modalidade em que o importador brasileiro solicita a determinado banco a emissão de um documento que garanta o pagamento ao exportador, desde que as condições e os prazos da carta de crédito sejam atendidos. Dessa forma, o importador tem a segurança de só efetuar o pagamento ao exportador se as condições preestabelecidas forem cumpridas.

O objetivo da carta de crédito é garantir que tanto exportador quanto importador cumpram todas as responsabilidades e obrigações assumidas na negociação internacional. Por isso é necessário que no corpo da carta de crédito constem as condições negociadas, as especificações da mercadoria, a quantidade, o preço, a forma e o prazo para embarque, a forma e a data de pagamento no exterior.

A abertura, a negociação e a liquidação de um crédito documentário seguem as "regras e usos uniformes" da Câmara Internacional de Comércio em suas brochuras nº 500, nº 525 e ISBP 645.

Cobrança documentária

Nessa modalidade, a documentação de embarque, necessária para efetuar o desembaraço (liberação alfandegária) das mercadorias importadas, é encaminhada diretamente pelo exportador (remessa sem saque) ou por meio de um banco no país do exportador para o banco indicado pelo importador (cobrança à vista ou a prazo) para ser apresentada em cobrança ao importador.

A cobrança documentária pode ocorrer por remessa sem saque, à vista ou a prazo.

No caso da *remessa sem saque*, os documentos de embarque, necessários para a liberação da mercadoria na alfândega brasileira, são encaminhados diretamente pelo exportador para o importador, sem intermediação bancária.

Na *cobrança à vista* os documentos de embarque são encaminhados por um banco nomeado pelo exportador a um banco no país do importador. Nesse tipo de cobrança os documentos de embarque vêm com um saque ou com uma letra de câmbio cujo vencimento é à vista, dessa forma, para o importador ter acesso à documentação de embarque terá de liquidar o câmbio (fechamento do contrato de câmbio).

A *cobrança a prazo* processa-se da mesma forma que a cobrança à vista, porém a documentação de embarque é encaminhada com um saque ou com uma letra de câmbio cujo vencimento é a prazo. Com isso, o importador terá à disposição os documentos necessários para o despacho aduaneiro (processo de liberação alfandegária) somente mediante o aceite do saque para pagamento no vencimento. Essa modalidade implica menores custos e menos burocracia e é indicada a clientes que possuam negócios com exportadores tradicionais no mercado internacional.

É importante observar que a modalidade remessa sem saque, por suas características operacionais, é a mais utilizada entre empresas pertencentes a um mesmo grupo.

Pagamento antecipado

Na modalidade pagamento antecipado, como o próprio nome sugere, o importador efetua o pagamento do valor da importação antes do embarque da mercadoria. O pagamento pode ser feito até 180 dias antes da data prevista para o embarque ou da nacionalização da mercadoria (no caso de regimes aduaneiros especiais).

A liquidação do câmbio dá-se por meio da apresentação da fatura pro forma ou do contrato comercial em que constem os valores da transação, as condições pactuadas para a antecipação e o prazo de entrega da carga. Caso a mercadoria esteja sujeita à aprovação de Licença de Importação (LI) antes do embarque, deve ser apresentado o número da licença. Na ocasião do registro da Declaração de Importação (DI), deve ser informado o pagamento antecipado. A partir da data prevista para embarque ou nacionalização, o importador tem 60 dias para realizar o desembaraço aduaneiro e a vinculação do contrato de câmbio à DI.

Para que a operação se concretize nessa modalidade é preciso que o importador confie suficientemente no exportador, pois caso este não cumpra o contrato, o importador poderá enfrentar dificuldades para reaver o que pagou antecipadamente.

Câmbio simplificado de importação (Simplim)

Nas importações brasileiras até US$ 20 mil ou o equivalente em outras moedas, pode-se contratar a modalidade câmbio simplificado de importação. Nesse caso, a operação de importação deve ser processada por meio de uma Declaração Simplificada de Importação (DSI). O pagamento é feito mediante débito em conta-corrente do importador, no valor correspondente em real.

A facilidade e a agilidade operacionais são as principais vantagens dessa modalidade, que não permite o pagamento antecipado.

Financiamento de importação (Finimp)

O financiamento de importação (Finimp) permite ao importador brasileiro obter recursos a custos compatíveis aos praticados nos mercados internacionais. Os financiamentos podem ser concedidos na forma *supplier's credit* (financiamento ao exportador) ou *buyer's credit* (financiamento ao importador) por meio de bancos que operam no Brasil ou no exterior.

O Finimp garante acesso a financiamentos mais competitivos que os oferecidos no mercado doméstico. O recurso é concedido em moeda estrangeira ao importador no Brasil, para pagamento à vista ao exportador no exterior.

Existe também o refinanciamento de importação. Nessa situação, o banco renegocia com o importador um financiamento existente, com novas taxas e novos prazos.

2.3 Sistema administrativo das importações

2.3.1 Sistema Integrado de Comércio Exterior – Siscomex Importação

Vazquez (2003) destaca que, a partir de 1997, por meio dos comunicados Decex nº 19/1996 e nº 22/1996 e da Portaria Secex nº 21/1996, as importações brasileiras passaram a ser processadas no Sistema Integrado de Comércio Exterior, módulo importação, denominado Siscomex Importação.

Para Bizelli e Barbosa (2002), o Siscomex é o instrumento administrativo que integra as atividades de registro, acompanhamento e controle das operações de comércio exterior, mediante fluxo único, computadorizado, de informações.

A implantação do Siscomex Importação, de acordo com Vazquez (2003), trouxe as seguintes vantagens:

a. agilização e desburocratização das operações administrativas (emissão de licenciamento) e operações (desembaraço alfandegário) na área de comércio exterior;
b. simplificação e padronização das operações de importação;
c. eliminação de documentos e formulários;
d. automatização e unificação de controles, por meios eletrônicos e on-line;
e. geração de estatísticas tempestivas;
f. agilização das operações de câmbio;
g. sinergia das ações das entidades governamentais envolvidas no processo.

Na seqüência deste capítulo será abordado o tratamento administrativo aplicado a uma operação de importação. A referência adotada é a nova sistemática surgida com a implantação do Siscomex Importação.

2.3.2 Registro de importador

Vazquez (2003) e Rebono (2004) afirmam que o cadastro no Registro de Exportadores e Importadores (REI) da Secretaria de Comércio Exterior (Secex) é a condição primeira para pessoas jurídicas ou físicas atuarem na atividade de comércio exterior, seja na exportação, seja na importação. Ambos os autores destacam que, nas importações realizadas por pessoa física, essas operações podem ser realizadas desde que em quantidade que não caracterize prática comercial e que não configure habitualidade.

A inscrição no REI habilita o importador a operar o Siscomex e deve ser feita de acordo com a Portaria nº 36, de 22 de novembro de 2007, no ato da primeira operação no sistema, em qualquer ponto conectado do Siscomex.

Ainda com base no citado documento legal, as operações no Siscomex poderão ser efetuadas pelo importador, por conta própria, mediante habilitação prévia ou por intermédio de representantes credenciados, nos termos e nas condições estabelecidas pela Secretaria da Receita Federal (SRF). Nesse sentido, Vazquez (2003, p. 114) afirma:

> os bancos autorizados a operar em câmbio e as sociedades corretoras que atuam na intermediação de operações cambiais serão credenciados a elaborar e transmitir para o sistema operações sujeitas a licenciamento não automático, por conta e ordem de importadores por eles expressamente autorizados.

A Portaria nº 36, de 22 de novembro de 2007, ressalta que o Registro de Exportadores e de Importadores pode ser negado, suspenso ou cancelado nos casos de punição em decisão administrativa final motivados por infrações de natureza fiscal, cambial e de comércio exterior, ou por abuso de poder econômico.

2.4 Licenciamento das importações

2.4.1 Modalidades de licenciamento

A Consolidação das Normas de Importação – Portaria nº 36, de 22 de novembro de 2007 – apresenta as seguintes modalidades de importação: importações dispensadas de licenciamento; importações sujeitas a licenciamento automático e importações sujeitas a licenciamento não automático.

Embora a referida legislação diga que as importações dispensadas de licenciamento sejam regra – há apenas a necessidade de que importadores providenciem o registro da Declaração de Importação (DI) no Siscomex para fins de despacho aduaneiro na unidade local da Secretaria da Receita Federal (SRF) –, deve-se destacar, como observado por Lopez e Gama (2002), que na prática a importação está sujeita a licenciamento automático, o qual será providenciado no momento do registro da DI, que corresponde ao documento-base para processo de despacho aduaneiro.

De maneira geral, autores como Bizelli e Barbosa (2002), Lopez e Gama (2002) e Vazquez (2003) classificam as importações em condicionada a licenciamento automático e condicionada a licenciamento não automático. Essa tipologia é apresentada a seguir.

Licenciamento automático

Correspondendo à regra aplicada à maior parte das importações, o licenciamento automático, conforme apontado por Bizelli e Barbosa (2002), deve ser providenciado após a chegada da mercadoria ao território brasileiro.

A Portaria n° 36, de 22 de novembro de 2007, menciona que o Ministério do Desenvolvimento, Indústria e Comércio Exterior (MDIC) disponibilizará em sua página na Internet, as mercadorias que recebem esse tratamento administrativo. Em complemento, relaciona que as operações de importação realizadas no regime aduaneiro especial de *drawback* estão sujeitas ao licenciamento automático.

Licenciamento não automático

O licenciamento não automático divide-se em anterior ao embarque da mercadoria no exterior e posterior ao embarque no exterior, porém antes do despacho aduaneiro.

O licenciamento não automático, com base no Comunicado n° 37, de 17 de dezembro de 1997, quando exigível, deve ser providenciado antes do embarque da mercadoria no exterior.

O mesmo comunicado diz que em algumas situações o licenciamento não automático poderá ser efetuado antes do despacho aduaneiro, exceto no caso de:

a. importações sob amparo do regime aduaneiro especial de *drawback*;
b. importações sob amparo do Decreto-Lei n° 1.219, de 15 de maio de 1972, e do Decreto-Lei n° 2.433, de 19 de maio de 1988 (Befiex);
c. importações sob amparo da Lei n° 8.010, de 29 de março de 1990;
d. importações sob amparo dos benefícios do Decreto-Lei n° 288, de 28 de fevereiro de 1967, e do Decreto-Lei n° 356, de 15 de agosto de 1968 (Zona Franca de Manaus);
e. importações sob amparo da Lei n° 7.965, de 22 de dezembro de 1989 (área de livre comércio no município de Tabatinga – AM), da Lei n° 8.210, de 19 de julho de 1991 (área de livre comércio no município de Guajará-Mirim – RO), da Lei n° 8.256, de 25 de novembro de 1991 (área de livre comércio nos municípios de Macapá e Santana – AP) e da Lei n° 8.857, de 8 de março de 1994 (área de livre comércio nos municípios de Cruzeiro do Sul, Brasiléia e Epitaciolândia – AC).

2.4.2 Licenciamento de importação – considerações gerais

Conforme descrito na Portaria n° 36, de 22 de novembro de 2007, o pedido de licença deve ser registrado no Siscomex pelo importador ou por seu representante legal ou, ainda, por agentes credenciados pelo Departamento de Operações de Comércio Exterior (Decex), pela Secretaria de Comércio Exterior (Secex) e pela Secretaria da Receita Federal (SRF).

Bizelli e Barbosa (2002) destacam que tanto no caso de licenciamento automático quanto no caso de licenciamento não automático, o importador brasileiro deverá prestar ao Siscomex informações de natureza comercial, financeira, cambial e fiscal. O que difere de um caso para o outro é o momento em que se presta a informação:

- no licenciamento automático: quando se elabora a Declaração de Importação (DI);
- no licenciamento não automático: antes do embarque da mercadoria no exterior ou antes do despacho aduaneiro.

A Portaria nº 36, de 22 de novembro de 2007, aponta que o licenciamento receberá numeração específica e ficará disponível para análise pelos órgãos anuentes. Por meio de consulta ao Siscomex, o importador poderá obter, a qualquer tempo, informações sobre seu pedido de licenciamento.

A referida portaria ressalta que o Decex, vinculado à Secex, poderá solicitar ao importador documentos e informações que julgue necessários para a efetivação do licenciamento.

Vazquez (2003) sugere que, exigidas outras informações, o importador as forneça o mais rápido possível, pois a Secex, por meio do seu Departamento de Comércio Exterior, ou mesmo outro órgão anuente, estabelecerá um prazo para atendimento das solicitações. Nesse aspecto, a Portaria nº 36, de 22 de novembro, de 2007, observa que o Siscomex cancela automaticamente a licença em exigência em caso de não-cumprimento das solicitações no prazo de 90 dias corridos.

O licenciamento automático será efetivado no prazo máximo de dez dias úteis, contados a partir da data de registro no Siscomex, caso os pedidos de licença sejam apresentados de forma adequada e completa.

No licenciamento não automático, os pedidos terão tramitação de, no máximo, 60 dias corridos, prazo que pode ser ultrapassado quando impossível o seu cumprimento por razões que escapem ao controle do órgão anuente do governo brasileiro.

Conforme Vazquez (2003), o licenciamento de importação na condição de não automático terá prazo máximo para embarque. Tomando como referência a Consolidação das Normas de Importação, tanto o licenciamento automático quanto o licenciamento não automático terão validade de 60 dias para embarque da mercadoria no exterior, observando-se o fato de que o importador pode solicitar prazo de validade diferente do definido na legislação assim como a prorrogação, antes do vencimento, desde que apresente justificativa ao(s) órgão(s) anuente(s).

A Portaria nº 36, de 22 de novembro de 2007, diz que o importador pode solicitar a alteração do licenciamento, até o desembaraço da mercadoria, em qualquer modalidade, mediante a substituição, no Siscomex, da licença anteriormente deferida. Embora a legislação indique que seja possível alterar o licenciamento até o desembaraço, na prática, as modificações podem ser solicitadas até o registro da DI, como apontado por Vazquez (2003).

Vazquez (2003) ratifica a referida legislação ao informar que a alteração em um licenciamento já deferido implica substituição deste último por um novo licenciamento, que fica sujeito, portanto, a novo exame pelo(s) órgão(s) anuente(s) e mantém-se a validade do licenciamento original.

2.5 Classificação fiscal de mercadorias

O tratamento administrativo na importação é verificado por meio da classificação fiscal da mercadoria, identificando-se a Nomenclatura Comum do Mercosul (NCM) (VAZQUEZ, 2003).

Para a Receita Federal (2006a),

> o importador, exportador ou fabricante de certo produto, deve, em princípio, determinar ele próprio, ou através de um profissional por ele contratado, a respectiva classificação fiscal, o que requer que esteja familiarizado com o Sistema Harmonizado de Designação e Codificação de Mercadoria e as Regras Gerais para a Interpretação do Sistema Harmonizado, através de pesquisa efetuada na TEC ou TIPI, nas Notas Explicativas do Sistema Harmonizado e em ementas de Pareceres e Soluções de Consulta publicadas no D.O.U.

A Receita Federal (2006a) destaca que o trabalho de classificação fiscal de mercadorias, além de determinar os tributos incidentes nas operações de importação e exportação, possibilita o controle estatístico e a determinação do tratamento administrativo aplicado na exportação ou na importação de determinada mercadoria.

A classificação fiscal de mercadorias é feita utilizando-se a Nomenclatura Comum do Mercosul (NCM), com base no Sistema Harmonizado de Designação e de Codificação de Mercadorias, mais conhecido como Sistema Harmonizado (SH).

A Secex (2006a) descreve o SH como um "método internacional de classificação de mercadorias, baseado em uma estrutura de códigos e respectivas descrições". O Sistema Harmonizado (SH) é composto por uma nomenclatura com 21 seções e 96 capítulos, os quais são divididos em posições e subposições; a cada um dos desdobramentos citados atribuem-se códigos numéricos; por regras gerais para a interpretação do Sistema Harmonizado, regras gerais de classificação das mercadorias na nomenclatura; e por Notas Explicativas do Sistema Harmonizado (NESH), as quais fornecem esclarecimentos e interpretam o Sistema Harmonizado.

A Nomenclatura Comum do Mercosul (NCM) é a nomenclatura oficial do Brasil, porém, além da NCM, pode-se usar, conforme o caso:

- Nomenclatura da Associação Latino-Americana de Desenvolvimento e Integração, também com base no SH, denominada NALADI/SH;
- Tabela de Incidência do Imposto sobre Produtos Industrializados (TIPI); e
- Nomenclatura de Valor Aduaneiro e Estatística (NVE).

2.5.1 Nomenclatura Comum do Mercosul (NCM)

A Nomenclatura Comum do Mercosul (NCM), de acordo com Bizelli e Barbosa (2002), resulta do avanço integracionista por parte do Brasil, da Argentina, do Paraguai e do Uruguai para estabelecer a união aduaneira no Mercosul. Nessa fase de integração (união aduaneira), os países-membros definem uma Tarifa Externa Comum (TEC) que corresponde ao tratamento fiscal a ser aplicado nas negociações realizadas com terceiros países de forma a garantir uniformidade no trato comercial com os países participantes do bloco econômico.

Como já informado, a NCM é baseada no Sistema Harmonizado (SH). Por meio dessa nomenclatura é identificado o tratamento administrativo a ser aplicado na importação, assim como o tratamento fiscal aplicável ao Imposto de Importação (II).

A estrutura da Nomenclatura Comum do Mercosul (NCM) é apresentada na Figura 2.1.

Figura 2.1   Estrutura da Nomenclatura Comum do Mercosul (NCM)

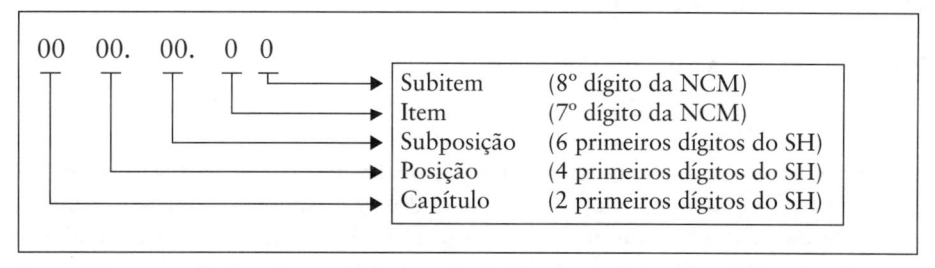

```
00  00.  00.  0 0
                └──▶ Subitem       (8° dígito da NCM)
             ─────▶ Item          (7° dígito da NCM)
          ────────▶ Subposição    (6 primeiros dígitos do SH)
      ────────────▶ Posição       (4 primeiros dígitos do SH)
  ────────────────▶ Capítulo      (2 primeiros dígitos do SH)
```

Fonte: Elaborada pelo autor.

2.5.2 Nomenclatura da Associação Latino-Americana de Desenvolvimento e Integração (NALADI/SH)

A NALADI/SH corresponde à nomenclatura adotada no âmbito da Associação Latino-Americana de Desenvolvimento e Integração (ALADI). É aplicada nas operações de comércio exterior realizadas entre os países-membros dessa associação (Argentina, Bolívia, Brasil, Chile, Colômbia, Cuba, Equador, México, Paraguai, Peru, Uruguai e Venezuela) e inclui negociações oriundas do Mercosul, uma vez que esse bloco surgiu por meio do Acordo de Complementação Econômica (ACE-18) firmado entre Brasil, Argentina, Paraguai e Uruguai, no âmbito da ALADI.

Bizelli e Barbosa (2002) afirmam que a aceitação internacional do Sistema Harmonizado, o SH, fez com que a ALADI também o adotasse em sua nomenclatura.

A NALADI/SH, na sua estrutura, possui o formato indicado na Figura 2.2.

Figura 2.2   Estrutura da Nomenclatura da Associação Latino-Americana de Desenvolvimento e Integração (NALADI/SH)

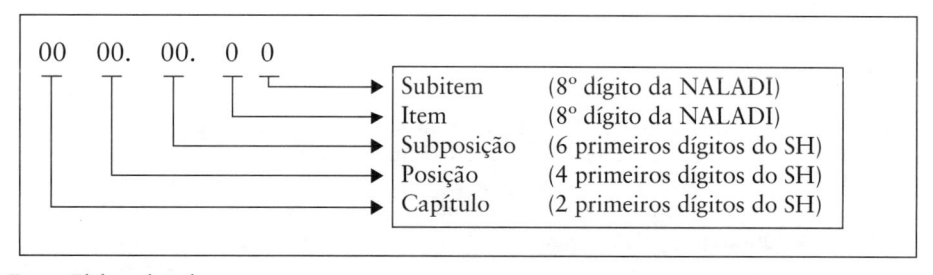

```
00  00.  00.  0 0
                └──▶ Subitem       (8° dígito da NALADI)
             ─────▶ Item          (8° dígito da NALADI)
          ────────▶ Subposição    (6 primeiros dígitos do SH)
      ────────────▶ Posição       (4 primeiros dígitos do SH)
  ────────────────▶ Capítulo      (2 primeiros dígitos do SH)
```

Fonte: Elaborada pelo autor.

2.5.3 Tabela de Incidência do Imposto sobre Produtos Industrializados (TIPI)

Aprovada pelo Decreto nº 4.542, de 26 de dezembro de 2002, a Tabela de Incidência do Imposto sobre Produtos Industrializados (TIPI) também tem por referência a Nomenclatura Comum do Mercosul (NCM) e relaciona as alíquotas do Imposto sobre Produtos Industrializados (IPI).

2.5.4 Nomenclatura de Valor Aduaneiro e Estatística (NVE)

Instituída pela Instrução Normativa SRF nº 80, de 27 de dezembro de 1996, a Nomenclatura de Valor Aduaneiro e Estatística (NVE) foi criada com o objetivo de identificar a mercadoria submetida a despacho aduaneiro de importação, para efeito de valoração aduaneira, e aprimorar os dados estatísticos de comércio exterior.

A Nomenclatura Comum do Mercosul (NCM) é a base para a definição da NVE. A esta são acrescidos os atributos e as especificações, identificados, respectivamente, por dois caracteres alfabéticos e quatro numéricos. Entende-se como atributos as características intrínsecas e extrínsecas da mercadoria relevantes para a formação de seu preço, as especificações e o detalhamento de cada atributo, que individualiza a mercadoria importada.

A legislação cita que a indicação da NVE na Declaração de Importação (DI), documento-base para o despacho aduaneiro (processo de liberação alfandegária) formulada no Siscomex, é obrigatória para as mercadorias constantes no anexo da referida instrução normativa, devendo ser observadas as devidas alterações legais.

2.5.5 Orientações gerais para realização do trabalho de classificação fiscal de mercadorias

O trabalho de classificação fiscal de mercadorias deve ser feito com atenção e cuidado, de forma profissional, sem inferências e suposições, pois, como observado, é por meio da definição da NCM que se identifica o tratamento administrativo e fiscal de uma importação.

Para a adequada classificação fiscal deve-se fazer uso das regras gerais para a interpretação do Sistema Harmonizado (Quadro 2.2). Essas regras permitirão o enquadramento tarifário correto.

Quadro 2.2 Regras gerais para a interpretação do Sistema Harmonizado

A classificação das mercadorias na nomenclatura rege-se pelas seguintes regras:
1. Os títulos de seções, capítulos e subcapítulos têm apenas valor indicativo. Para efeitos legais, a classificação é determinada pelos textos das posições e das notas de seção e de capítulo e, desde que não sejam contrárias aos textos das referidas posições e notas, pelas regras seguintes.

continua...

2. a) Qualquer referência a um artigo em determinada posição abrange esse artigo mesmo incompleto ou inacabado, desde que apresente, no estado em que se encontra, as características essenciais do artigo completo ou acabado. Abrange igualmente o artigo completo ou acabado, ou como tal considerado nos termos das disposições precedentes, mesmo que se apresente desmontado ou por montar.
b) Qualquer referência a uma matéria em determinada posição diz respeito a essa matéria, quer em estado puro, quer misturada ou associada a outras matérias. Da mesma forma, qualquer referência a obras de uma matéria determinada abrange as obras constituídas inteira ou parcialmente dessa matéria. A classificação desses produtos misturados ou artigos compostos efetua-se conforme os princípios enunciados na Regra 3.
3. Quando pareça que a mercadoria pode classificar-se em duas ou mais posições por aplicação da Regra 2 (b) ou por qualquer outra razão, a classificação deve efetuar-se da seguinte forma:
a) A posição mais específica prevalece sobre as mais genéricas. Todavia, quando duas ou mais posições se refiram, cada uma delas, a apenas uma parte das matérias constitutivas de um produto misturado ou de um artigo composto, ou a apenas um dos componentes de sortidos acondicionados para venda a retalho, tais posições devem considerar-se, em relação a esses produtos ou artigos, como igualmente específicas, ainda que uma delas apresente uma descrição mais precisa ou completa da mercadoria.
b) Os produtos misturados, as obras compostas de matérias diferentes ou constituídas pela reunião de artigos diferentes e as mercadorias apresentadas em sortidos acondicionados para venda a retalho, cuja classificação não se possa efetuar pela aplicação da Regra 3 (a), classificam-se pela matéria ou pelo artigo que lhes confira a característica essencial, quando for possível realizar essa determinação.
c) Nos casos em que as Regras 3 (a) e 3 (b) não permitam efetuar a classificação, a mercadoria classifica-se na posição situada em último lugar na ordem numérica, dentre as suscetíveis de validamente se tomarem em consideração.
4. As mercadorias que não possam ser classificadas por aplicação das regras enunciadas anteriormente classificam-se na posição correspondente aos artigos mais semelhantes.
5. Além das disposições precedentes, as mercadorias mencionadas a seguir estão sujeitas às regras seguintes:
a) Os estojos para aparelhos fotográficos, para instrumentos musicais, para armas, para instrumentos de desenho, para jóias e receptáculos semelhantes, especialmente fabricados para conterem um artigo determinado ou um sortido, e suscetíveis de um uso prolongado, quando apresentados com os artigos a que se destinam, classificam-se com esses últimos, desde que sejam do tipo normalmente vendido com tais artigos. Esta regra, todavia, não diz respeito aos receptáculos que confiram ao conjunto a sua característica essencial.
b) Sem prejuízo do disposto na Regra 5 (a), as embalagens contendo mercadorias classificam-se com essas últimas quando forem do tipo normalmente utilizado para o seu acondicionamento. Todavia, essa disposição não é obrigatória quando as embalagens forem claramente suscetíveis de utilização repetida.
6. A classificação de mercadorias nas subposições de uma mesma posição é determinada, para efeitos legais, pelos textos dessas subposições e das notas de subposição respectivas, assim como, *mutatis mutandis*, pelas regras precedentes, entendendo-se que apenas são comparáveis subposições do mesmo nível. Para os fins da presente regra, as notas de seção e de capítulo são também aplicáveis, salvo disposições em contrário.

Fonte: Elaborado pelo autor com base nas informações da Secex (2006a).

Em complemento às regras gerais para a interpretação do Sistema Harmonizado tem-se as regras complementares indicadas no Quadro 2.3.

Quadro 2.3 Regras gerais complementares

RGC-1. As regras gerais para interpretação do Sistema Harmonizado aplicar-se-ão, *mutatis mutandis*, para determinar dentro de cada posição ou subposição, o item aplicável e, dentro desse último, o subitem correspondente, entendendo-se que apenas são comparáveis desdobramentos regionais (itens e subitens) do mesmo nível.

RGC-2. As embalagens contendo mercadorias e que sejam claramente suscetíveis de utilização repetida, mencionadas na Regra 5 (b), seguirão seu próprio regime de classificação sempre que submetidas aos regimes aduaneiros especiais de admissão temporária ou de exportação temporária. Caso contrário, seguirão o regime de classificação das mercadorias.

Fonte: Elaborado pelo autor com base nas informações da Secex (2006).

Com o objetivo de melhor orientar e facilitar o trabalho de classificação fiscal de mercadorias, a Secex (2006) sugere o roteiro apresentado no Quadro 2.4.

Quadro 2.4 Roteiro simplificado de identificação de mercadorias NCM

A seguir, um roteiro simplificado que permite a identificação de produtos em diversos níveis:

a. Considere as regras gerais para a interpretação do Sistema Harmonizado e a regra geral complementar da NCM;
b. Identifique a seção e o capítulo desejados;
c. Proceda ao enquadramento da mercadoria, seguindo o ordenamento de classificação dos códigos na NCM (posição, subposição, item e subitem), de acordo com as especificidades do produto.

Observação: Na classificação de mercadorias é fundamental que sejam consideradas, quando houver, as notas de seção e de capítulo.

Fonte: Elaborado pelo autor com base nas informações da Secex (2006).

2.6 Tratamento fiscal aplicado às importações brasileiras

2.6.1 Impostos incidentes na importação

As importações brasileiras estão sujeitas à aplicação de direitos aduaneiros, que, conforme Lopez e Gama (2002), correspondem aos tributos aplicados às mercadorias originadas de outros países e incorporadas à economia nacional.

Os impostos incidentes em uma operação de importação são:

- Imposto de Importação (II);
- Imposto sobre Produtos Industrializados (IPI);
- Imposto sobre operações relativas à circulação de mercadorias e sobre prestação de serviços de transporte interestadual e intermunicipal e de comunicação (ICMS);
- Contribuição para o Programa de Integração Social e para o Programa de Formação do Patrimônio do Servidor Público (PIS/Pasep); e
- Contribuição para o Financiamento da Seguridade Social (Cofins).

Imposto de Importação (II)

Esse imposto é de competência da União; incide, de acordo com o Decreto nº 4.543, de 26 de dezembro de 2002, sobre a importação de produtos estrangeiros.

Com base no referido documento legal, o imposto de importação não incide sobre:

I. mercadoria estrangeira que, corretamente descrita nos documentos de transporte, chegar ao país por erro inequívoco ou comprovado de expedição e for redestinada ou devolvida para o exterior;

II. mercadoria estrangeira idêntica, em igual quantidade e valor, e que se destine à reposição de outra anteriormente importada que se tenha revelado, após desembaraço aduaneiro, defeituosa ou imprestável para o fim a que se destinava, desde que observada a regulamentação editada pelo Ministério da Fazenda;

III. mercadoria estrangeira que tenha sido objeto da pena de perdimento;

IV. mercadoria estrangeira devolvida para o exterior antes do registro da declaração de importação, observada a regulamentação editada pelo Ministério da Fazenda; e

V. embarcações construídas no Brasil e transferidas por matriz de empresa brasileira de navegação para subsidiária integral no exterior, que retornem ao registro brasileiro, como propriedade da mesma empresa nacional de origem (Lei nº 9.432, de 8 de janeiro de 1997, artigo 11, § 10).

O fato gerador do II, tomando como referência o Decreto nº 4.543, de 26 de dezembro de 2002, confirmado por Bizelli e Barbosa (2002) e Vazquez (2003), é a entrada de mercadoria estrangeira no território aduaneiro.

Para efeito de cálculo do Imposto de Importação, a base adotada deve considerar o tipo de alíquota a ser aplicado. Quando a alíquota for *ad valorem*, a base é o valor aduaneiro (valor da mercadoria na condição de embarque somado ao frete internacional e ao seguro, quando houver), aplicando-se um percentual, ou seja, a alíquota *ad valorem*. Quando a alíquota for específica, a quantidade de mercadoria expressa na unidade de medida estabelecida servirá como base de cálculo.

Santos (2006) ressalta que o II é apurado sobre o valor aduaneiro, calculado conforme as regras do Acordo Geral sobre Tarifas e Comércio (GATT) de 1994, oficializado pelo Decreto Legislativo nº 30/94 como Acordo de Valoração Aduaneira. Esse acordo definiu os métodos para a identificação do valor aduaneiro (Quadro 2.5):

Quadro 2.5 Métodos de valoração aduaneira

Método	Definição
Primeiro	O valor aduaneiro da mercadoria importada será o "valor da transação", ou seja, o preço efetivamente pago ou a pagar pela mercadoria em uma venda para exportação para o país de importação.
Segundo	Caso não possa ser aplicado o primeiro método, o valor aduaneiro será definido tomando-se como referência o valor aduaneiro de mercadorias idênticas ou similares, importadas em condições semelhantes às mercadorias em valoração.
Terceiro	Não sendo possível utilizar nenhum dos métodos anteriores, o valor aduaneiro será o valor de transação de mercadorias similares vendidas para exportação para o mesmo país de importação e exportadas ao mesmo tempo que as mercadorias objeto de valoração, ou em tempo aproximado.
Quarto	A não-definição do valor aduaneiro segundo o disposto nos métodos 1, 2 ou 3 e caso as mercadorias importadas, ou mercadorias idênticas ou similares importadas forem vendidas no país de importação no estado em que são importadas, o seu valor aduaneiro, segundo as disposições deste método, será baseado no preço unitário pelo qual as mercadorias importadas, ou as mercadorias idênticas ou similares importadas, são vendidas dessa forma na maior quantidade total.
Quinto	O valor aduaneiro das mercadorias importadas, determinado segundo as disposições deste método, será baseado em um valor computado. O valor computado será igual à soma de: a. o custo ou o valor dos materiais e da fabricação ou do processamento, empregados na produção das mercadorias importadas; b. um montante para lucros e despesas gerais igual àquele usualmente encontrado em vendas de mercadorias da mesma classe ou espécie que as mercadorias objeto de valoração, vendas essas para exportação, efetuadas por produtores no país de exportação, para o país de importação; c. o custo ou o valor de todas as demais despesas.
Sexto	Na impossibilidade de determinar o valor aduaneiro com base no disposto, tal valor será estabelecido usando-se critérios razoáveis, condizentes com os princípios e com as disposições gerais do Acordo de Valoração Aduaneira e com o artigo VII do GATT 1994, e com base em dados disponíveis no país de importação.

Fonte: Elaborado pelo autor com base no Decreto nº 1.355, de 30 de dezembro de 1994.

Imposto sobre Produtos Industrializados (IPI)

Esse imposto também é de competência do governo federal e incide sobre produtos industrializados, ou seja, aqueles produtos submetidos a qualquer operação que lhes modifique a natureza ou a finalidade, ou os aperfeiçoe para o consumo.

A Constituição Federal indica que o IPI é não cumulativo (compensando-se o que for devido em cada operação com o montante cobrado nas operações anteriores) e é seletivo em função da essencialidade dos produtos.

O Decreto nº 4.543, de 26 de dezembro de 2002, declara que o fato gerador do IPI na importação é o desembaraço aduaneiro de produto de procedência estrangeira. O imposto não incide sobre:

I. produtos objeto de extravio ocorrido antes do desembaraço aduaneiro;
II. mercadoria estrangeira que, corretamente descrita nos documentos de transporte, chegar ao país por erro inequívoco ou comprovado de expedição, e que, após o desembaraço aduaneiro, for redestinada ou devolvida para o exterior;
III. mercadoria estrangeira idêntica, em igual quantidade e valor, e que se destine à reposição de outra anteriormente importada que se tenha revelado, após o desembaraço aduaneiro, defeituosa ou imprestável para o fim a que se destinava, desde que observada a regulamentação editada pelo Ministério da Fazenda;
IV. embarcações construídas no Brasil e transferidas por matriz de empresa brasileira de navegação para subsidiária integral no exterior, que retornem ao registro brasileiro, como propriedade da mesma empresa nacional de origem (Lei nº 9.432, de 8 de janeiro de 1997, artigo 11, § 10).

A base de cálculo do imposto, na importação, de acordo com Decreto nº 4.543, de 26 de dezembro de 2002, é o valor que serve ou que serviria de base para o cálculo do Imposto de Importação por ocasião do despacho aduaneiro, acrescido do montante desse imposto e dos encargos cambiais efetivamente pagos pelo importador ou dele exigíveis.

Imposto sobre operações relativas à circulação de mercadorias e sobre prestação de serviço de transporte interestadual e intermunicipal e de comunicação (ICMS)

O ICMS é um tributo de competência dos Estados e do Distrito Federal (artigo 155, II, da Constituição Federal) e uma de suas principais fontes de receita.

A incidência do imposto se dá na importação quando da entrada no território nacional de mercadoria procedente do exterior, ainda que se trate, como observado por Bizelli e Barbosa (2002) e Vazquez (2003), de bem destinado a consumo ou ao ativo do estabelecimento.

O fato gerador de ICMS, como registrado por Bizelli e Barbosa (2002), é o desembaraço aduaneiro (liberação alfandegária), realizado pelo importador ou por seu representante legal.

A base de cálculo do ICMS é o valor aduaneiro acrescido do Imposto de Importação e do IPI.

Lopez e Gama (2002) informam que o ICMS possui alíquota variável, o que o caracteriza, com base em Bizelli e Barbosa (2002), como um tributo seletivo devido a suas alíquotas serem definidas de acordo com grau de essencialidade do produto.

Contribuição para o Programa de Integração Social (PIS) e para o Programa de Formação do Patrimônio do Servidor Público (Pasep), e Contribuição para o Financiamento da Seguridade Social (Cofins)

A contribuição para o Programa de Integração Social (PIS) e para o Programa de Formação do Patrimônio do Servidor Público (Pasep) destina-se a promover a integração do empregado na vida e no desenvolvimento das empresas.

A Contribuição para o Financiamento da Seguridade Social (Cofins) é devida pela pessoa jurídica, inclusive a ela equiparada, pela legislação do imposto de renda, destinada exclusivamente às despesas com atividades-fim das áreas de saúde, previdência e assistência social.

Santos (2006) destaca que desde 1º de maio de 2004 passou a incidir sobre as importações de bens o PIS-Importação e a Cofins-Importação em atendimento à Emenda Constitucional nº 42/03, que alterou a Constituição Federal e permitiu à União instituir contribuições sociais na importação que tivessem como base de cálculo o valor aduaneiro. Dessa forma, passou a incidir as citadas contribuições sobre a operação de importação, já onerada pelo ICMS, pelo IPI e pelo II.

A mesma fonte indica a Lei nº 10.865/04 (fruto da conversão da Medida Provisória nº 164/04) como o documento legal que instituiu a incidência do PIS e da Cofins nas importações e determinou que tais contribuições incidiriam sobre o valor aduaneiro, ou seja, aquele que serve de base para o cálculo do Imposto de Importação, acrescido do ICMS e o valor das próprias contribuições.

A Instrução Normativa SRF nº 572, de 22 de novembro de 2005, estabelece a fórmula para cálculo dos valores a serem pagos como contribuição para o PIS/Pasep-Importação e Contribuição para o Financiamento da Seguridade Social (Cofins-Importação) na importação de bens, exceto quando a alíquota do IPI for específica. A fórmula está indicada no Quadro 2.6.

Quadro 2.6 Fórmula para cálculo do PIS/Pasep-Importação e do Cofins-Importação na importação de bens

Na importação de bens:

$$Cofins_{IMPORTAÇÃO} = d \times (VA \times X)$$

$$PIS_{IMPORTAÇÃO} = c \times (VA \times X)$$

onde

$$X = \left[\frac{1 + e \times [a + b \times (1 + a)]}{(1 - c - d) \times (1 - e)} \right]$$

VA = Valor Aduaneiro
a = alíquota do Imposto de Importação (II)
b = alíquota do Imposto sobre Produtos Industrializados (IPI)
c = alíquota da Contribuição para o PIS/Pasep-Importação
d = alíquota da Cofins-Importação
e = alíquota do imposto sobre operações relativas à circulação de mercadorias e sobre prestação de serviços de transporte interestadual e intermunicipal e de comunicação (ICMS)

Fonte: Elaborado pelo autor com base na Instrução Normativa SRF nº 572, de 22 de novembro de 2005.

Santos (2006) observa que o cálculo dessas contribuições na importação é bastante complexo. Destaca que, por esse motivo, a Secretaria da Receita Federal (SRF) expediu atos normativos destinados a esclarecer ao contribuinte as fórmulas necessárias. A autora diz que *a dificuldade de compreensão do cálculo desses tributos é tanta que atinge não somente os contribuintes, mas também as próprias autoridades fazendárias.*

A Instrução Normativa SRF nº 572, de 22 de novembro de 2005, mencionada anteriormente, corresponde ao ato normativo que apresenta as fórmulas matemáticas para o cálculo do PIS-Importação e da Cofins-Importação.

2.6.2 Taxas e serviços na importação

Adicional ao Frete para Renovação da Marinha Mercante (AFRMM)

O Decreto-Lei nº 2.404, de 23 de dezembro de 1987, revogado pela Lei nº 10.893, de 13 de julho de 2004, define o Adicional ao Frete para Renovação da Marinha Mercante (AFRMM) como uma contribuição para o apoio ao desenvolvimento da marinha mercante e da indústria de construção e reparação naval brasileira. O fato gerador desse adicional é o início efetivo da operação de descarregamento da embarcação em porto brasileiro; seu cálculo incide sobre o valor do frete marítimo internacional. A aplicação do AFRMM é feita utilizando um percentual que varia de 10% a 40%; no caso do transporte marítimo internacional, considerado de navegação de longo curso, o percentual aplicado é 25%.

A Associação de Comércio Exterior do Brasil (AEB) (2005), por meio da sua Câmara de Logística Integrada de Comércio Exterior (CLI), em estudo realizado, indicou o AFRMM como um dos entraves logísticos à prática competitiva do comércio exterior brasileiro.

Capatazias ou *Terminal Handling Charge* (THC)

Capatazias ou *Terminal Handling Charge* (THC), embora as denominações sejam distintas, na prática possuem o mesmo significado, ou seja, correspondem às despesas portuárias no desembarque da carga de importação, desde a colocação da carga no cais, ao lado do navio, até a efetiva saída do terminal.

Sindicato do Despachante Aduaneiro

Tomando como referência o Sindicato dos Despachantes Aduaneiros de São Paulo, Campinas e Guarulhos (2006), o despachante aduaneiro e seus ajudantes são representantes do importador nos atos e procedimentos fiscais relacionados ao despacho aduaneiro (processo de liberação alfandegária), conforme artigo 1º do Decreto nº 646, de 9 de setembro de 1992, atual regulamento do artigo 5º, do Decreto-Lei nº 2.472, de 1º de setembro de 1988.

O despachante aduaneiro é o representante legal da empresa na Receita Federal. Ao realizar uma importação, a empresa importadora pagará, além dos honorários do despachante, uma despesa conhecida como Sindicato do Despachante Aduaneiro (SDA), valor que é recolhido pelo despachante conforme tabela fornecida pelo sindicato.

O Decreto-Lei nº 2.472, de 1º de setembro de 1988, regulamentado pelo Decreto nº 646, de 9 de setembro de 1992, no seu artigo 5º, § 2º, dispõe que:

a. os honorários de despachante aduaneiro são livremente contratados;

b. os honorários serão pagos por intermédio dos órgãos de classe de jurisdição de trabalho do profissional, os quais reterão e recolherão o imposto de renda na fonte e devolverão os honorários ao profissional prestador dos serviços.

Armazenagem

O *Dicionário de Logística* (2006) define armazenagem como

> parte da logística responsável pela guarda temporária de produtos em geral (acabados, matérias-primas, insumos, componentes etc.). Pode ter uma variação de tipo de local físico, conforme característica e necessidade do produto, como, por exemplo, local coberto, local descoberto, local com temperatura controlada etc. Pode ter variação de tipo de estocagem, conforme característica e necessidade do produto, como, por exemplo, prateleira, gaveta, cantilever, baia etc.

Com base nessa definição, tem-se que na importação a armazenagem é o serviço cobrado em troca da guarda da mercadoria pelo depositário fiel (armazém), que pode ser um armazém em zona primária (portos, aeroportos e pontos de fronteira alfandegados) ou em zona secundária (no restante do território nacional) e varia de acordo com o período e condições de armazenagem e as características da mercadoria.

2.7 Despacho aduaneiro nas importações

2.7.1 Definição e etapas do processo de despacho aduaneiro na importação

A Instrução Normativa SRF nº 69, de 10 de dezembro de 1996, revogada pela Instrução Normativa SRF nº 206, de 25 de setembro de 2002, normatiza o despacho aduaneiro na importação.

Tomando como referência o citado instrumento legal, define-se despacho aduaneiro de importação como o procedimento fiscal mediante o qual é verificada a exatidão dos dados declarados pelo importador em relação à mercadoria importada, aos documentos apresentados e à legislação vigente, com vistas ao seu desembaraço aduaneiro.

Ainda com base no citado instrumento, toda mercadoria que ingresse no país, importada a título definitivo ou não, sujeita-se a despacho aduaneiro de importação, que será processado por meio do Sistema Integrado de Comércio Exterior (Siscomex).

A Declaração de Importação (DI) é o documento principal do despacho aduaneiro. É formulada pelo importador no Siscomex, atendendo às orientações contidas na Instrução Normativa SRF nº 206, de 25 de setembro de 2002.

O registro da declaração caracteriza o início do despacho aduaneiro de importação. O pagamento dos impostos incidentes na importação deve ser efetuado previamente ao registro da declaração por meio de Documento de Arrecadação de Receitas Federais (DARF).

A referida instrução normativa aponta que o registro da declaração somente será efetivado:

I. após constatada a regularidade cadastral do importador;
II. após o licenciamento da operação de importação e a verificação do atendimento às normas cambiais, conforme estabelecido pelos órgãos competentes;
III. após a chegada da carga, ou seja, depois de a carga estar devidamente registrada no Sistema de Gerência do Manifesto, do Trânsito e do Armazenamento (MANTRA), e não apresente nenhum impedimento de vinculação da DI ao conhecimento de carga correspondente, com exceção das mercadorias desembaraçadas na modalidade do despacho antecipado;
IV. após o recolhimento dos impostos e outros direitos incidentes sobre a importação, se for o caso;
V. se não for constatada nenhuma irregularidade que impeça o registro, ou seja, omissão de dado obrigatório ou o fornecimento de dado incorreto, bem como a que decorra de impossibilidade legal absoluta.

As etapas do despacho aduaneiro na importação estão demonstradas no Fluxograma 2.1.

Fluxograma 2.1

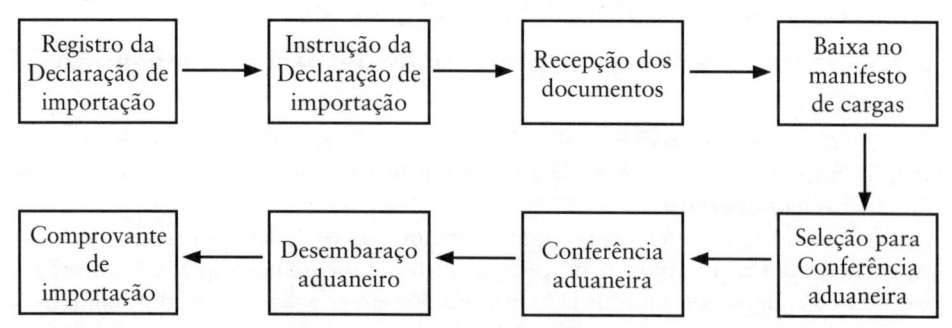

Registro da Declaração de importação → Instrução da Declaração de importação → Recepção dos documentos → Baixa no manifesto de cargas → Seleção para Conferência aduaneira → Conferência aduaneira → Desembaraço aduaneiro → Comprovante de importação

Fonte: Elaborado pelo autor com base na Instrução Normativa SRF n° 206, de 25 de setembro de 2002.

Conforme observado, o *registro da declaração de importação* caracteriza o início do despacho aduaneiro de importação.

A etapa seguinte, *instrução da declaração de importação*, refere-se aos documentos que devem compor a DI e ser apresentados no despacho aduaneiro:

I. via original do conhecimento de carga ou de documento equivalente;

II. via original da fatura comercial;

III. outros, exigidos em decorrência de acordos internacionais ou de legislação específica.

Em complemento, a Instrução Normativa SRF n° 111, de 17 de setembro de 1998, diz que os documentos que instruem a DI devem ser mantidos em poder do importador pelo prazo previsto na legislação, para fins de apresentação à Secretaria da Receita Federal quando solicitado.

A *recepção dos documentos* corresponde à etapa em que o extrato da Declaração de Importação e os documentos que a instruem são entregues em envelope com a indicação do número atribuído à declaração, pelo importador, na unidade da Receita Federal que jurisdiciona o local onde está a mercadoria a ser despachada

A *baixa*, no manifesto, do respectivo conhecimento de carga será efetuada imediatamente após o registro da DI. O número do conhecimento de carga é vinculado ao de registro da DI correspondente.

A *seleção para conferência aduaneira* ocorre após o recebimento dos documentos. A declaração será selecionada para um dos seguintes canais de conferência aduaneira: verde, amarelo ou vermelho.

No canal verde, o Siscomex procede ao desembaraço automático da mercadoria, são dispensados o exame documental da declaração, a verificação da mercadoria e a análise preliminar do valor aduaneiro (verificação da integridade da base de cálculo do imposto de importação).

No amarelo, a declaração é submetida a exame documental (verificação da integridade dos documentos e exatidão das informações). Não sendo constatada irregularidade, são autorizados o desembaraço e a entrega da mercadoria, e dispensadas a verificação da mercadoria e a análise preliminar do valor aduaneiro.

Já no canal vermelho a mercadoria somente será desembaraçada e entregue ao importador após a realização do exame documental, da verificação da mercadoria (identificação e quantificação da mercadoria, bem como a classificação fiscal) e da análise preliminar do valor aduaneiro.

É importante observar a existência do canal cinza, acionado para efeitos de valoração aduaneira, ou seja, verificação de que os valores praticados na importação estão de acordo com os considerados pela Receita Federal.

A *conferência aduaneira* é a etapa em que se faz a verificação da mercadoria, procedimento destinado a identificá-la e quantificá-la, bem como determinar sua origem e classificação fiscal. De acordo com a legislação, a conferência aduaneira será realizada na presença do importador ou de seu representante legal.

O *desembaraço aduaneiro* é a etapa final do processo de despacho aduaneiro. As mercadorias selecionadas para liberação no canal verde serão desembaraçadas mediante registro automático no Siscomex. As selecionadas no canal amarelo de conferência aduaneira serão liberadas após exame documental registrado no Siscomex pelo auditor fiscal do Tesouro Nacional (AFTN) designado para proceder ao exame documental. As mercadorias selecionadas no canal vermelho terão de passar por exame documental e por verificação. O desembaraço é concluído após registro no Siscomex, pelo AFTN designado para realizar a última etapa da conferência aduaneira.

Efetivado o desembaraço aduaneiro no Siscomex, será emitido o *comprovante de importação*, que permite que a mercadoria seja entregue ao importador.

2.7.2 Despacho aduaneiro antecipado

O despacho aduaneiro antecipado também está previsto na Instrução Normativa SRF nº 206, de 25 de setembro de 2002. Compreende o registro da DI antes da sua chegada à unidade da Receita Federal, onde será realizado o despacho.

A referida instrução prevê a ocorrência do despacho antecipado nas seguintes situações:

I. mercadoria transportada a granel, cuja descarga se realize diretamente em terminais de oleodutos, silos, depósitos próprios ou veículos apropriados;

II. mercadoria inflamável, corrosiva, radioativa ou que apresente características de periculosidade;

III. plantas e animais vivos, frutas frescas e outros produtos perecíveis ou suscetíveis de danos causados por agentes exteriores;

IV. papel para impressão de livros, jornais e periódicos;

V. órgão da administração pública, direta ou indireta, federal, estadual ou municipal, incluindo autarquias, empresas públicas, sociedades de economia mista e fundações públicas; e

VI. mercadoria transportada por via terrestre, fluvial ou lacustre.

O registro antecipado da DI poderá acontecer em outras situações ou para outros produtos, conforme estabelecido em normas específicas, ou em casos justificados, mediante prévia autorização do titular da unidade da Receita Federal de despacho.

2.7.3 Declaração Simplificada de Importação (DSI)

Declaração Simplificada de Importação (DSI) é formulada no Siscomex pelo importador ou por seu representante legal. Esse documento é utilizado nas importações com ou sem cobertura cambial cujo valor não ultrapasse US$ 3 mil (dos Estados Unidos da América), ou o equivalente em outra moeda, seu preenchimento é feito de forma simplificada,.

A Instrução Normativa SRF nº 611, de 18 de janeiro de 2006, regulamenta a Declaração Simplificada de Importação (DSI).

Como observado anteriormente, a DSI é formulada pelo Siscomex, porém o artigo 4º da Instrução Normativa nº 611/2006, da Secretaria da Receita Federal, prevê que poderão ser utilizados formulários impressos disponibilizados por meio eletrônico pela Receita Federal quando se tratar, por exemplo, de importação de amostras sem valor comercial, de livros, documentos, folhetos, periódicos, catálogos, manuais e publicações semelhantes, incluindo gravados em meio magnético, importados sem cobertura cambial e sem finalidade comercial, desde que não estejam sujeitos ao pagamento de impostos, entre outras possibilidades indicadas no referido artigo.

O despacho aduaneiro de uma DSI segue praticamente as mesmas etapas de um despacho aduaneiro comum. No entanto, no que se refere à conferência aduaneira, as mercadorias submetidas à DSI poderão ser desembaraçadas, de acordo com a legislação, sem conferência aduaneira, hipótese em que ficam dispensados o exame documental, a verificação física e o exame do valor aduaneiro, ou com conferência aduaneira, hipótese em que a mercadoria somente será desembaraçada e entregue ao importador após a realização do exame documental e da verificação física e, se for o caso, do exame do valor aduaneiro.

A Instrução Normativa SRF nº 611, de 18 de janeiro de 2006, informa que a conferência aduaneira de mercadoria objeto de DSI deverá ser concluída no prazo máximo de um dia útil, contado a partir do dia seguinte ao da entrega da declaração e dos documentos que a instruem, salvo quando a conclusão depender de providência a ser cumprida pelo importador.

Caso a DSI tenha sido dispensada de conferência aduaneira, será desembaraçada automaticamente pelo Siscomex. Havendo a necessidade de conferência aduaneira, a mercadoria somente será desembaraçada depois de cumprida essa etapa. Feita a conferência aduaneira, a mercadoria será desembaraçada e entregue ao importador.

2.8 Regimes aduaneiros – tipologia

Há dois tipos de regime aduaneiro: o comum e os especiais.

O *regime aduaneiro comum* na importação, de acordo com a Secex (2006b), é aquele em que ocorre o pagamento de tributos; corresponde à prática mais comum na atividade importadora.

No entanto, para atender a dinâmica e as particularidades do comércio exterior, foram criados os *regimes aduaneiros especiais*, os quais permitem a entrada ou a saída de mercadorias do território aduaneiro com suspensão ou isenção de tributos, além, como foi apontado pela Receita Federal (2006b), da possibilidade de tratamento diferenciado nos controles aduaneiros.

2.8.1 Regimes aduaneiros especiais existentes no Brasil e a sua importância

Como já definido, os regimes aduaneiros especiais são aqueles que diferem do regime comum. Os praticados no Brasil são:

- Admissão temporária;
- Depósito Alfandegado Certificado (DAC);
- Depósito Aduaneiro de Distribuição (DAD);
- Depósito Afiançado (DAF);
- Depósito Especial (DE);
- Depósito franco;
- *Drawback*;
- Entreposto aduaneiro;
- Exportação temporária;
- Loja franca;
- Regime Aduaneiro Especial de Entreposto Industrial sob Controle Informatizado (Recof);
- Regime Aduaneiro Especial de Importação de Insumos destinados à Industrialização por encomenda dos produtos 8701 a 8705 (Recom);
- Regime Aduaneiro Especial de Exportação e Importação de bens destinados às atividades de pesquisa e de lavra das jazidas de petróleo e de gás natural (Repetro);
- Regime Aduaneiro Especial para importação de petróleo bruto e derivados, para fins de exportação no mesmo estado em que foram importados (Repex); e
- Trânsito aduaneiro.

No que tange aos regimes aduaneiros especiais, existem os aplicados em áreas especiais, que surgiram para atender a determinadas situações econômicas peculiares de pólos regionais. São eles:

- Área de Livre Comércio (ALC);
- Zona Franca de Manaus (ZFM);
- Entreposto Internacional da ZFM (EIZOF); e
- Zona de Processamento de Exportação (ZPE).

A Receita Federal (2006b) destaca a importância econômica dos regimes aduaneiros especiais e ressalta que proporcionam maior competitividade do produto brasileiro no mercado mundial, pois, geralmente, a aplicação desses regimes está vinculada à importação de um bem que será destinado à industrialização de produtos cujo fim é o mercado externo. Observando a Tabela 2.1, ano-base 2001, pode-se notar que mais de 75% das importações brasileiras ocorreram no regime comum (recolhimento integral) e o restante por meio dos regimes aduaneiros especiais. Ressalta-se uma vez mais que desoneração dos impostos na importação deve ser vista como fator de competitividade da empresa e do produto brasileiro no mercado internacional.

Tabela 2.1 Importação por regime especial aduaneiro e renúncia fiscal correspondente em 2001

Regime de tributação	US$ mil	Participação (%)	Renúncia fiscal (R$ mil)	Participação (%)
Recolhimento integral	41.697.028	75,09	-	-
Drawback	4.637.518	8,35	1.561.504	29,64
Zona Franca de Manaus	2.993.836	5,39	1.732.255	32,88
Redução para montadoras e fabricantes de veículos	2.951.724	5,32	933.325	17,71
Entreposto Industrial Informatizado (Recof)	1.072.780	1,93	409.044	7,76
Isenção para partes e peças para reparo de embarcações	571.345	1,03	142.595	2,71

Fonte: Receita Federal (2006c).

A seguir serão apresentados os regimes aduaneiros especiais existentes no Brasil.

Admissão temporária

O regime de admissão temporária permite a importação de bens com suspensão de tributos e prazo fixado de permanência no Brasil. Os bens devem retornar ao exterior após o prazo concedido, sem sofrer modificações que lhes confiram nova individualidade.

Esse regime busca favorecer a importação de bens para atender a interesses nacionais de ordem econômica, científica, técnica, social, cultural etc. A legislação básica que o regulamenta é: Lei nº 9.430, de 27 de dezembro de 1996, Decreto nº 2.889, de 21 de dezembro de 1998, e Decreto nº 4.543, de 26 de dezembro de 2002, os artigos 306 a 334 e as Instruções Normativas da Receita Federal nº 40, de 09 de abril de 1999, nº 155, de 22 de dezembro de 1999, nº 115, de 31 de dezembro de 2001 e nº 285, de 14 de janeiro de 2003.

O regime de admissão temporária possui as seguintes submodalidades: admissão temporária para utilização econômica e a admissão temporária para aperfeiçoamento ativo.

Na *admissão temporária para utilização econômica*, os bens admitidos no regime, para utilização econômica, ficam sujeitos ao pagamento do II e do IPI, considerando-se o tempo de permanência no território brasileiro. A proporcionalidade é calculada por um percentual, que representa o tempo de permanência do bem no país em relação ao seu tempo de vida útil, nos termos da legislação do Imposto de Renda.

Já na *admissão temporária para aperfeiçoamento ativo* ocorre o ingresso de mercadorias estrangeiras ou desnacionalizadas, para a permanência temporária no país, com suspensão de tributos, destinadas a operações de aperfeiçoamento ativo e posterior reexportação. São consideradas operações de aperfeiçoamento ativo:

a. as operações de industrialização relativas ao beneficiamento, à montagem, à renovação, ao recondicionamento, ao acondicionamento ou ao reacondicionamento aplicadas ao próprio bem; e

b. o conserto, o reparo, ou a reparação de bens estrangeiros, que devam retornar, modificados, ao país de origem.

Depósito Alfandegado Certificado (DAC)

No regime de Depósito Alfandegado Certificado (DAC) considera-se exportada, para todos os efeitos fiscais, creditícios e cambiais, a mercadoria nacional depositada em recinto alfandegado, vendida à pessoa sediada no exterior, mediante contrato de entrega no território nacional e à ordem de um adquirente.

A regulamentação desse regime está no Decreto nº 4.543, de 26 de dezembro de 2002, artigos 441 a 446; na Instrução Normativa SRF nº 266, de 23 de dezembro de 2002 e na Instrução Normativa SRF nº 322, de 24 de abril de 2003.

A operacionalização do DAC está condicionada à autorização da Receita Federal. O depósito deve ser operado em recinto de uso público ou em instalação portuária de uso privativo misto autorizado pela Receita Federal.

Para realização do regime de Depósito Alfandegado Certificado será exigido que a mercadoria seja vendida mediante um contrato na cláusula *Delivered Under Customs Bond* (DUB) – entregue ou liberado sob custódia da alfândega, a qual obriga o vendedor a colocar a mercadoria à disposição do comprador em local alfandegado autorizado, por este designado. Também deverá ser providenciado no Siscomex um Registro de Exportação (RE) referente à operação.

Ainda como exigências, o depósito da mercadoria deverá ser feito pelo vendedor, à ordem do comprador, em local autorizado pela Receita Federal e a mercadoria deverá ser conferida e desembaraçada para exportação.

As mercadorias serão admitidas no regime de Depósito Alfandegado Certificado por meio da emissão, pelo depositário, do Conhecimento de Depósito Alfandegado (CDA), que comprova o depósito, a tradição (transferência) e a propriedade das mercadorias.

O prazo de permanência no regime é de um ano, prorrogável por mais um ano, contado a partir da emissão do CDA. Cumprido o prazo, o regime será extinto mediante:

a. comprovação do efetivo embarque ou da transposição da fronteira da mercadoria destinada ao exterior;
b. despacho para consumo; ou
c. transferência para outros regimes aduaneiros: *drawback*; admissão temporária, inclusive para as atividades de pesquisa e exploração de petróleo e derivados (Repetro); loja franca ou entreposto aduaneiro.

Depósito Aduaneiro de Distribuição (DAD)

O Depósito Aduaneiro de Distribuição (DAD) permite o entrepostamento de mercadorias estrangeiras importadas sem cobertura cambial e com termo de responsabilidade. Essas mercadorias poderão ser destinadas à exportação, à reexportação para terceiros países e a despacho para consumo.

O DAD será operacionalizado em recinto alfandegado localizado em zona secundária, de empresas industriais estabelecidas no país e de uso privativo.

Com base na legislação, poderão ser admitidas no DAD mercadorias de mesma marca produzidas e comercializadas por empresas sediadas no exterior e vinculadas à beneficiária no Brasil; é proibida a admissão de mercadorias usadas, recondicionadas, de importação suspensa ou proibida, bem como as com prazo de validade ou de vida útil vencido.

As mercadorias poderão ficar entrepostadas no regime DAD até um ano, prorrogável por igual período. Prazo superior poderá ser concedido em situações especiais e mediante anuência expressa do fornecedor estrangeiro, respeitando o limite máximo de três anos. O regime DAD será autorizado, a título precário, pelo secretário da Receita Federal, que alfandegará o recinto destinado ao funcionamento do DAD, podendo haver delegação de competência, e contemplará um único estabelecimento de cada empresa beneficiária no país.

A autorização para o funcionamento do DAD está condicionada à idoneidade financeira e regular situação fiscal da empresa interessada; à prova da vinculação com empresa sediada no exterior, e prioridades da administração aduaneira; e à efetiva disponibilidade de mão-de-obra fiscal na repartição jurisdicionante da empresa beneficiária.

A legislação aponta que poderão ser fixadas outras exigências e destaca ainda que as empresas beneficiárias deverão, isoladas ou cumulativamente, ser beneficiárias habituais do regime aduaneiro especial de *drawback* ou detentoras de autorização para operar o Regime de Entreposto Industrial (Recof).

Os custos dos serviços e todas as despesas incorridas no Brasil em virtude das mercadorias admitidas em DAD serão de responsabilidade do fornecedor estrangeiro e contra ele faturados pela beneficiária, em moeda de franca aceitação no mercado internacional.

A legislação proíbe qualquer operação de industrialização de mercadoria entreposta no regime DAD, exceto as manipulações destinadas à conservação, insuscetíveis de adicionar valor. É proibida também a admissão de mercadoria que, por sua natureza, implique riscos de explosão, corrosão, contaminação, intoxicação, combustão ou perigo de grave lesão a pessoas e ao meio ambiente, salvo quando devidamente autorizada pelo órgão competente e mediante a existência de instalações apropriadas.

O DAD tem como legislação básica a Portaria MF n° 720, de 23 de novembro de 1992, e a Instrução Normativa SRF n° 138, de 18 de dezembro de 1992.

Depósito Afiançado (DAF)

O Depósito Afiançado (DAF) permite a estocagem, com suspensão do pagamento de impostos, de materiais importados sem cobertura cambial, destinados à manutenção e ao reparo de embarcação ou de aeronave pertencentes à empresa autorizada a operar no transporte comercial internacional e utilizados nessa atividade.

As instruções normativas da Receita Federal n° 113, de 27 de dezembro de 1994, n° 114, de 27 de dezembro de 1994, n° 145, de 11 de dezembro de 1998, n° 90, de 10 de setembro de 2000 e o Decreto n° 4.543, de 26 de dezembro de 2002, artigos 436 a 440 regulamentam esse regime.

De acordo com a legislação, a autorização concedida pela autoridade aduaneira para empresa estrangeira operar no regime DAF está condicionada à previsão em ato internacional firmado pelo Brasil ou à comprovação da existência de reciprocidade de tratamento.

O regime de DAF prevê a permanência dos materiais no regime por um período de até cinco anos, a contar da data de desembaraço aduaneiro para admissão. Deve ser observado que o controle aduaneiro da entrada, da permanência e da saída de mercadoria será efetuado mediante processo informatizado.

Depósito Especial (DE)

Amparado pelo Decreto n° 4.543, de 26 de dezembro de 2002, artigos 428 a 435, e pela Instrução Normativa SRF n° 114, de 27 de dezembro de 1994, o Depósito Especial (DE) permite a estocagem de partes, peças e materiais de reposição ou manutenção, com suspensão do pagamento de imposto, para veículos, máquinas, equipamentos, aparelhos e instrumentos estrangeiros, nacionalizados ou não, nos casos definidos pelo ministro da Fazenda.

O regime permite apenas mercadorias importadas sem cobertura cambial, ressalvados os casos autorizados pelo ministro da Fazenda.

A mercadoria admitida nesse regime poderá ser destinada à:

a. reexportação;

b. exportação, também quando as mercadorias forem aplicadas em serviços de reparo ou manutenção de veículos, máquinas, aparelhos e equipamentos estrangeiros que estiverem de passagem pelo país;

c. transferência para outro regime especial ou aplicado em áreas especiais;

d. despacho para consumo; ou

e. destruição, com autorização do consignante, às expensas do beneficiário.

O prazo de permanência da mercadoria no regime será de cinco anos, a contar da data do desembaraço para admissão. O controle aduaneiro da entrada, da permanência e da saída de mercadorias será efetuado mediante processo informatizado, com base em *software* desenvolvido pelo beneficiário e que atenda ao estabelecido em ato normativo da Receita Federal.

Depósito franco

O depósito franco permite a armazenagem de mercadoria estrangeira, em recinto alfandegado, para atender o fluxo comercial de países limítrofes com terceiros países. A concessão do regime de depósito franco sujeita-se à autorização fincada em acordo ou convênio internacional firmado pelo Brasil.

As operações nesse regime têm como legislação: Decreto nº 4.543, de 26 de dezembro de 2002, artigos 447 a 451, e a Instrução Normativa SRF nº 38, de 19 de abril de 2001.

Drawback

O *drawback* é um incentivo à exportação e compreende a suspensão ou isenção dos tributos incidentes na importação de mercadoria utilizada na industrialização de produto exportado ou a exportar, compreendido pela seguinte legislação: o benefício do regime de *drawback* poderá ser concedido a empresas industriais ou empresas comerciais habilitadas a operar em comércio exterior. É apresentado em três modalidades: suspensão, isenção e restituição (Quadro 2.7). Nas duas primeiras modalidades, o benefício é aplicado pela Secex, na modalidade restituição, pela Receita Federal.

Quadro 2.7 Modalidade de *drawback*

Modalidade	Características	Benefício	Responsável
Suspensão	Suspensão do pagamento de tributos devidos sobre a importação de mercadoria a ser exportada após transformação, beneficiamento, montagem, renovação ou recondicionamento, acondicionamento ou reacondicionamento.	Suspensão II IPI ICMS AFRMM	Secretaria de Comércio Exterior (Secex)
Isenção	Isenção de tributos na importação, em quantidade e qualidade equivalentes, destinados à reposição de insumos anteriormente importados utilizados na industrialização de produto exportado.	Isenção II IPI AFRMM	Secretaria de Comércio Exterior (Secex)

continua...

Restituição	Restituição de tributos pagos na importação de insumo importado utilizado em produto exportado. A restituição do valor correspondente aos tributos será feita mediante crédito fiscal, a ser utilizado em qualquer importação posterior.	Restituição (parcial ou total) II IPI	Receita Federal

Fonte: Elaborado pelo autor.

Nota: II (Imposto de Importação), IPI (Imposto sobre Produtos Industrializados), ICMS (Imposto sobre Operações relativas à Circulação de Mercadorias e sobre Prestação de Serviços de Transporte Interestadual e Intermunicipal e de Comunicação) e AFRMM (Adicional ao Frete para Renovação da Marinha Mercante).

O *drawback suspensão* será concedido pela Secex por meio de ato concessório de *drawback* emitido em meio eletrônico.

O prazo de validade do ato concessório de *drawback* suspensão será determinado pela data limite estabelecida para a efetivação das exportações vinculadas e será compatibilizado ao ciclo produtivo da mercadoria a ser exportada com o objetivo de permitir a exportação no menor prazo possível.

O limite máximo para a permanência no país da mercadoria importada destinada à industrialização, com suspensão de tributos, será de dois anos, salvo nos casos de importação de mercadorias destinadas à industrialização de bens de capital de longo ciclo de produção, quando o prazo máximo será de cinco anos.

Poderão, ainda, ser solicitadas uma ou mais prorrogações do prazo de validade de ato concessório de *drawback*, desde que devidamente justificado, respeitados os prazos máximos mencionados. As solicitações de prorrogação somente serão passíveis de análise quando formulados até o último dia de validade do ato concessório de *drawback* ou no primeiro dia útil subseqüente, caso o vencimento tenha ocorrido em dia não útil.

O *drawback isenção*, concedido pela Secex, dá-se com a emissão de ato concessório de *drawback*.

O limite máximo para a importação de insumos para reposição de estoque, com isenção de tributos, será de dois anos a partir da data de sua emissão.

É permitida a prorrogação do prazo de validade do ato concessório de *drawback*, desde que devidamente justificado e examinadas as peculiaridades de cada caso, respeitado o prazo máximo mencionado. As solicitações de prorrogação de prazo somente serão passíveis de análise quando formuladas até o último dia de validade do ato concessório de *drawback* ou no primeiro dia útil subseqüente, caso o vencimento tenha ocorrido em dia não útil.

O *drawback restituição*, praticamente não mais utilizado, corresponde à restituição de impostos sobre insumos importados usados na fabricação de produtos já exportados. A responsabilidade por sua operacionalização é da Receita Federal.

Entreposto aduaneiro

Entreposto aduaneiro é o regime que permite depósito de mercadoria em local determinado com suspensão do pagamento de tributos e sob controle fiscal. É amparado pelo Decreto nº 3.923, de 17 de setembro de 2001, pela Instrução Normativa SRF nº 241, de 6 de novembro de 2002, pelo Decreto nº 4.543, de 26 de dezembro de 2002, artigos 356 a 371, pela Instrução Normativa SRF nº 289, de 27 de janeiro de 2003 e pelo Decreto nº 4.765, de 24 de junho de 2003.

É aplicado tanto na importação quanto na exportação. As mercadorias admitidas no regime poderão ser submetidas, conforme estabelecido na Instrução Normativa nº 241, de 6 de novembro de 2002, a: exposição, demonstração e teste de funcionamento; industrialização e manutenção ou reparo.

Na importação, o beneficiário do regime de entreposto aduaneiro é o consignatário da mercadoria entrepostada. No caso de mercadorias destinadas a feiras, congressos, mostras ou eventos semelhantes, realizados em recinto privativo, previamente alfandegado para esse fim, o beneficiário será o promotor do evento.

O prazo de permanência da mercadoria no regime de entreposto aduaneiro na importação é de até um ano, prorrogável por período não superior, no total, a dois anos, contados a partir da data de admissão da mercadoria no regime. Encerrado o prazo, ou melhor, em até 45 dias do término do prazo de vigência do regime, a mercadoria terá uma das seguintes destinações, sob pena de ser considerada abandonada: despacho para consumo; reexportação; exportação; ou transferência para outro regime aduaneiro especial ou aplicado em áreas especiais.

As mercadorias admitidas e armazenadas sob regime de entreposto aduaneiro na importação ou na exportação poderão ser objeto:

a. de etiquetagem e marcação, para atender a exigências do comprador estrangeiro;

b. de exposição, demonstração e teste de funcionamento;

c. das seguintes operações de industrialização:

   - acondicionamento ou reacondicionamento;

   - montagem;

   - beneficiamento;

   - renovação ou recondicionamento das partes, peças e outros materiais nas condições citadas anteriormente;

   - transformação, no caso de preparo de alimentos para consumo a bordo de aeronaves e embarcações utilizadas no transporte comercial internacional ou destinados à exportação.

Loja franca

O regime aduaneiro especial de loja franca permite ao estabelecimento instalado em zona primária de porto ou de aeroporto alfandegado vender mercadoria nacional ou estrangeira a passageiro em viagem internacional, contra pagamento em cheque de viagem ou em moeda estrangeira conversível. As mercadorias permanecerão depositadas, com suspensão de tributos e sob controle fiscal, convertendo-se a suspensão em isenção, por ocasião da venda. As bases legais desse regime são o Decreto nº 4.543, de 26 de dezembro de 2002, artigos 424 a 427, o Decreto-Lei nº 37, de 18 de novembro de 1966 e a Portaria MF nº 204, de 22 de agosto de 1996.

Regime Aduaneiro Especial de Entreposto Industrial sob Controle Informatizado (Recof)

O Regime de Entreposto Industrial sob Controle Aduaneiro Informatizado (Recof) permite à empresa importar, com ou sem cobertura cambial, e com suspensão do pagamento de tributos, sob controle aduaneiro informatizado, mercadorias que, depois de submetidas à operação de industrialização (montagem, transformação, e beneficiamento, acondicionamento e reacondicionamento), sejam destinadas à exportação.

O controle de mercadoria no Recof dá-se pelo estabelecimento importador de empresa habilitada, mediante processo informatizado, com base em *software* desenvolvido pelo beneficiário, que possibilite a interligação com os sistemas informatizados de controle da Receita Federal.

Concedido pela Receita Federal, o prazo de aplicação do regime será de um ano, contado a partir da data de admissão da mercadoria no Recof. A extinção do regime ocorre por meio de uma das seguintes possibilidades:

- despacho para consumo da mercadoria nele admitida ou do produto em que tenha sido utilizada;
- exportação da mercadoria, no estado em que foi importada;
- exportação de produto ao qual a mercadoria admitida no regime tenha sido incorporada;
- reexportação de produto no qual a mercadoria admitida no regime sem cobertura cambial nele tenha sido incorporada;
- reexportação da mercadoria importada, desde que admitida sem cobertura cambial;
- substituição do beneficiário; ou
- destruição às expensas do interessado e sob controle aduaneiro.

É permitida a admissão no Recof de mercadorias transferidas de outros regimes aduaneiros especiais, vedado o procedimento inverso.

A legislação que compreende o Recof é: Decreto nº 2.412, de 3 de dezembro de 1997; Instrução Normativa SRF nº 90, de 6 de novembro de 2001; Instrução Normativa SRF nº 80, de 11 de outubro de 2001; Instrução Normativa nº 189, de 9 de agosto de 2002, e Instrução Normativa nº 254, de 11 de dezembro de 2002; e Decreto nº 4.543, de 26 de dezembro de 2002, artigos 372 a 380.

Regime Aduaneiro Especial de Importação de Insumos destinados à Industrialização por encomenda dos produtos 8701 a 8705 (Recom)

Regulamentado pelo Decreto nº 4.543, de 26 de dezembro de 2002, artigos 381 a 384 e pela Instrução Normativa SRF nº 17, de 16 de fevereiro de 2000, o Regime Aduaneiro Especial de Importação de Insumos Destinados à Industrialização por Encomenda de produtos classificados nas posições 8.701 a 8.705 da Nomenclatura Comum do Mercosul (Recom) é o que permite a importação, sem cobertura cambial, de chassis, carroçarias, peças, partes, componentes e acessórios, com suspensão do pagamento do IPI.

No Recom, a importação dá-se apenas com o pagamento do imposto incidente sobre os insumos, com suspensão do IPI concedida pelo prazo de um ano, não prorrogável, contado a partir do desembaraço aduaneiro. Durante esse período, deverão ser realizadas a industrialização e a destinação dos produtos resultantes. Os estabelecimentos executores ficarão sujeitos ao recolhimento do IPI suspenso caso destinem os produtos recebidos com suspensão a fim diverso do previsto no regime aduaneiro.

Regime Aduaneiro Especial de Exportação e Importação de Bens Destinados às Atividades de Pesquisa e de Lavra das Jazidas de Petróleo e de Gás Natural (Repetro)

O Regime Aduaneiro Especial de Exportação e Importação de Bens Destinados às Atividades de Pesquisa e de Lavra das Jazidas de Petróleo e de Gás Natural (Repetro) previsto na Lei nº 9.478, de 6 de agosto de 1997 e no Decreto nº 4.543, de 26 de dezembro de 2002, artigos 411 a 415, permite:

a. exportação com saída fictícia do território nacional e posterior aplicação do regime de admissão temporária, no caso de bem de fabricação nacional, vendido à pessoa sediada no exterior;

b. exportação, com saída fictícia do território nacional, de partes e peças de reposição destinadas aos bens já submetidos ao regime aduaneiro de admissão temporária;

c. importação, sob o benefício de *drawback*, na modalidade de suspensão de matérias-primas, produtos semi-elaborados ou acabados e partes ou peças utilizadas na fabricação dos bens constantes de relação elaborada pela Receita Federal, incluindo máquinas e equipamentos sobressalentes, ferramentas e aparelhos destinados à operacionalidade dos bens.

Regime Aduaneiro Especial para Importação de Petróleo Bruto e Seus Derivados, para fins de exportação no mesmo estado em que foram importados (Repex)

O Regime Aduaneiro Especial para Importação de Petróleo Bruto e Seus Derivados, para fins de exportação no mesmo estado em que foram importados (Repex), será concedido à empresa previamente habilitada pela Receita Federal e que possua autorização da Agência Nacional de Petróleo para exercer as atividades de importação, exportação e refino dos referidos produtos.

A regulamentação do Repex está no Decreto nº 4.543, de 26 de dezembro de 2002, artigos 416 a 423, na Instrução Normativa SRF nº 5, de 10 de janeiro de 2001, no Decreto nº 3.312, de 24 de dezembro de 1999 e na Lei nº 9.478, de 6 de agosto de 1997.

A importação poderá ser feita com ou sem cobertura cambial e a exportação será efetuada exclusivamente em moeda de livre conversibilidade.

O prazo de vigência do regime será de 90 dias prorrogável uma única vez por igual período. A extinção do regime dá-se com a exportação do produto importado ou com a exportação de produto nacional em substituição ao importado, em igual quantidade e idêntica classificação fiscal.

Serão exigidos os impostos suspensos, com os acréscimos legais e as penalidades cabíveis, quando ocorrer o descumprimento do prazo de vigência estabelecido, devendo ser considerado, na determinação da exigência, a data do registro da declaração de admissão no regime.

Trânsito aduaneiro

O trânsito aduaneiro permite o transporte de mercadorias, sob controle alfandegário, de um ponto a outro do território aduaneiro, com suspensão de tributos, o que possibilita a interiorização das atividades aduaneiras que seriam realizadas nas repartições de fronteira e proporciona a diminuição de trabalho dessas repartições, desafogando, assim, a zona primária.

O regime subsiste do local de origem ao local de destino e desde o momento do desembaraço para o trânsito aduaneiro pela repartição de origem até o momento em que a repartição de destino certifica a chegada da mercadoria, quando se verificam os documentos, os lacres aplicados e demais elementos de segurança, assim como a integridade da carga.

O transporte de mercadorias em operação de trânsito aduaneiro pode ser efetuado por empresas transportadoras, previamente habilitadas, em caráter precário, pela Receita Federal.

As disposições legais que orientam esse regime são: Decreto nº 4.543, de 26 de dezembro de 2002, artigos 267 a 305; Decreto nº 4.765, de 24 de junho de 2003; Instrução Normativa SRF nº 103, de 20 de agosto de 1998; Instrução Normativa SRF nº 38, de 19 de abril de 2001; Instrução Normativa SRF nº 205, de 25 de setembro de 2002; Instrução Normativa SRF nº 248, de 25 de novembro de 2002; Instrução Normativa SRF nº 262, de 20 de dezembro de 2002; e Instrução Normativa SRF nº 263, de 20 de dezembro de 2002.

Regimes aduaneiros especiais aplicados em áreas especiais

Os regimes aduaneiros especiais aplicados em áreas especiais surgiram para atender a situações econômicas peculiares de pólos regionais. O Quadro 2.8 indica quais são eles.

Quadro 2.8 Regimes aduaneiros especiais aplicados em áreas especiais

Modalidade	Características
Área de Livre Comércio (ALC)	Áreas que, sob regime especial, são criadas por lei com a finalidade de promover o desenvolvimento de regiões fronteiriças específicas da região Norte do país e de incrementar as relações bilaterais com os países vizinhos, segundo a política de integração latino-americana.
Zona Franca de Manaus (ZFM)	Área de livre comércio de importação, exportação e de incentivos fiscais especiais estabelecida com a finalidade de criar no interior da Amazônia um centro industrial, comercial e agropecuário, dotado de condições econômicas que permitam seu desenvolvimento em face dos fatores locais e da grande distância em relação aos centros consumidores de seus produtos.

continua...

Entreposto Internacional da ZFM-EIZOF	Permite o depósito de mercadorias estrangeiras e nacionais, incluindo as produzidas na Zona Franca de Manaus, em local determinado, com suspensão do pagamento de tributos federais e estaduais e sob controle. O regime foi criado com o propósito de ampliar as alternativas da ZFM na área comercial, industrial e de prestação de serviços.
Zona de Processamento de Exportação (ZPE)	Caracteriza-se como uma área de livre comércio especialmente delimitada. É destinada à instalação de empresas voltadas para a produção de bens a serem comercializados exclusivamente no exterior. As empresas nela instaladas gozam de regime aduaneiro e cambial especial.

Fonte: Elaborado pelo autor com base na Secex (2006b).

Exercícios de fixação

1. Em uma negociação internacional, o importador deve atentar para vários pontos a fim de garantir o melhor resultado na negociação e evitar problemas na operacionalização da importação. Apresente e comente os pontos que merecem atenção em uma negociação entre exportador e importador.

2. O tratamento administrativo em uma importação no Brasil compreende o Sistema Integrado de Comércio Exterior (Siscomex). Indique quais aspectos devem ser observados no que tange ao tratamento administrativo aplicado às importações brasileiras.

3. A classificação fiscal de mercadorias é um trabalho do processo de importação e exige conhecimento e profissionalismo. Apresente o roteiro sugerido pela Secretaria de Comércio Exterior (Secex) para facilitar a classificação de mercadorias.

4. Uma importação no Brasil está sujeita à incidência de impostos e taxas. Monte um quadro-resumo indicando os impostos e as taxas incidentes na importação e a base de cálculo correspondente.

5. Os regimes aduaneiros especiais na importação foram criados para proporcionar mais competitividade ao país e à indústria nacional. Monte um quadro-resumo indicando os regimes aduaneiros existentes no Brasil e suas características principais.

Referências bibliográficas

ARMAZENAGEM. In: *Dicionário de Logística*. Disponível em: <http://www.guialog.com.br/dicionario.htm>. Acesso em: 6 jun. 2006.

ASSOCIAÇÃO DE COMÉRCIO EXTERIOR DO BRASIL (AEB). Entraves na área de logística. Disponível em: <http://www.aeb.org.br/Entraves_logistica_%20julho2005.pdf>. Acesso em: 6 jul. 2006.

BIZELLI, João dos Santos; BARBOSA, Ricardo. *Noções básicas de importação*. 9. ed. São Paulo: Aduaneiras, 2002.

BRASIL. Comunicado Decex n° 37, de 17 de dezembro de 1997. *Relaciona as operações sujeitas a licenciamento não automático, produtos sujeitos a condições ou procedimentos especiais no licenciamento automático, bem como os produtos sujeitos a licenciamento não automático*. Disponível em: <http://www.desenvolvimento.gov.br/sitio/legislacao/outros/comDecex/comDec_n37.php>. Acesso em: 21 jun. 2006.

BRASIL. Constituição da República Federativa do Brasil de 1988. Disponível em: <http://www.planalto.gov.br/ccivil/Constituicao/Constitui%C3%A7ao.htm>. Acesso em: 21 jun. 2006.

BRASIL. Decreto n° 646, de 9 de setembro de 1992. *Dispõe sobre a forma de investidura nas funções de despachante aduaneiro e de ajudante de despachante aduaneiro e dá outras providências*. Disponível em: <http://www.trt02.gov.br/geral/tribunal2/Legis/CLT/Profis_regul/D646_92.html>. Acesso em: 6 jun. 2006.

BRASIL. Decreto n° 1.355, de 30 de dezembro de 1994. *Promulga a ata final que incorpora os resultados da rodada Uruguai de negociações comerciais multilaterais do GATT*. Disponível em: <http://www2.mre.gov.br/dai/m_3202.htm>. Acesso em: 14 jun. 2006.

BRASIL. Decreto n° 4.542, de 26 de dezembro de 2002. *Aprova a Tabela de Incidência do Imposto sobre Produtos Industrializados (TIPI)*. Disponível em: <http://sijut.fazenda.gov.br/netahtml/sijut/SijutIntAsp/ATTIPI00.htm>. Acesso em: 14 jun. 2006.

BRASIL. Decreto n° 4.543, 26 dezembro de 2002. *Regulamenta a administração das atividades aduaneiras, e a fiscalização, o controle e a tributação das operações de comércio exterior*. Disponível em: <http://www.planalto.gov.br>. Acesso em: 21 jun. 2006.

BRASIL. Instrução Normativa SRF n° 80, de 27 de dezembro de 1996. *Institui a Nomenclatura de Valor Aduaneiro e Estatística (NVE)*. Disponível em: <http://www.receita.fazenda.gov.br/Legislacao/Ins/Ant2001/Ant1997/1996/insrf08096.htm>. Acesso em: 14 jun. 2006.

BRASIL. Instrução Normativa SRF n° 111, de 17 de setembro de 1998. *Dispõe sobre a apresentação dos documentos instrutivos da Declaração de Importação*. Disponível em: <http://www.receita.fazenda.gov.br/Legislacao/ins/Ant2001/1998/in11198.htm>. Acesso em: 19 jun. 2006.

BRASIL. Instrução Normativa SRF n° 206, de 25 de setembro de 2002. *Disciplina o despacho aduaneiro de importação*. Disponível em: <http://www.receita.fazenda.gov.br/Legislacao/Ins/2002/in2062002.htm>. Acesso em: 19 jun. 2006.

BRASIL. Instrução Normativa SRF n° 572, de 22 de novembro de 2005. *Dispõe sobre o cálculo da Contribuição para o PIS/Pasep-Importação e da Cofins-Importação*. Disponível em: <http://www.receita.fazenda.gov.br/legislacao/Ins/2005/in5722005.htm>. Acesso em: 14 jun. 2006.

BRASIL. Lei n° 10.893, de 13 de julho de 2004. *Dispõe sobre o Adicional ao Frete para a Renovação da Marinha Mercante (AFRMM) e o Fundo da Marinha Mercante (FMM), e dá outras providências*. Disponível em: <http://www.planalto.gov.br/CCIVIL/_Ato2004-2006/2004/Lei/L10.893.htm#art55ii>. Acesso em: 16 jun. 2006.

BRASIL. Ministério do Desenvolvimento, Indústria e Comércio Exterior. Secretaria de Comércio Exterior (Secex). *Nomenclatura Comum do Mercosul*. Disponível em: http://www.portaldoexportador.gov.br/cimaframe.asp?link=http://www.desenvolvimento.gov.br/sitio/secex/negInternacionais/acoComerciais/codDescricoes.php. Acesso em: 6 jun. 2006a.

BRASIL. Ministério do Desenvolvimento, Indústria e Comércio Exterior. Secretaria de Comércio Exterior (Secex). *Operações de comércio exterior* – regimes aduaneiros. Disponível em: <http://www.desenvolvimento.gov.br/sitio/secex/ope>. Acesso em: 11 jul. 2006b.

BRASIL. Portaria Secex nº 36, 22 de novembro de 2007. *Consolida as disposições regulamentares das operações de comércio exterior*. Disponível em: <http://www.desenvolvimento.gov.br/arquivos/dwnl_1196451303.pdf>. Acesso em: 21 jan. 2008.

BRASIL Receita Federal. *Classificação fiscal de mercadorias* – orientações gerais. Disponível em: <http://www.receita.fazenda.gov.br/Aliquotas/ClassFisMerc.htm>. Acesso em: 6 jun. 2006a.

BRASIL. Receita Federal. *Importação por regime especial aduaneiro e renúncia fiscal correspondente, em 2001*. Disponível em: <http://www.receita.fazenda.gov.br/aduana/Drawback/Tabelas/tabela1.htm>. Acesso em: 11 jul. 2006c.

BRASIL. Receita Federal. *Regimes aduaneiros especiais*. Disponível em: <http://www.receita.fazenda.gov.br/historico/srf/boaspraticas/aduana/Regimes.htm>. Acesso em: 11 jul. 2006b.

ENGELBERG, Esther. *Contratos internacionais do comércio*. 3. ed. São Paulo: Atlas, 2003.

IMPORTAR. In: *Dicionário Aurélio Básico da Língua Portuguesa*. Rio de Janeiro: Nova Fronteira, 1988.

LOPEZ, José Manoel Cortiñaz; GAMA, Marilza. *Comércio exterior competitivo*. São Paulo: Aduaneiras, 2002.

LUNARDI, Ângelo Luiz. *Condições internacionais de compra e venda: Incoterms 2000*. São Paulo: Aduaneiras, 2001.

MELO, Jairo Silva. *Contratos internacionais e cláusulas hardship*. São Paulo: Aduaneiras, 1999.

RATTI, Bruno. *Comércio internacional e câmbio*. 10. ed. São Paulo: Aduaneiras, 2001.

REBONO, Maria. Processo de importação. In: DIAS, Reinaldo; RODRIGUES, Waldemar (Orgs.). *Comércio exterior*: teoria e gestão. São Paulo: Atlas, 2004.

SANTOS, Raquel O. Incidência de tributos na importação. *Valor Econômico*. Disponível em: <http://www.portaltributario.com.br/artigos/tributosimportacao.htm>. Acesso em: 14 jun. 2006.

SINDICATO DO DESPACHANTE ADUANEIRO SINDICATO DOS DESPACHANTES ADUANEIROS DE SÃO PAULO, CAMPINAS E GUARULHOS. *A função do despachante aduaneiro*. Disponível em: <http://www.sindaspcg.com.br/>. Acesso em: 16 jun. 2006.

VAZQUEZ, José Lopes. *Comércio exterior brasileiro*. São Paulo: Atlas, 2003.

3

Discutindo a importância e a sistemática das exportações

José Ultemar da Silva

Neste capítulo, a nossa proposta é mostrar a importância das exportações no cenário econômico internacional, o acesso aos mercados externos, o crescimento das exportações brasileiras, uma breve abordagem sobre os órgãos intervenientes do comércio exterior brasileiro, a formação de preço de exportação, bem como os principais tipos de operação de exportação.

Introdução

As exportações são importantes no processo de desenvolvimento de um país, pois geram investimentos, aumentam a demanda de insumos, matérias-primas e componentes utilizados na produção de bens finais, como conseqüência, são criados novos postos de trabalhos, o que aumenta a renda da população e movimenta as atividades locais. Além disso, alimentam as empresas (engrenagens do crescimento) por exigirem a entrada de mercadorias estrangeiras que ajudam no controle de preços dos bens fabricados internamente, favorecendo, assim, todos os consumidores.

Há muito tempo os países procuram incentivar as exportações na tentativa de promover as vendas, incrementar as receitas, bem como encontrar uma solução para as contrapartidas, que são as importações, ou seja, muitas vezes, as soluções das deficiências internas estão no outro lado do mundo na forma de relações de troca.

No início do século XX, as exportações determinavam o ritmo de crescimento das economias, pois suas receitas possibilitavam a realização das importações, que representavam a base da estrutura de consumo dos países, e no Brasil não foi diferente.

Segundo Mayer e Bighetti (2005, p. 12),

> *durante muitos anos o Brasil tinha sua economia fechada, não importava produtos, o que dificultava a exportação, já que o comércio internacional é uma via de mão dupla e as oportunidades de exportar muitas vezes surgem quando alguém vem nos vender algo e acaba descobrindo uma boa oportunidade de negócios.*

Conforme Baumann *et al.* (2004, p. 159),

> *o fato é que o valor das exportações brasileiras permaneceu relativamente constante durante muito tempo. De 1947 a 1967. Esse valor variou entre um mínimo de US$ 1,1 bilhão em 1949 e um máximo de US$ 1,8 bilhão em 1951.*

Entretanto, de acordo com Garofalo Filho (2004, p. 103),

> *os caminhos legais das exportações, além de enfrentarem infernal burocracia que implica altos cultos, ainda teriam que se contentar com o câmbio na taxa oficial frente à grande competitividade dos preços no cenário internacional.*

Na opinião de Hitt *et al.* (2003), o cenário competitivo do século XXI foi gerado pela globalização das indústrias e de seus mercados, em conjunto com as rápidas e significativas mudanças decorrentes da revolução tecnológica. Em se tratando de comércio internacional, as empresas concorrem em uma economia globalizada complexa, altamente incerta e imprevisível.

Segundo Bortoto *et al.* (2004), o fenômeno da globalização fez com que o mercado mundial ficasse cada vez mais atraente. A dinâmica do comércio, o progresso advindo da ampliação dos mercados e a evolução tecnológica permanente estão promovendo profundas modificações nas formas de atuações empresariais e governamentais no comércio internacional.

No que se refere à competitividade, a estratégia de exportação é a forma que concentra a maior probabilidade para que os pequenos negócios ingressem no mercado externo, uma vez que muitas empresas não dispõem de mão-de-obra especializada na área internacional. Segundo informações do Banco do Brasil, o ato de exportar representa postura empresarial, um ganho de experiência que propicia dimensão global à empresa, uma estratégia de desenvolvimento, uma ferramenta que aumenta a competitividade empresarial e um estímulo para aumentar sua eficiência.

3.1 Breve relato sobre a evolução das exportações brasileiras

No Brasil sempre houve carência de políticas operacional e administrativa que pudessem incentivar e orientar os empresários na busca do crescimento socioeconômico. Desde a formação econômica brasileira no período colonial, o país dependeu de divisas externas para viabilizar seu crescimento. Nesse contexto, segundo Furtado (1976), os diversos ciclos de crescimento brasileiro sempre dependeram das exportações, para corrigir os desequilíbrios das contas externas. Essa dependência marcou grande parte do período de industrialização e também o período pós-Segunda Guerra Mundial, quando o Brasil já apresentava um razoável parque industrial. No entanto, as dificuldades eram latentes quando o país se deparava com as crises.

As dificuldades enfrentadas pelo governo brasileiro, na década de 1930, ocorreram em função dos controles do balanço de pagamentos, decorrentes da queda abrupta da receita das exportações de café, principal produto da pauta de exportação, e do cenário exterior desfavorável, representado pelo período da Grande Depressão. Essa situação obrigou o governo a adotar várias medidas protecionistas para os maiores setores exportadores brasileiros com o objetivo de implantar uma indústria substitutiva de importações. Acompanhando esse raciocínio, segundo Baumann *et al.* (2004, p. 159), "a estrutura de incentivos às exportações era mais intensa nos setores com maior valor adicionado, o que por sua vez reforçava a percepção de distorção alocativa de recursos".

Segundo Simonsen (1977), em meados da década de 1950, iniciou-se a instalação da indústria automobilística, da produção eletroeletrônica, da construção naval e da indústria de bens de capital, porém, o modelo adotado para o desenvolvimento brasileiro continuou sendo o da industrialização destinada à substituição de importações, sempre sob a pressão do balanço de pagamentos.

Nos anos 60, apesar das diversas estratégias e políticas de crescimento, o comércio exterior brasileiro era bastante reduzido, tanto pelo pequeno número de empresas que dedicava suas transações comerciais ao resto do mundo, como também pela ausência de políticas de comércio exterior e de incentivos governamentais.

Segundo Baumann *et al.* (2004, p. 159),

> o envolvimento da economia brasileira com o mercado internacional mudou de forma substantiva nas últimas décadas. Entre 1970 e 2000, o valor anual das exportações brasileiras aumentou vinte vezes, implicando alterações qualitativas importantes na relação entre o setor externo e o desempenho da economia como um todo.

No início dos anos 80, as exportações foram prejudicadas pelos sucessivos planos de estabilidade econômica. No fim dessa década, o governo anunciava, entre os diversos programas, a abertura comercial, uma vez que o país estava muito defasado em relação ao comércio internacional. Os programas, embora controversos, apresentaram alguns resultados positivos, pois tinham como ponto central a reforma fiscal. Essa reforma era baseada na redução da carga tributária que tanto onerava os preços dos produtos brasileiros, tornando-os menos competitivos no comércio internacional.

Nesse período, tornou-se possível o reaquecimento das relações comerciais e financeiras com o exterior. Com relação à política cambial, adotou-se um sistema de câmbio flutuante, em que a taxa de câmbio seria determinada pela ação do mercado, ou seja, pela ação da oferta e demanda de divisas (exportadores x importadores).

No entendimento de Coutinho (1994), o processo de abertura foi uma resposta à necessidade da globalização em competitividade, que revelou disfunções oriundas da forte intervenção governamental cujo objetivo era promover a industrialização no país.

Contudo, foi nos primeiros anos da década de 1990 que o Brasil iniciou sua inserção no cenário de livre comércio. Esse período ficou marcado pelas reformas estruturais e pela abertura comercial representada pela redução progressiva da tarifa de importação e pela eliminação de barreiras não tarifárias. Esses fatos provocaram uma grande reestruturação produtiva na economia, o que gerou impactos diretos sobre o nível de emprego e sobre a balança comercial, alterando de forma significativa as estratégias empresariais.

Segundo Silva (2001),

> a economia brasileira acumulou ao longo de muitos anos um conjunto de ineficiências e distorções que ainda hoje prejudica a competitividade do setor produtivo. Tais ineficiências se tornaram visíveis a partir da abertura da economia brasileira, pois as empresas passaram a necessitar de políticas urgentes para poder incentivar a expansão da produção no cenário internacional.

Nesse contexto, o Mercado Comum do Cone Sul (Mercosul), estabelecido pelo Tratado de Assunção, firmado em 16 de março de 1991, tentou, dentre tantos objetivos, ampliar os horizontes da integração continental. Hoje, a experiência demonstra que o melhor caminho para o desenvolvimento de uma região ainda são os acordos por meio dos quais todos são beneficiados. Assim, as inúmeras organizações participantes, bem como os prestadores de serviços, se unem numa colaboração coordenada e contínua.

Segundo Lohbauer (2000),

> a tentativa de ver o Mercosul como um bloco econômico consolidado é um exercício de otimismo, quase uma pretensão. É verdade que não se pode descartar a importância política da iniciativa de integração iniciada nos anos de 1980 pelos governos de transição democrática dos presidentes Sarney e Alfonsin. Depois de praticamente 15 anos o Mercosul pode ser considerado no máximo uma Zona de Livre Comércio incompleta e uma União Aduaneira imperfeita.

Em pleno início do século XXI, a política de crédito expansiva adotada vem contribuindo para o aumento do consumo. Os consumidores recorrem ao crédito para adquirir os chamados bens duráveis, como carros, aparelhos eletrônicos e eletrodomésticos, grande parte dos quais é oriunda das importações.

De acordo com Hess *et al.* (2005), após 15 anos da abertura comercial mudanças significativas podem ser observadas. O mercado passou a ter acesso a produtos importados de qualidade a preços acessíveis, e as empresas, para continuarem competitivas, investiram em tecnologia, treinamento de profissionais e modernização da gestão. O aprimoramento dos processos produtivos melhorou a qualificação dos produtos e serviços, permitindo a ampliação do mercado além das fronteiras nacionais (Tabela 3.1).

Tabela 3.1 Evolução das exportações brasileiras – 1990 a 2006

Ano	Valor US$ bilhões FOB	Crescimento anual %
1990	31,41	-8,60
1991	31,62	0,65
1992	35,79	13,19
1993	38,55	7,71
1994	43,54	12,94
1995	46,50	6,79
1996	47,74	2,66
1997	52,99	10,98
1998	51,14	-3,50
1999	48,01	-6,12
2000	55,08	14,73
2001	58,22	5,69
2002	60,36	3,67
2003	73,08	21,07
2004	96.47	32,00
2005	118,31	2,64
2006	137,47	16,19

Fonte: Elaborada com base nos dados do MDIC/SECEX, 2007.
Disponível em: <http://www.midic.gov.br/arquivo/secex>.

No Brasil, o cenário favorável gerado pelo crescimento das exportações entre 2000 e 2006 também possibilitou que micro e pequenas empresas atuassem de forma direta no cenário internacional. De acordo com Grisi (2003), outros mecanismos foram encontrados para a realização de exportações por parte das pequenas empresas: as *trading companies* passaram a atuar nos setores em que pequenas empresas apresentavam dificuldade para penetrar, agiam como estimuladoras, como concentradoras e financiadoras em toda a América Latina.

Nessa região, o crescimento das exportações resultou da entrada de investimentos estrangeiros. De acordo com a Tabela 3.2, podemos notar que as maiores empresas exportadoras, apesar da localização, são de capital e/ou de propriedade estrangeira. Seus destinos de venda são vários, porém sempre orientados pelas mais diversas estratégias empresariais no mercado internacional.

Tabela 3.2 Os 20 maiores exportadores da América Latina

Empresa	País
PDVSA	Venezuela
Pemex	México
General Motors	México
Ford	México
Ecopetrol	Colômbia
CVRD	Brasil
PetroEquador	Equador
IBM	México
Volkswagen	México
CVG	Venezuela
Ford	Brasil
Southern Peru Copper Corp.	Peru
Petrobras	Brasil
General Motors (GMB)	Brasil
CSN	Brasil
Volkswagen	Brasil
Ford	Argentina
Centromin	Peru
Pesquera de La Patagonia	Argentina
Tamsa	México

Fonte: Elaborada com base na revista *América Economia*, 2007.

3.2 O conceito de exportação

Exportações são mercadorias produzidas em determinados países e vendidas a outros. Diversos conceitos são baseados nas atividades que correspondem às operações de venda internacionais, indicando o crescimento das economias na geração de excedentes, bem como os fluxos financeiros resultantes dessas economias.

O conceito de Ratti (2001) para exportação é a remessa de bens de um país para o outro. Em sentido amplo poderá compreender, além dos bens, os serviços relacionados à exportação (fretes, seguros, serviços bancários etc.).

A exportação consiste em uma atividade empresarial integrada, que exige intercâmbio permanente de informações entre os diversos setores envolvidos: comercial, administrativo, fiscal, financeiro, produtivo, de marketing e de expedição. Segundo Castro (2001), no processo de internacionalização é fundamental que haja a avaliação da capacidade exportadora da empresa e não só a avaliação da capacidade de produção. Entretanto, de acordo com Minervini (2005), entende-se por capacidade exportadora o quanto a empresa tem de compreender os mercados internacionais, adequando-se a eles, por conseqüência, em vários níveis: projeto, produtividade, comunicação, gestão e recursos humanos.

Na opinião de Garcia (2005), a realização de exportações implica o conhecimento prévio e profundo de benefícios, vantagens e desvantagens, rotinas e procedimentos, margem de lucro e uma infinidade de informações a serem analisadas. O compromisso da alta administração em enfrentar as dificuldades operacionais e financeiras iniciais, que caracterizam os novos empreendimentos, é basilar e fundamental, já que as operações internacionais são mais demoradas do que as locais (VAZQUEZ, 2003).

Para Castro (2001, p. 18),

> deve ficar patente que a atividade exportadora representa uma alternativa segura para a diluição de riscos entre diferentes mercados, contribuindo para que o planejamento se desenvolva. As atividades de exportação permitem a programação de vendas e de produção, distribuindo os bens produzidos entre diferentes clientes, localizados em diferentes países, inclusive otimizando o fornecimento para o mercado interno.

De acordo com Garcia (2005), para a empresa moderna, exportar deve representar a diluição de risco por permitir a interação entre os tradicionais clientes internos e os de outros países. No entanto, as vantagens, além da diminuição de riscos, que a exportação propicia aos empresários são os ganhos de marketing e de produção em escala de acordo com o Manual Básico de Exportação da FIESP/CIESP/SEBRAE-SP (2004).

> Exportar pode ser um bom negócio para a empresa, desde que os dirigentes se conscientizem da importância de um planejamento e de uma política que levem em conta o conhecimento e o domínio das regras e usos do comércio internacional. Caso contrário, as vendas ao exterior podem resultar em prejuízos e numa péssima experiência para a empresa, com conseqüente reflexo negativo para o país (Informe Banco do Brasil, nov. 2001).

3.3 O Registro do Exportador (RE)

A primeira providência de uma empresa para iniciar suas atividades como exportadora é registrar-se no Siscomex (Sistema Integrado de Comércio Exterior). Esse sistema está ligado à rede SERPRO (Serviço Federal de Processamento de Dados) e é operacionalizado por ela, porém é administrado pelo MDIC – Ministério do Desenvolvimento, Indústria e Comércio Exterior. Segundo Vazquez (2003, p. 183), "até 1992, as operações de comércio exterior eram processadas e controladas por diversos órgãos que atuavam separadamente, observadas as respectivas esferas de competência".

Os usuários do Siscomex podem ser:

- Bancos autorizados a operar em câmbio e sociedades corretoras (cadastradas no SISBACEN);
- Pessoas físicas e jurídicas que atuam na área de comércio exterior (exportadores, despachantes etc.), cadastradas na rede SERPRO; e
- Órgãos federais administrativos do comércio exterior e demais órgãos intervenientes cadastrados na rede SERPRO.

A Figura 3.1 mostra os dois ambientes de processamento do Siscomex e os grupos de usuários que acessam as informações.

Figura 3.1 Funcionamento do Siscomex

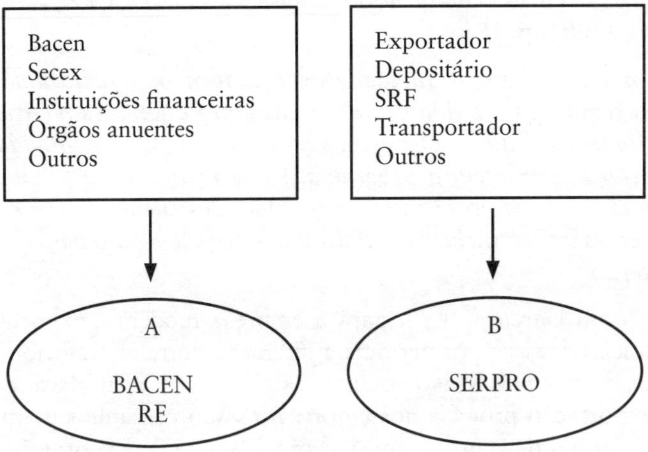

```
┌─────────────────────────────┐     ┌─────────────────────────────┐
│ Bacen                       │     │ Exportador                  │
│ Secex                       │     │ Depositário                 │
│ Instituições financeiras    │     │ SRF                         │
│ Órgãos anuentes             │     │ Transportador               │
│ Outros                      │     │ Outros                      │
└─────────────────────────────┘     └─────────────────────────────┘
              │                                   │
              ▼                                   ▼
         ╭─────────╮                         ╭─────────╮
         │    A    │                         │    B    │
         │ BACEN   │                         │ SERPRO  │
         │   RE    │                         │         │
         ╰─────────╯                         ╰─────────╯
```

Fonte: Elaborada pelo autor.

Após o registro no Siscomex, o exportador envia o Registro de Exportação (RE) para a Secretaria de Comércio Exterior (Secex), em seguida, recebe um extrato da exportação e uma senha. Com esse número, o despachante e/ou a Receita Federal estão conectados para a tramitação legal da mercadoria. O RE permite que o exportador registre sua operação de exportação no Siscomex por conta própria ou por intermédio de terceiros (bancos, corretoras, despachantes). O exportador só obterá essa senha mediante assinatura do Termo de Responsabilidade, que permanecerá arquivado na SRF habilitadora.

De posse da senha, o exportador poderá iniciar as operações no Siscomex, seja por um terminal próprio, seja por meio de corretoras de câmbio, utilizando-se dos seguintes registros:

- Registro de Venda (RV): apenas para negócios em bolsas ou em operação de *commodities*;
- Registro de Operação de Crédito (RC): em operações de venda ao exterior com prazo para pagamento superior a 180 dias após o embarque da mercadoria;
- Solicitação de Despacho (SD): efetuada pelo despachante, cujo objetivo é tornar a operação de exportação apta para o desembaraço aduaneiro.

Segundo Cavalcanti e Silva (2000), no RE são usadas três nomenclaturas e codificações distintas com base no Sistema Harmonizado (SH):

- NBM/SH (Nomenclatura Brasileira de Mercadoria – Sistema Harmonizado);
- NCM (Nomenclatura Comum do Mercosul); e
- NALADI (Nomenclatura da Aladi).

3.4 Identificação e classificação fiscal da mercadoria

As mercadorias exportadas precisam ser bem identificadas para efeito de fiscalização e perfeito atendimento na transação comercial. Sua identificação se baseia no nome comercial, na discriminação técnica e principalmente na classificação fiscal. De acordo com a Instrução Normativa nº 28, de 27 de abril de 1994, artigo 25, a verificação da mercadoria consiste na sua identificação e quantificação, tendo em vista as informações constantes do despacho e dos documentos que o instruem.

Nesse contexto, segundo Mayer e Bighetti (2005), para iniciar a análise da exportabilidade do produto é preciso ter a sua exata classificação fiscal. É uma informação que o contador da empresa possui, mas vale a pena confrontá-la com um parecer da Secretaria da Receita Federal por intermédio da Coordenação Geral do Sistema Aduaneiro e da Superintendência Regional da Receita Federal. No site da BrazilTradeNet (www.braziltradenet.gov.br), há informações sobre como proceder a essa consulta.

O Brasil, como a maioria dos países, usa o Sistema Harmonizado de Designação e de Codificação de Mercadoria (SH), criado pelo Conselho de Cooperação Aduaneira da Organização das Nações Unidas (ONU), para que as mercadorias, uma vez classificadas, sejam de conhecimento universal. Daí a necessidade de serem bem classificadas.

No mercado interno brasileiro, a classificação fiscal é chamada de Nomenclatura Brasileira de Mercadoria (NBM), na exportação, no bloco do Mercosul, por exemplo, chama-se Nomenclatura Comum do Mercosul (NCM). As normas administrativas e fiscais de exportação (portarias e instruções normativas) devem ser freqüentemente atualizadas e consultadas. Para isso, as empresas devem buscar apoio de profissionais, técnicos, despachantes e entidades que possuam experiência em relação a normas técnicas dos diversos países.

3.5 O processo de exportação passo a passo

Todas as empresas, no comércio internacional, em função de todas as dificuldades internas, somadas a processos burocráticos, ausência de pessoal capacitado, bem como a inexistência de infra-estrutura aeroportuária apropriada e competitiva, sentem a necessidade de exportar seus excedentes na tentativa de obter, entre outros fatores:

- recursos financeiros para melhorias internas;
- aumento de produtividade e melhoria na qualidade;
- inovações tecnológicas;
- equipes em processo de reciclagem permanente.

Sabemos que o primeiro passo em uma exportação é o contato preliminar com o importador, a fim de despertar o interesse do comprador, apresentando características do produto, preço, dentre outras informações. No entanto, toda exportação deve seguir um roteiro programado. Depois de preparadas para ingressar no mercado internacional, as empresas exportadoras devem pesquisar o mercado a ser abastecido pelo seu produto, o objetivo é identificar o mercado a ser explorado e obter as informações necessárias. Nesse contexto, a análise da capacidade exportadora de uma empresa é baseada no conceito de planejamento de transações internacionais, que pode ser entendido a partir da Figura 3.2.

Figura 3.2 Fluxograma de exportação

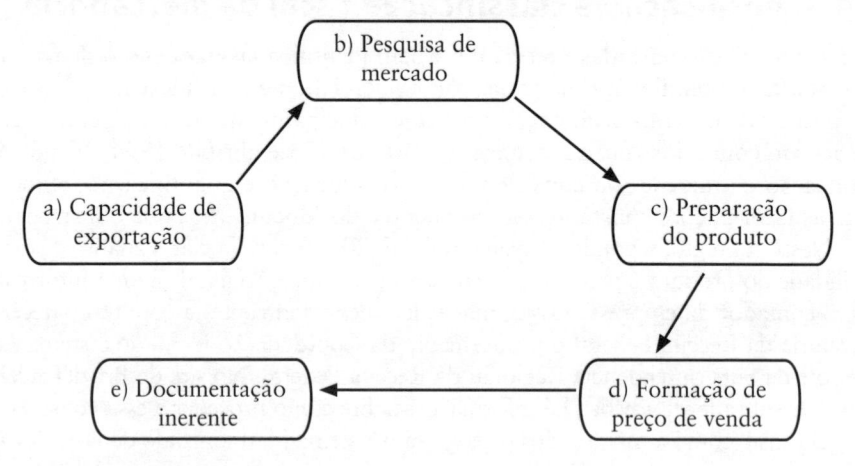

```
         b) Pesquisa de
            mercado
           ↗        ↘
a) Capacidade de      c) Preparação
   exportação          do produto
                           ↓
   e) Documentação ← d) Formação de
      inerente          preço de venda
```

Fonte: Elaborada pelo autor.

De acordo com a Figura 3.2, podemos entender o processo de negociação na exportação como sendo:

a. Capacidade de exportação
   Neste quesito é preciso saber se o produto possui capacidade competitiva tanto no mercado interno quanto no mercado externo ou se precisa de alguma modificação para cumprir as determinações dos padrões de qualidade no comércio internacional.

b. Pesquisa de mercado
A importância da pesquisa de mercado está na avaliação das perspectivas de venda do produto, a fim de obter maior lucratividade, da possibilidade de produção em determinado país, da renda do público-alvo, dos canais de distribuição do produto, principais concorrentes, pontos fortes e pontos fracos deles, da modalidade de transporte, dos tipos de embalagem, bem como da propaganda e do marketing a serem veiculados no país ou na região. A pesquisa diminui a possibilidade de a empresa incorrer em erros administrativos, fiscais, competitivos etc., porém é preciso supervisionar as operações e verificar se os objetivos estão sendo cumpridos.

As fontes que podem ser utilizadas para pesquisas são:
- câmaras de comércio estrangeiras no Brasil;
- embaixadas e consulados;
- associações de comércio, indústria e turismo;
- Ministério das Relações Exteriores e demais órgãos governamentais;
- entidades vinculadas ao comércio internacional;
- comunidades e colônias de estrangeiros;
- revistas estrangeiras especializadas em comércio exterior.

c. Adequação/preparação do produto
Nesse planejamento devem ser observadas as eventuais restrições para exportar para certos países e as normas que regulam a entrada de produtos. Deve-se ter os devidos cuidados em relação à legislação vigente, à cultura e à religião. Os procedimentos burocráticos também podem inviabilizar uma exportação, o que gerará gastos adicionais no custo final do produto.

Dessa forma, as empresas devem avaliar a adequação do produto em relação ao tamanho, desenho e material de fabricação mais apropriado. Podem ser analisados os aspectos básicos e até a compatibilidade dos padrões de qualidade no que se refere à assistência técnica e a peças de reposição ou serviços existentes em determinado país ou em uma região.

d. Formação do preço de venda
Na tentativa de conquistar um determinado mercado, muitos empresários podem optar por exportar o primeiro lote de mercadoria a preço de custo, porém o que parece estratégia, pode se tratar de *dumping*,[1] o que é proibido. Na verdade, o produto destinado à exportação tem de ter preço e qualidade com competitividade internacional. Para tanto, deverá ser mantida uma engenharia do custo de produção e de mercado. Vale lembrar que o preço do produto a ser exportado equivale ao preço do produto no mercado interno, acrescido de custos tributários diretos e indiretos e também da margem de lucro (Quadro 3.1).

---

[1] Prática comercial baseada na venda de produtos no mercado externo a preços inferiores aos praticados no mercado interno, cuja finalidade é conquistar o mercado ou eliminar os concorrentes.

Quadro 3.1 Exemplo de cálculo do preço de exportação

Itens	Valor (R$)
Preço praticado no mercado interno para 10.000 peças	7.000,00
(-) ICMS (18%)	1.260,00
(-) Cofins (3%)	210,00
(-) PIS (0,65%)	45,50
(-) Lucro no mercado interno (10%)	700,00
(-) Comissão de vendedor no mercado interno (3%)	210,00
(-) Propaganda no mercado interno (0,35%)	24,50
(-) Despesa de distribuição no mercado interno (1%)	70,00
(-) Embalagem no mercado interno (1%)	70,00
Subtotal	**4.410,00**
(+) Embalagem de exportação	85,00
Preço FOB	**4.495,00**
(+) Comissão de agente de vendas externas (3%) do valor FOB	134,85
(+) Margem de lucro (10%) do valor FOB	449,50
(+) Despesas até o embarque (1,8%) do valor FOB	80,91
Preço FOB final	**R$ 5.160,26**
(/) Taxa do dólar comercial para compra (como exemplo)	2,00
Preço FOB de lista	**US$ 2.580,13**

Fonte: Adaptado de: <http://www.aduaneiras.com.br/informações/roteiros>.

Segundo Ratti (2001, p. 399),

> quando se decide calcular o preço de um preço de exportação, partindo-se do preço de mercado interno, certos critérios deverão ser observados permitindo que o resultado que será apurado coincida com aquele que obteríamos se o processo adotado fosse diretamente sobre a sua composição dos custos.

3.5.1 Principais despesas específicas de exportação

Ainda, em relação à composição dos custos das exportações, podemos apontar as seguintes despesas nesta operação:

- registro de Exportação;
- certificado de origem;
- serviços de despachante aduaneiro;
- Sindicato dos Despachantes Aduaneiros (DAS).

3.5.2 Documentos inerentes à exportação

Documentos para embarque

Após o recebimento do pedido, o exportador deve manter o seu cronograma de fabricação, embalagem e embarque da mercadoria. Os documentos necessários são os seguintes:

- Fatura *pro forma* ou *Pro forma invoice* – É o primeiro documento elaborado após o contato com importador; contém todas as informações da transação e servirá para a emissão da fatura comercial;
- Romaneio ou *packing list* – Necessário para desembaraço da mercadoria, tanto na saída (origem) quanto no destino final. Essa listagem é a identificação da mercadoria, pois indica volume, quantidade, referências, peso bruto e líquido e marca;
- Registro do exportador – Somente após o romaneio é que o exportador poderá solicitar o preenchimento desse registro. Nele são anotados os dados de uma exportação os quais são transferidos para o Siscomex para o devido desembaraço aduaneiro, fechamento de câmbio e pagamento das exportações;
- Nota fiscal – Depois de finalizado o RE, o próximo passo é a emissão da nota fiscal que acompanhará a mercadoria desde a saída do estabelecimento exportador até o local onde será desembaraçada para o exterior. Segundo Cavalcanti e Silva (2000, p. 255), "Nota fiscal é um documento necessário apenas para a movimentação interna da carga";
- Conhecimento de embarque – Documento emitido pelo transportador internacional quando a carga for consolidada. Constitui, portanto, a prova do embarque da mercadoria. Esse documento é indispensável na negociação com o banco que conduz a operação. O conhecimento de embarque confere ao consignatário o direito à posse da mercadoria após o transporte;
- Certificados – São exigidos pela legislação para produtos especiais, como os fitossanitários, ou por alguns países de destino. Nesses casos, é imprescindível que sejam entregues ao banco que intermedeia a negociação. Têm a finalidade de atestar a origem do produto para o cumprimento de exigências legais no país de destino ou para habilitá-los a isenções ou reduções de imposto de importação em decorrência de acordos internacionais (http://www.acetradeways.com.br/toolsexppassoapasso.html).

Documentos após embarque da mercadoria

Após embarcada a mercadoria, dá-se início à preparação dos documentos para a negociação com o banco, etapa que caracteriza a operação cambial. Nesse contexto, o exportador deve redobrar a atenção e os cuidados no que diz respeito ao preparo da documentação.

- Fatura comercial (*Commercial invoice*) – Documento necessário para o desembaraço da mercadoria pelo importador no destino; contém todos os elementos relacionados à operação de exportação. Esse documento serve para formalizar a transferência de propriedade da mercadoria e deve ser emitido pelo exportador no idioma do importador ou em inglês. No âmbito externo, a fatura comercial equivale à nota fiscal cuja validade começa a partir da saída da mercadoria do território nacional.

- Registro de venda-exportação (RV – Documento que possui uma série de informações que o caracteriza como venda de *commodities* ou de produtos negociados em bolsa de mercadorias (café em grão, açúcar, alumínio, soja, milho, entre outros). Também é preenchido por meio do Siscomex e deve ser providenciado antes da solicitação de RE. Os produtos sujeitos ao RV estão indicados no Anexo C da Portaria Secex 02/92.

- Declaração Simplificada de Exportação (DSE) – Tem a finalidade de facilitar e simplificar o processo das operações de exportação de até US$ 10 mil. Segundo Dias e Rodrigues (2004, p. 216 e 217), "todas as exportações feitas pela DSE podem ser pagas por meio de cartão de crédito internacional ou por meio do formulário de compra e venda de moeda estrangeira. A DSE será registrada por solicitação do exportador, mediante numeração única, seqüencial e nacional concluída pelo Siscomex".

- Registro de Operações de Crédito (RC) – Esse documento é um dos módulos do Siscomex e representa um conjunto de informações de natureza comercial, financeira e cambial; caracteriza a venda de mercadoria e/ou de serviços ao exterior a prazo nos casos em que este seja superior a 180 dias a partir da data de embarque da mercadoria. Esse registro também deve anteceder o RE e pode abranger exportação de diversas mercadorias.

- Saque ou cambial (*draft*) – É o título de crédito que cobre a operação internacional da mercadoria. Segundo Cavalcanti e Silva (2000, p. 256), "quando a operação for cobrança, a prazo, o banco no exterior colhe o aceite do importador no saque, para entrega dos documentos utilizados no desembaraço da mercadoria". De acordo com Vazquez (2003, p. 253), "é um título de crédito sacado por um credor contra um devedor, com ordem expressa para que o devedor pague certa quantia a determinada pessoa, ou a sua ordem, em determinado prazo e local".

- Certificado ou apólice de seguro – Em operações na modalidade Incoterms CIF, o exportador é obrigado a apresentar esse documento ao banco, para remessa ao importador (Cavalcanti e Silva, 2000).

- Fatura e ou visto consular – Há determinados países que exigem que a documentação apresentada pelo exportador seja acompanhada da fatura consular ou, em outros casos, do visto consular (Cavalcanti e Silva, 2000).

Todos os documentos entregues ao banco deverão ser assinalados em um borderô, que serve para designar a relação de documentos entregues a um banco em determinada operação.

3.6 Tipos de exportação

Sabemos que em tempo de globalização toda empresa deve voltar suas estratégias para o mercado internacional em busca de novas oportunidades, novos nichos mercadológicos, expansão das vendas, diversificação das parcerias, eficiência produtiva, aumento dos lucros, bem como a obtenção de prestígio no cenário internacional. No entanto, o planejamento de certas empresas está voltado para algumas estratégias internacionais, dentre elas, a exportação e suas várias modalidades, como exposto a seguir:

Exportação direta – É a modalidade de exportação em que o próprio fabricante fatura a mercadoria em nome do comprador no exterior. Esse tipo de operação exige da empresa o conhecimento do processo de exportação em toda a sua extensão. Segue todos os passos para a exportação e deve dominar os procedimentos legais, assim como conhecer os mercados disponíveis para seus produtos. Geralmente, a empresa cria um departamento específico para a atividade, com pessoal preparado para atuar em contratos de venda, de frete, de seguro e de câmbio.

Tome nota: vale lembrar que, mesmo sendo uma venda realizada por intermédio de um agente comercial pela empresa exportadora, essa operação é caracterizada por exportação direta, está isenta de ICMS (Imposto sobre Circulação de Mercadorias e Serviços) e pode se beneficiar dos créditos fiscais no processo produtivo.

Exportação indireta – Nessa modalidade, a exportação é realizada por meio de empresas estabelecidas no Brasil que adquirem produtos para exportá-los. Em suma, o *produtor* vende a mercadoria a um *interveniente* com o fim específico de exportação, porém essa operação tem de estar citada na nota fiscal. A transação é feita com suspensão de impostos, mas se a exportação não for efetivamente realizada, o produtor terá de recolher os tributos. Nessa modalidade, o interveniente pode ser:

- empresa comercial exclusivamente exportadora;
- empresa de atividade mista (importadora, exportadora e que atue no mercado interno);
- cooperativa ou consórcio de produtores ou exportadores;
- empresa industrial que atua comercialmente com produtos de terceiros;
- *trading company*.

Consórcio de exportação – Segundo informações do Ministério das Relações Exteriores, apesar de bem-sucedidos em vários países, os consórcios de exportação são pouco utilizados no Brasil. São associações de empresas juridicamente constituídas que conjugam esforços e/ou estabelecem uma divisão interna de trabalho com vistas à redução de custos, ao aumento da oferta de produtos destinados ao mercado externo e à ampliação das exportações (http://www.braziltradenet.gov.br).

Os consórcios podem ser:

- consórcio de promoção de exportação – Recomendável para empresas que já atuam em comércio exterior; as vendas são realizadas diretamente pelas empresas que pertencem ao consórcio;
- consórcio de vendas – Formado por empresas que não possuem experiência em comércio exterior; as vendas são realizadas por meio de uma empresa comercial exportadora; e

- consórcio de área ou país – Formado por empresas que pretendem concentrar seus esforços de vendas em um único país ou em determinada região. Essa estratégia pode ser de promoção de exportação ou de vendas.

3.7 Formas de pagamento

Segundo Ratti (2001, p. 349),

> as exportações poderão ser com cobertura cambial ou sem cobertura cambial. Diz-se que a exportação é com cobertura cambial quando implica um pagamento a ser efetuado pelo importador estrangeiro. A exportação é sem cobertura cambial quando não acarretar um pagamento da parte do importador estrangeiro. É o caso de amostras, donativos, bagagens de passageiros, mercadorias em retorno, exportação temporária, mercadorias destinadas a feiras e exposições.

Existem várias formas de pagamento de uma operação de exportação. Isso deve ser acertado com o importador e deve refletir vantagens e segurança para ambos, pois, em se tratando das relações econômicas internacionais, todos os países estão sujeitos a riscos e incertezas quanto à efetuação dos pagamentos. As formas de pagamentos são: pagamento antecipado, remessa sem saque, cobrança documentária e carta de crédito, que serão discutidas em outros capítulos.

Considerações finais

O cenário competitivo do fim do século XX foi marcado pela queda das barreiras comerciais entre os países, pela globalização das indústrias e de seus mercados, em conjunto com as rápidas e significativas mudanças decorrentes da revolução tecnológica. Dessa forma, as empresas concorrem em uma economia globalizada complexa, altamente incerta e imprevisível, não mais operam em mercados regionais, e sim em vários mercados, expandindo suas relações comerciais e reduzindo os riscos da dependência.

Do ponto de vista econômico, o principal objetivo das exportações é a obtenção de recursos para pagamentos das importações necessárias para a vida econômica, é o que chamamos de mão dupla, bem definida pela teoria do balanço de pagamentos. De outro lado, exportar significa aumentar oportunidades para superar as dificuldades econômicas internas. É a expansão dos negócios por meio da boa imagem do país no exterior. No entanto, exportar não garante que a empresa não experimente dificuldades, uma vez que o mercado internacional apresenta competição intensa e é formado por países com culturas, idiomas, legislações e costumes diferentes.

A avaliação do desempenho exportador de um país deve sempre estar associada aos aspectos microeconômicos desse setor. No caso do Brasil, ao longo da sua história, o setor exportador sempre dependeu de algumas empresas. De acordo com Dias e Rodrigues (2004), atualmente ainda há grandes dificuldades de comercialização entre o Brasil e o mercado internacional por parte das empresas e dos profissionais da área de exportação, pois, apesar dos trâmites para exportação terem evoluído e se informatizado, persistem barreiras e problemas, como a enorme burocratização dos processos, a falta de conhecimento da área e a cultura das empresas nacionais em relação às exportações.

Por outro lado, o governo brasileiro, por intermédio do Ministério do Desenvolvimento, Indústria e Comércio Exterior, tem incentivado a inserção e a ampliação da participação das pequenas e microempresas no cenário internacional mediante capacitação técnica do empresário, oferta de crédito e de medidas de apoio, promoção comercial em feiras e participação em missões comerciais.

Exercícios de fixação

1. Conceitue exportação e teça um breve relato sobre a evolução das exportações brasileiras.

2. Explique como se dá a preparação da documentação e da mercadoria para exportação.

3. Em uma pesquisa de mercado, quais devem ser os primeiros passos para a concretização de uma negociação?

4. Explique passo a passo uma operação de exportação e detalhe o roteiro programado, técnico e profissional.

5. Comente a formação de preço para exportação e os tipos de exportação.

Referências bibliográficas

BANCO DO BRASIL, Informe BB. Comércio Exterior – edição especial. *Como preparar a sua empresa para o desafio da exportação.* 3. ed. Brasília: Diretoria Internacional do Banco do Brasil, novembro 2001.

BAUMANN, Renato et al. *Economia internacional.* Rio de Janeiro: Elsevier-Campus, 2004.

BORTOTO, A. C. et al. *Comércio exterior*: teoria e gestão. São Paulo: Atlas, 2004.

CAMPIÃO, G. A.; PIETROBELLI, A. *Guia prático de negócios internacionais* – Como ingressar no mercado externo. Rio de Janeiro: Luna's Art Editora, 2002.

CASTRO, J. A. *Exportação*: aspectos práticos e operacionais. São Paulo: Aduaneiras, 2001.

CAVALCANTI, Dinarte de Souza B.; SILVA, J. Ultemar da. *As transações internacionais no contexto da globalização.* São Paulo: Plêiade, 2000.

COMÉRCIO EXTERIOR. Disponível em: <http://www.midic.gov.br/arquivo/secex>. Acesso em: 26 ago. 2007.

COSTA, L. Moura. *Comércio exterior*: negociação e aspectos legais. Rio de Janeiro: Campus, 2005.

COUTINHO, L. G. *Estudo da competitividade da indústria brasileira.* Campinas: Unicamp, 1994.

DABBAH, Steven. *A solução para sua empresa*: exportação. São Paulo: Érica, 1998.

DIAS, Reinaldo; RODRIGUES, Waldemar (Orgs.). *Comércio exterior*: teoria e gestão. São Paulo: Atlas, 2004.

FURTADO, Celso. *Formação econômica do Brasil*. Rio de Janeiro: Civilização Brasileira, 1976.

GARCIA, L. Martins. *Exportar*: rotinas e procedimentos, incentivos e formação de preços. São Paulo: Aduaneiras, 2005.

GAROFALO FILHO, E. *Dicionário de comércio exterior e câmbios*. São Paulo: Saraiva, 2004.

GRISI, C. C. H. et al. *Trading*: presença brasileira no cenário econômico mundial. São Paulo: Saraiva, 2003.

HITT, M. A. et al. *Administração estratégica*: competitividade e globalização. São Paulo: Pioneira Thomson Learning, 2003.

LOHBAUER Christian. *Mercosul e União Européia*: integração em perspectiva comparada. São Paulo: NUPRI-USP, 2000.

Manual básico de exportação. São Paulo: FIESP/CIESP/SEBRAE-SP, 2004.

MAYER, J. C.; BIGHETTI, M. *Exportar é fácil*: um roteiro para pequenas e médias empresas. São Paulo: Artemeios, 2005.

MINERVINI, N. *O exportador*: ferramentas para atuar com sucesso nos mercados internacionais. São Paulo: Prentice Hall, 2005.

MINISTÉRIO DAS RELAÇÕES EXTERIORES. Departamento de Promoção Comercial. Exportação passo a passo, 2002. Disponível em: <http://www.braziltradenet.gov.br>. Acesso em: 20 ago. 2007.

_____. Disponível em: <http://www.acetradeways.com.br/toolsexppassoapasso.html>. Acesso em: 20 ago. 2007.

RATTI, Bruno. *Comércio internacional e câmbio*. São Paulo: Aduaneiras, 2001.

SILVA, J. Ultemar. Relações internacionais e a integração econômica brasileira. *Revista Uniclar*, São Paulo, n° 1, ano III, maio/2001.

SIMONSEN, MÁRIO HENRIQUE. A atual conjuntura nacional e perspectivas econômicas para 76. Rio de Janeiro. Ministério da Fazenda, 1977.

VAZQUEZ, J. Lopes. *Comércio exterior brasileiro*. São Paulo: Atlas, 2003

4

Logística internacional

Samir Keedi

A proposta deste capítulo é abordar a logística no segmento internacional. Apresentaremos a evolução dos processos logísticos no transporte de mercadoria em vários modais, com destaque para a importância da logística nas relações de troca entre os países.

Introdução

A logística tem sido considerada por muitos algo relativamente novo, e que até foi emprestada dos militares. Entendemos que não é bem assim, pois é muito mais antiga do que se acredita. Devemos dizer que é multimilenar, que sempre existiu, e que tem acompanhado o *homo sapiens* desde o seu surgimento.

Desde que o homem desceu das árvores, ou saiu das cavernas, dependendo da crença de cada um, ele faz logística, ou seja, desloca coisas de um ponto a outro. Ao sair para caçar, pescar, guerrear, ou para praticar qualquer ato, a logística sempre esteve presente, uma vez que havia a necessidade do deslocamento entre pontos diversos. É claro que a logística não diz respeito apenas a transporte, ela abrange várias atividades.

Com o passar do tempo, a prática foi se sofisticando e passou a representar muito mais, e quem atua na área sabe bem disso. É possível falarmos em suprimento, produção, armazenagem, distribuição de carga, retorno de materiais, dentre outros aspectos; podemos combinar essas etapas, assim teremos uma cadeia de suprimentos a gerenciar, a isso chamamos de *supply chain management* (SCM), ou gerenciamento da cadeia de suprimentos.

Quanto ao uso da logística pelos militares e o desenvolvimento que promoveram nessa área, pode-se afirmar que foram eles que melhor o fizeram, e sempre por absoluta necessidade de organização, proteção, alimentação, elemento-surpresa, por precisar chegar da forma mais adequada possível a algum lugar e com algo, e pelos mais diversos motivos militares. Para os nossos propósitos, no entanto, limitaremos nosso estudo à logística de transporte, mais precisamente internacional.

4.1 Início dos transportes

Podemos dizer que o primeiro modo de transporte do homem foi ele próprio: carregava seus pertences de um lado para o outro e, com certeza, em grupo, para melhor transporte, talvez com um travessão nos ombros, em fila indiana.

Com o tempo, domesticou animais para utilizá-los na logística, posteriormente criou outras formas de transporte, como o sistema aquaviário, com seus modos fluvial, lacustre e marítimo. Sempre e continuamente dedicando-se às tradicionais formas terrestres, até chegarmos aos modos ferroviário e rodoviário como os conhecemos hoje. O último modo de transporte a surgir foi o aéreo, que completou as formas de transporte possíveis, por terra, mar e ar.

Tudo isso foi formando, ao longo do tempo, o conhecido processo logístico de transporte, embora não com esse nome, mas era exatamente isso. O aperfeiçoamento foi lento, como se sabe, mas contínuo e sólido.

Além dos modos de transporte, foram criadas unidades de carga, como tambores, amarrações, dentre outras formas, para que as mercadorias pudessem ser armazenadas, movimentadas e deslocadas mais rápida e eficientemente. As mais conhecidas e utilizadas hoje são *pallet*, *big bag* e contêiner.

A Revolução Industrial do século XVIII foi o grande momento da alavancada do desenvolvimento dos modos e das unidades de transporte, de maneira a atender a crescente industrialização, com sua demanda de transporte.

4.2 A logística

Quando verificamos fatos históricos, como os romanos entrando na Judéia e dominando o povo da região, não estavam fazendo nada além de logística. Quando cada um de nós sai a trabalho, para ter diversão, para estudar ou desenvolver qualquer produto, não se está fazendo mais do que logística.

A logística está presente em qualquer atividade. Se saímos de casa para algum lugar utilizando alguma forma de transporte e seguimos por algum caminho definido anteriormente, ou, quiçá, naquele próprio momento diante das circunstâncias e/ou necessidades.

A logística, portanto, como se pode perceber, é muito antiga e companheira inseparável do *homo sapiens*, de cada um de nós no nosso dia-a-dia, em especial do *homo economicus*. Sempre a praticamos sem lhe dar esse nome, ou nomeando-a de muitas maneiras, até de estratégia. Hoje se sabe que a denominação ideal é logística.

4.3 Utilização da logística

Para a realização da logística de transporte utilizam-se alguns instrumentos que podemos dividir em modos de transporte e em equipamentos auxiliares para transporte, armazenagem, movimentação etc. Quanto aos meios de transporte, estamos nos referindo aos diversos modos dos três sistemas já citados. Quanto aos equipamentos auxiliares de transporte, estamos nos referindo às unidades de carga, como contêiner, *pallet*, *big bag*, tambores, amarrações etc.

Todos os modos de transporte e as unidades de acondicionamento ou transporte de carga são utilizados nos mais diversos conjuntos, de forma a se ter a melhor logística possível em determinado momento ou situação. Assim, pode-se dizer que a logística de transporte é a escolha contínua da melhor forma de deslocamento de uma mercadoria de um ponto a outro, de preferência, sempre utilizando a parceria como política principal de operação para tornar o processo mais adequado e capacitado para atender todas as necessidades.

A combinação dos diversos modos de transporte pode ser feita em várias operações especiais a fim de possibilitar a transferência eficiente da carga, a essa combinação chamamos de intermodalidade, multimodalidade, transbordo e transporte consecutivo. O transporte com modo único é denominado de unimodalidade e normalmente se refere apenas ao modo rodoviário.

A intermodalidade caracteriza-se pela individualidade entre os diversos modos, cada um independente dos demais, com responsabilidade pelo seu próprio trajeto e pela emissão de um documento de transporte para cada veículo. Cada transportador terá o dono da carga como seu embarcador, que é quem contratará o transporte, diretamente ou por intermédio de um prestador de serviços, e pagará o frete.

Na multimodalidade temos a figura do operador de transporte multimodal (OTM), que é um transportador e, como tal, emite seu próprio conhecimento de embarque para o embarcador. O conhecimento de transporte cobre o trajeto total, e o OTM se responsabiliza pelo transporte da carga desde a origem até o destino final estabelecido, tendo ou não os veículos para realizá-lo. No caso de o OTM ser virtual, ou seja, de não ter nenhum veículo, ou de ter apenas um tipo, pode subcontratar o transporte para cumprir sua obrigação de entrega da carga. Nesse caso, ele será o embarcador dos demais modos e receberá deles um conhecimento de embarque para cada trajeto individual, que será apenas seu e não chegará ao dono da carga. No caso de danos ou avarias à carga, o OTM deverá acionar cada transportador subcontratado. O dono da carga, por sua vez, recorre somente contra o seu transportador, que é o OTM.

Outra operação de transporte em conjunto é o transbordo. Nesse caso, uma mercadoria inicia o transporte em um determinado veículo e chega ao destino em outro, porém do mesmo tipo, por exemplo, navio/navio. Isso pode ocorrer por quebra, em razão de algo inesperado que tenha acontecido ao primeiro veículo, por opção do transportador ou por uma questão logística. O primordial, nessa situação, é que o trajeto completo esteja coberto por documento de transporte único.

O transporte consecutivo é aquele realizado com o mínimo de dois veículos do mesmo modo, semelhante ao que ocorre no transbordo, porém tendo cada veículo seu próprio documento de transporte. Isso pode ocorrer diante da falta de um transporte direto entre dois pontos ou por opção logística.

Todas as operações, bem como as combinações, podem ser realizadas diretamente pela empresa ou por operadores logísticos terceirizados, armadores virtuais (NVOCC – *Non Vessel Operating Common Carrier* – armador comum não operador de navio), despachantes, comissárias de despacho etc.

A criação de um processo logístico, em que as diversas variáveis são combinadas de forma a otimizar o processo, barateá-lo, permitir, enfim, a sua melhoria, pode representar uma vantagem logística, melhorar a competitividade da empresa, ou mesmo mantê-la ou retirá-la do mercado.

4.4 A inoperância brasileira e os prejuízos constantes

Como sabemos, em nosso país a situação logística não é confortável, visto que temos enormes deficiências em todos os setores com os quais se faz logística. O país vem tentando mudar a situação, aos poucos, o que não é suficiente diante de nossas necessidades.

Infelizmente nossa matriz de transporte é uma das piores do mundo. Cerca de 60% do transporte interno de carga é realizado por rodovia, diferentemente do que ocorre em países de grandes dimensões e semelhantes ao Brasil. Utilizamos a rodovia conforme pequenos países, nos quais esse meio se justifica, já que é um transporte adequado para pequenas distâncias e para distribuição de carga. Nós cruzamos o país com ele, o que torna nosso processo logístico inadequado.

Há ainda o fato de a maioria de nossas estradas ser considerada ruim ao tráfego – cerca de 70% delas necessitam de reformas urgentes. Essas reformas precisam ser definitivas, não meros paliativos, como remendos, realizados com técnica mínima, de modo que essas estradas, logo em seguida, entram em processo de colapso novamente. Escapam dessa sina apenas as rodovias cedidas em concessão por tempo determinado – que são poucas em comparação com a totalidade das nossas estradas –, em que há pedágio, o que onera o transporte. Por outro lado, deve-se considerar que há benefícios na concessão, como estradas mais seguras e que causam menos danos aos veículos, cuja necessidade de manutenção é, então, reduzida.

Nosso sistema ferroviário também sempre foi ineficiente. Os prejuízos são constantes e há necessidade de cobertura com fundos pagos por todos os brasileiros. Esse quadro começou a mudar com as concessões realizadas entre 1996 e 1999, que foram feitas para períodos de 20 a 25 anos e podem ser prorrogadas por igual período, a exemplo das privatizações das operações portuárias que serão comentadas mais adiante. Com isso, a situação das nossas ferrovias hoje é outra: elas aumentaram sua participação na matriz de transporte de cerca de 19% para 25%, o que significa um crescimento de 30% sobre a base inicial e em relação a quando estavam nas mãos do governo. Hoje apresentam lucro ao invés de prejuízo, e pagam impostos, o que lhes possibilita prestar melhores serviços.

Outra falha do nosso sistema logístico é a baixa utilização do transporte fluvial, que é demonstrada pelo fato de termos cerca de 42 mil quilômetros de rios dos quais somente 26 mil quilômetros são navegáveis, sendo apenas 10 mil quilômetros aproximadamente utilizados para esse fim. Considerando ser esse o modo de transporte de mais baixo custo e frete, não se justifica o descaso com que é tratado, em especial quando se verifica a sua ampla utilização nos Estados Unidos e na Europa, em que é considerado de uso estratégico e de grande importância. Basta observarmos que nos Estados Unidos 61% da soja que segue rumo aos portos para exportação utiliza esse modo de transporte, ao passo que no Brasil 70% dessa oleaginosa é transportada pelo caro modo rodoviário, o que transforma o custo brasileiro de produção mais dispendioso quando o produto chega ao navio.

Nossos portos sempre foram ineficientes, a ponto de termos, antes da Lei nº 8.630, de 25 de fevereiro de 1993, a vergonhosa operação de cinco a oito contêineres embarcados e/ou desembarcados por hora, a um custo de US$ 600 por unidade. E isso não é lenda como algumas pessoas acreditam.

4.5 Adequações para nossa logística portuária

Com a decisão de privatizar as operações portuárias e de dividir os portos em terminais com um ou poucos berços de atracação para cada um deles, a situação começou a mudar. Os investimentos privados atingiram algumas centenas de milhões de dólares norte-americanos em todo o país e as operações tornaram-se mais eficientes, a ponto de termos em nossos melhores terminais uma operação média de 45 a 50 unidades por hora, a cerca de US$ 200, com picos de até 96 unidades/hora.

É bem verdade que ainda temos muito a aperfeiçoar tendo em vista que os melhores portos do mundo realizam de 100 a 200 operações por hora, utilizando vários equipamentos no mesmo navio, a um custo que vai de US$ 50, US$ 70 a US$ 100 por unidade, valor este calculado com base em 100 contêineres por hora, uma espécie de média mundial, padrão ou *benchmark* a ser seguido.

Grandes investimentos têm sido projetados e anunciados, tanto na melhoria dos atuais terminais como na construção de portos e terminais, o que certamente promoverá contínuas melhorias em nossas operações.

Espera-se que as autoridades portuárias e governamentais façam sua parte no processo, como dragagens nos portos brasileiros, para que seja possível recebermos navios maiores e mais modernos, que já navegam há anos em portos internacionais, mas que não chegam aos nossos devido a pouca profundidade que caracteriza a maioria deles.

Esperam-se também melhorias nos acessos portuários, como é o caso de nosso maior porto, o de Santos, em São Paulo, que representa 27% das nossas exportações e importações. O local enfrenta problemas crônicos de entrada e saída, há freqüentes congestionamentos rodoviários, bem como a disputa de espaço e passagem com o sistema ferroviário interno do porto.

O transporte aéreo ainda é um modo pouco utilizado fisicamente, movimenta cerca de 0,33% da carga, embora represente algo em torno de 6% no valor de exportação, e de 25% no valor de importação. Ainda é muito caro, aproveitado apenas para uma seleta carga, mas isso não é problema já que a filosofia do transporte aéreo é ser mesmo de poucas cargas, pelo menos por enquanto.

É preciso ficar definitivamente claro que se quisermos participar da economia mundial, o que quase não temos feito, precisamos investir no comércio exterior e em todas as formas de melhoria da nossa logística, de modo a nos tornarmos mais competitivos. Segundo estudos da Universidade Federal do Rio de Janeiro,* nosso custo logístico é 12,1% do Produto Interno Bruto (PIB), o dos Estados Unidos é 8%, isso indica que ainda temos um longo caminho a percorrer.

A sobrevivência, atualmente, está mais na adaptação das empresas a bons processos logísticos, com melhor utilização dos modos de transporte e dos equipamentos à disposição, do que em qualquer outro setor. Sabemos que se o custo de uma matéria-prima, por exemplo, subir ou descer, isso ocorre para todas as empresas, o que mantém a igualdade de condições. E, assim, em todas as áreas, a logística é o carro-chefe de qualquer mudança positiva. A empresa que atuar melhor em termos logísticos estará em melhores condições de competir.

Como se sabe, hoje os produtos são padronizados. Tome como exemplo os automóveis. Se forem da mesma categoria e se tiverem os mesmos acessórios, terão custos semelhantes, com diferenças mínimas. O que os diferencia são os equipamentos e acessórios à disposição. A mesma coisa ocorre com qualquer produto, por exemplo, os *DVD players*. O que pode fazer a diferença é justamente a logística, que, se realizada de forma diferenciada, imputará um custo final diferenciado a cada produto.

Nossa participação – que tem girado ao redor de 1% – em valor, no comércio mundial, representa 0,8% na importação e mero 1,2% na exportação. Em 1950 esta era de 2,4%, o que significa que precisamos dobrá-la apenas para retornar ao patamar de mais de meio século.

4.6 Fazendo logística

Fazemos logística de transporte com diversos modos, como expomos a seguir.

No sistema aquaviário, constituído pelos modos marítimo, fluvial e lacustre, utilizamos navios e barcaças, dos mais variados tipos e tamanhos.

No transporte marítimo são utilizados navios que podem ser de carga geral, aqueles construídos em forma de porões e *decks*, à semelhança de um edifício, e possuem vários andares e porões lado a lado, ou de carga seca, aquela que necessita de controle de temperatura, nesse caso, os navios são denominados *reefers*.

Os navios podem ser especializados, como os graneleiros, para carga seca, por exemplo, as agrícolas, e como os petroleiros, para carga líquida. Esses navios têm apenas porões, lado a lado, que vão do convés até o fundo do navio, não há *decks*, o que facilita o embarque e a retirada da carga dos porões.

Há navios *roll-on roll-off*, ou simplesmente ro-ro, próprios para transporte de veículos, isto é, carga rolante. De modo diverso dos graneleiros, são divididos em *decks* e não têm porões a partir do convés, assemelham-se a um grande estacionamento de *shopping center*. Os veículos são embarcados, dirigidos, por entradas nas laterais ou nas proas e/ou popas. Há muitos outros tipos de navio, como os para produtos químicos, os madeireiros, os tipo curral, para gado etc.

Os navios porta-contêineres são o que podemos chamar de navio-tudo, visto que podem transportar qualquer tipo de carga, conquanto possa ser acomodada em um contêiner. Qualquer carga é conteinerizável, a limitação é o tamanho, o peso e

---

* CEL – Centro de Estudos de Logística – UFRJ, 2007.

a viabilidade econômica do produto transportado. Os navios também podem ser classificados como especializados no que se refere ao equipamento. Podem ser multipropósito, já que transportam qualquer carga, desde que embarcada em contêiner.

A navegação pode ser realizada tanto entre portos nacionais, a chamada cabotagem, ou costeira, como entre portos internacionais, de longo curso. É de bom alvitre ressaltar a importância da cabotagem no transporte nacional: ela está retirando carga do modo rodoviário e é, há alguns anos, o modo que mais cresce. Quase 10% dos contêineres movimentados no Brasil atualmente referem-se à cabotagem, isso demonstra a importância que tem adquirido. Se a navegação costeira se valer de rios e lagos para adentrar em portos interiores, isso não muda sua denominação.

Podemos dividir a navegação em linha regular, em que o navio está anunciado, tem portos e datas fixas, e faz sempre o mesmo trajeto, e não regular, em que o navio é fretado para o transporte da carga.

As barcaças são utilizadas no transporte fluvial e lacustre, em razão da pequena profundidade de rios e lagos. No entanto, é possível utilizar navios em rios, como ocorre no rio Amazonas, tudo depende da profundidade, que deve ser adequada ao calado do navio.

No transporte rodoviário utilizamos vários tipos de veículo, normalmente generalizados, como caminhões, com diversas denominações.

O mais simples, e único, é o caminhão, um monobloco constituído de cabine e carroceria. A carreta é outra forma, composta pelo cavalo mecânico, que é a parte em que fica o propulsor, e pelo semi-reboque, parte sem propulsor e sem eixo dianteiro. A carreta tem apenas eixos traseiros e deve ser acoplada ao cavalo para ser conduzida.

Outro veículo misto é o bitrem, derivado da carreta, que possui dois semi-reboques. O primeiro tem um espaço livre na parte final que serve para acoplar o segundo semi-reboque, o qual funciona como um cavalo-mecânico no acoplamento.

Há o treminhão, formado pela carreta e por mais um reboque. É chamado assim porque seu eixo fica na frente. O treminhão pode ser formado por um caminhão e por mais um ou dois reboques.

Existem unidades para os mais variados tipos e tamanhos de carga, por exemplo, para carga seca, frigorificada, líquida, a granel, para gases etc.

O transporte ferroviário, realizado sobre trilhos, utiliza-se de locomotivas e vagões; pode ser muito longo, com várias locomotivas para dezenas e até duas ou três centenas de vagões. Da mesma forma que os demais modos, há vagões para os mais diversos tipos de carga.

O transporte aéreo tem aeronaves para quantidades variadas de carga, porém, nesse caso, não existem os diversos tipos encontrados nos demais modos de transporte. Apresenta apenas três configurações: para passageiros, para cargas e os mistos, em que transportam passageiros e cargas. A configuração é dada pelo *deck* superior, o inferior é sempre para bagagens ou cargas. O de passageiros, ou *full pax*, tem o *deck* superior tomado por bancos para passageiros. O cargueiro, ou *full cargo*, não tem nenhum banco, o *deck* fica livre para carga. Se o *deck* superior tiver uma parte dele com bancos, e outra parte livre, dividida por uma parede, será misto, ou *combi*. O *deck* inferior é utilizado para bagagem ou carga, dependendo do espaço disponível.

A melhor forma de movimentação, manipulação, armazenagem e transporte de uma mercadoria é unitizá-la, o que pode ser feito com muitas unidades disponíveis.

Uma delas é o contêiner, que vamos chamar de marítimo por ter sido criado para esse fim, e pode ser, a exemplo dos modos de transporte, apropriado às mais diversas cargas. No entanto, é utilizado em todos os modos, até em aeronaves.

As unidades podem ser *dry box*, para carga geral seca, *reefer*, para carga que necessita de controle de temperatura, ventilados, em que há pequenos cortes nas paredes laterais, na parte de cima e embaixo, para ventilação natural. Há os contêineres graneleiros, para cargas a granel, os tanques para cargas líquidas, os *open top*, que não possuem teto, e são fechados com lona, mas também podem ter teto rígido. Os *open side* são contêineres em que falta uma parede. Há os *flat racks*, que não têm nem paredes nem teto, apenas piso e cabeceiras. Quando lhes faltam também as cabeceiras, são denominados de *plataform*. Essas unidades em que falta uma ou diversas partes são ideais para cargas que excedem o tamanho da unidade no comprimento, na largura e/ou altura.

As unidades fechadas têm portas e dispositivos de segurança para proteção e inviolabilidade da carga, o que não ocorre com os do tipo *flat racks* e *plataform*, e locais definidos para colocação de lacres para atestar a inviolabilidade da carga no destino.

Há também os contêineres aéreos, de filosofia diferente, que são bem menores e não possuem dispositivos de segurança, isso por serem apropriados para uso em aeroportos e aeronaves, seu uso externo não é comum. Costumam ser ovados e desovados nos aeroportos, o que é uma conveniência para os transportadores, desse modo, a aeronave não permanece muito tempo em solo embarcando unidade por unidade.

A unidade de carga denominada *pallet* é normalmente feita em madeira, mas cada vez mais estão sendo utilizados outros materiais, como plástico, metal, fibra, papelão etc. É uma unidade parecida com um estrado, apresenta duas faces, com espaçamento para entrada dos garfos das paleteiras e empilhadeiras. A carga é empilhada e fixada sobre ele, de modo que possa ser movimentado.

Há também os *pallets* aéreos, grandes plataformas de até seis metros de comprimento fabricadas normalmente em metal, mais precisamente alumínio. São utilizados para colocação de grande quantidade de carga, incluindo as paletizadas com as unidades descritas no parágrafo anterior.

A logística sempre deve ser iniciada pela escolha do *Incoterms* adequado, pois esse instrumento, o mais importante do comércio exterior, divide riscos e custos entre vendedor e comprador por meio da definição de um local de entrega da mercadoria. Assim, pode-se dizer que o *Incoterms* é o princípio de qualquer processo logístico. Se o termo utilizado pertencer aos grupos "E", "F" e "D", os riscos e custos ocorrem no mesmo local. Se forem termos do grupo "C", os dois ocorrem em pontos diferentes, ou seja, com os riscos no país do vendedor, e os custos no país do comprador. Com a definição da divisão, cada parte arca com sua parcela de responsabilidade.

4.7 Globalização e sua importância logística

A globalização que o mundo vive atualmente, de forma cada vez mais visível, é o motivo mais forte para impulsionar a logística. É crescente a transação de mercadorias no comércio exterior, atividade que vem aumentando continuamente, acima do crescimento da economia mundial. Assim como a logística, a globalização não é algo novo, ao contrário, é um processo dos mais antigos. Qualquer movimento que se faça no mundo, em que uma ou mais fronteiras estejam envolvidas, envolve globalização. Ela é feita das mais diversas formas, e os exemplos já citados para a logística caem bem para a globalização.

Na verdade, elas andam juntas, uma impulsiona a outra, fazendo da economia o carro-chefe das atividades humanas, motor de seu desenvolvimento. A globalização passou a ser mais notada somente a partir da segunda metade do século XX, de tal modo que ainda há pessoas que acreditam que ela tem mais ou menos essa idade. Significa evolução, não há como tentar extingui-la ou fazê-la recuar como alguns acreditam. Quanto mais evolução, mais troca de mercadorias, mais forte a globalização, que deu apenas pequenos passos em direção aonde pode chegar. Ela se intensificará nas próximas décadas, é irreversível, a menos que se destrua a humanidade, única forma de acabar com ela.

Quanto mais avançar, mais comércio será realizado, mais a logística será importante e fundamental na transferência de mercadorias pelo planeta. O acompanhamento e aperfeiçoamento da globalização é a base da manutenção da empresa no mercado.

4.8 Custos logísticos

É muito importante conhecer todos os custos logísticos da operação que se quer realizar, de modo que não seja inviabilizada após ser iniciada ou que não seja realizada por não se saber como se dará e quais serão os custos logísticos finais.

Não é somente o preço de transferência de uma mercadoria que deve ser levado em conta, visto que há muitas variáveis importantes que fazem parte de um processo logístico, mesmo assim, é um item fundamental. Normalmente é considerado o mais importante. Há muitas outras variáveis que fazem um processo logístico. O *transit time* é de suma importância para a entrega de uma mercadoria, cumprimento de um contrato, atendimento das necessidades do cliente em pauta, seja ele produtor, distribuidor, comprador etc.

A entrega e o atendimento devem ser considerados o ápice de um processo logístico, o qual existe para isso. Quanto ao custo do processo, de suma importância como dissemos, muitas variáveis precisam ser consideradas para cotação do processo parcial ou total.

Aqui daremos uma idéia de tudo que deve ser levado em conta para a composição de custos, bem como o caminho de um deslocamento de carga. Não serão fornecidos custos propriamente ditos, visto a impossibilidade disso. Há que se considerar que cada fornecedor de serviço logístico tem seu preço individual, seu *modus operandi*, equipamentos disponíveis, especialização diferenciada, estrutura, tamanho da empresa etc., isso faz com que dificilmente um seja igual a outro. Podem ser semelhantes, mas não iguais.

Assim, os preços de cada um serão praticamente únicos, a menos que se trate de um cartel. Os preços são sensíveis ao tempo, deve-se levar em conta inflação, ganhos de produtividade, competição, demanda, falta ou excesso de veículos e equipamentos, interesse no cliente ou no mercado etc. Assim, cada situação pode ser única.

Se pretendermos transportar uma carga para o exterior em navio, ou em avião, teremos uma situação diferenciada daquela realizada em transporte porta-a-porta com veículo rodoviário. No primeiro caso, serão utilizados vários veículos, um dos quais levará a carga até o navio, depois, outro pegará a carga para levá-la ao destino final. No segundo caso, será utilizado apenas um veículo de transporte, operação de unimodalidade.

Se uma mercadoria for armazenada no meio do processo, por exemplo, se for levada ao porto e colocada em um armazém até a chegada do navio, teremos um custo diferente daquele em que o veículo rodoviário segue diretamente para o costado do navio para lá desembarcar a carga a fim de que esta seja embarcada no navio. Nesse segundo caso, eliminou-se a armazenagem, houve redução de custos e de movimentação da carga.

O transporte de uma mercadoria em navio convencional, de porões, terá custo logístico bastante diverso daquele de uma carga embarcada e transportada em um navio porta-contêiner. Mesmo embarcadas em contêineres, duas mercadorias poderão ter custos logísticos diferentes, por exemplo, se um lote estiver conteinerizado com caixas individuais e o outro estiver paletizado antes de ser colocado na unidade de carga. Cada situação pode ter vantagens ou desvantagens. Os processos de embarque e estiva da carga solta (*breakbulk*) e contêiner apresentam custos e tempos de operação muito diferentes.

A logística realizada totalmente pelo comprador, ou pelo vendedor, ou pelas duas partes em um processo continuado, terá basicamente as mesmas etapas a serem consideradas e providenciadas. O processo é sempre a transferência de uma mercadoria do ponto de origem até o ponto de destino. As providências de cada parte dependerão diretamente do *Incoterms* 2000, que divide riscos e custos entre as partes. Os custos poderão ser diferentes diante do poder de negociação de cada parte, e até, embora mais dificilmente, da forma como cada um realizará a sua logística.

A maneira como a mercadoria é deslocada da origem até o porto ou aeroporto de embarque, ou ponto de fronteira, fará a diferença entre dois ou mais processos logísticos. A utilização da rodovia, ferrovia ou hidrovia, ou uma combinação entre elas, terá impactos diferenciados sobre o processo.

Em termos gerais, devemos considerar os seguintes pontos de custo para transferência de uma mercadoria.

Na fábrica teremos de embarcar a mercadoria no veículo de transporte interno, para que ela seja levada ao ponto de embarque para saída do território nacional. Teremos aqui custos de embarque e de transporte até o local de saída da mercadoria do país. Nesse local de saída, a mercadoria terá de ser desembarcada do veículo de transporte interno, o que implicará novos custos para a operação.

No ponto de embarque para o exterior devem-se considerar armazenagem e custos operacionais para embarque da mercadoria no veículo que a levará ao exterior. Haverá também o custo da estiva a bordo, por exemplo, do navio, que poderá estar incluído no preço ou não, mas que será um custo de qualquer modo.

Após o transporte internacional, e seu custo, a mercadoria passará por outras operações e custos no local de desembarque para reembarque em outro veículo a fim de ser levada ao destino final. Se a mercadoria for armazenada, teremos um custo extra, que não ocorrerá se ela for imediatamente levada para o veículo à disposição para o transporte interno até o comprador. Se houver armazenagem, o transporte encarecerá a operação visto que haverá custos de embarque e desembarque por um pequeno trecho e adicional ao próximo transporte até o destino final.

Teremos, então, os custos de transporte no país do comprador, que sofrerão variação de acordo com o modo de transporte utilizado, cada um com seus próprios custos. Na chegada ao destino final teremos mais custos de operação de desembarque.

Os custos descritos podem ser considerados custos gerais, que afetam todas as mercadorias objeto de um processo logístico. Além deles, há os custos que não são gerais e que fazem parte de alguma operação extra e circunstancial.

Se uma mercadoria sofrer transbordo, o que é muito comum hoje na navegação marítima, em que os transportes ocorrem cada vez mais por meio de *hub ports*, portos concentradores de carga, haverá um custo extra de transbordo e possível armazenagem entre o desembarque e o reembarque em um veículo, por exemplo, no navio – nem sempre haverá a possibilidade da transferência direta da carga de um para outro.

Pode ser necessário o transporte de uma mercadoria por algum terceiro país para atingir o destino final, já que nem todos são banhados por mar, ou são fronteiriços, isso aumentará o custo logístico.

Deve ser levado em conta que um embarque de carga geral terá custos de embalagem diferenciados conforme o tipo de transporte, se carga solta, paletizada ou conteinerizada. A embalagem é um item importante no que se refere ao modo de transporte, e é bastante considerada quanto ao seu volume no transporte aéreo, além de ser importante na montagem do custo do seguro. Haverá diferença quanto à taxa de seguro da mercadoria diante da manipulação excessiva da carga solta e a quase inexistência da manipulação quando em contêiner.

A utilização de intermediários afeta o custo logístico, tanto positiva quanto negativamente. A elevação é sempre explicável, visto que há mais pessoas envolvidas no processo, o que normalmente indica aumento de custos. Mais difícil de explicar é a redução de custos, que pode ocorrer facilmente. A contratação dos serviços de despachante, operador logístico, agente de carga etc. poderá reduzir o departamento de processos logísticos ou mesmo extingui-lo; é possível também que haja a troca por uma empresa especializada.

É interessante registrar que a consolidação de carga aérea reduz o preço de transporte de uma mercadoria. A consolidação somente pode ser feita por um agente de carga aérea, o que significa que ele é um intermediário que reduz preço, em contraposição à crença de que os intermediários aumentam o preço. Nesse aspecto, o agente de carga aérea é uma empresa *sui generis*. Se for eliminado, e o transporte for contratado diretamente com o transportador aéreo, o preço será mais alto, já que não haverá como realizar a consolidação de carga.

Exercícios de fixação

1. Comente a importância da logística nas transações comerciais entre os países.
2. Explique a logística no transporte internacional.
3. Analise as dificuldades das empresas brasileiras em relação aos processos logísticos.
4. Discuta as soluções apontadas pelo autor para melhorar a logística nos acessos portuários.
5. Explique o funcionamento da logística no transporte marítimo.

Referências bibliográficas

KEEDI, Samir. *Logística de transporte internacional* – veículo prático de competitividade. 3. ed. São Paulo: Aduaneiras, 2007.

_____. *Transportes, unitização e seguros internacionais de carga* – prática e exercícios. 3. ed. São Paulo: Aduaneiras, 2007.

UNIVERSIDADE FEDERAL DO RIO DE JANEIRO. *Custos logísticos representam 12,1% do PIB brasileiro*. Rio de Janeiro: CEL, 2007.

5

Mercado cambial

Marcos Antônio de Andradei

Este capítulo tem como objetivo abordar de maneira sucinta alguns dos sistemas cambiais do mercado internacional e suas principais características, tendo como foco o sistema cambial brasileiro.

Introdução

O mercado de câmbio exerce um papel muito importante nos fluxos de comércio internacional, com participação direta na definição do cenário econômico de alguns mercados, principalmente de países emergentes, como o Brasil.

Esse conceito torna-se relevante porque uma grande oscilação preço de uma taxa de câmbio pode influenciar de forma direta diversos setores de determinada economia e contribuir para estabelecer tendências no ritmo de desenvolvimento de seu mercado e de seu Produto Interno Bruto (PIB).

Outro ponto importante a ser observado são as alterações da política cambial, capazes de interferir em diversos setores econômicos da sociedade, modificar procedimentos operacionais, alterar cadeias produtivas, nichos de mercado e até mesmo mudar a forma de trabalho de alguns setores da economia e da produção.

Sarfati (2005, p. 56) observa que:

> *Os princípios dos regimes definem os propósitos que seus membros em geral esperam seguir, como os princípios do antigo GATT (Acordo Geral sobre Tarifas e Comércio – "General Agreement on Tariffs and*

Trade", hoje Organização Mundial do Comércio (OMC), que não obrigam os seus membros a aderir sistematicamente ao livre-comércio e, sim, à prática de não-discriminação de reciprocidade.

Muito bem, mas como explicar a influência da política ou do regime cambial em diversos segmentos de mercado, mesmo que sejam muito distintos?

É importante entender os processos de um sistema cambial para que os negócios do mercado externo não sejam influenciados por particularidades ou procedimentos específicos adotados em países participantes do comércio globalizado.

Para participar com mais tranqüilidade das oportunidades de negócio geradas pelo mercado globalizado é fundamental compreender o funcionamento dos mercados de câmbio e as eventuais influências de órgãos responsáveis pelas políticas cambiais. Utilizaremos como referência principal o mercado brasileiro, que apresenta particularidades principalmente em razão do tipo de moeda.

5.1 Sistemas cambiais de alguns países

Certos países que participam do mercado internacional apresentam sistemas cambiais específicos capazes de determinar o fluxo de comércio por eles realizado. Segundo Garofalo Filho (2005), os sistemas cambiais sofrem intervenções governamentais, as quais são realizadas em razão das intempéries de políticas internas de determinados países. Por esse motivo é muito importante conhecer alguns dos principais procedimentos adotados e suas características no que se refere à entrada e saída de recursos em alguns países.

5.1.1 Alemanha

As políticas cambiais adotadas no mercado alemão permitem que as pessoas residentes no país mantenham contas bancárias em moeda estrangeira tanto na Alemanha como no exterior. Deve-se lembrar que as contas em moeda local podem ser mantidas no exterior e convertidas em moeda estrangeira.

É permitida a abertura de conta tanto em moeda nacional como em moeda estrangeira por não-residentes. Cumpre ressaltar que os juros bancários podem ser oferecidos em contas bancárias com valores expressos em moeda local e em depósitos de curto prazo. Em relação a qualquer tipo de controle cambial, a Alemanha não possui restrição em relação a transações de capital e movimento de moeda estrangeira.

Uma empresa pode ser considerada residente se pertencer ao território nacional alemão caso sua sede ou local de administração estiver localizado em qualquer parte da Alemanha.

5.1.2 Chile

Apesar de o país não possuir uma moeda conversível, a política cambial adotada pelo mercado chileno permite a movimentação de contas bancárias em moeda estrangeira mantidas por residentes no Chile, tanto no país quanto no exterior. Isso é possível desde que detenham uma certificação de domicílio. As pessoas jurídicas estão sujeitas a restrições legais relacionadas a investimentos internos e regulamentações específicas, como no caso de investimentos no exterior.

Não é permitida a manutenção de conta em moeda local em países estrangeiros por pessoas residentes no Chile. Contas em moeda nacional de titularidade de residentes não poderão ser convertidas em moeda estrangeira. Contas bancárias de titularidade de não-residentes serão abertas somente em moeda estrangeira.

O sistema de controle cambial do Chile apresenta as seguintes características:

- a taxa cambial flutuante é calculada livremente no mercado de câmbio;
- o Banco Central do Chile pode intervir no mercado de câmbio com o objetivo de moderar flutuações excessivas na taxa cambial;
- os residentes no país precisam notificar o Banco Central antes de efetuar transações no mercado cambial a prazo;
- o mercado de câmbio é duplo: formal e informal. As transações de capital são, obrigatoriamente, conduzidas no mercado de câmbio formal (composto de bancos e de outras instituições autorizadas pelo Banco Central a operar com câmbio);
- os controles cambiais são formulados e administrados pelo Banco Central do Chile;
- não existem requisitos para a repatriação de recursos decorrentes de exportações efetuadas e transferências correntes;
- todas as transações envolvendo não-residentes devem ser reportadas ao Banco Central do Chile.

Uma empresa pode ser considerada residente desde que sua constituição seja reconhecida pelo governo chileno.

5.1.3 Espanha

A política cambial adotada no mercado espanhol possibilita que qualquer pessoa residente no país mantenha contas bancárias em moeda estrangeira ou em moeda local, tanto na Espanha como no exterior.

É permitida a abertura de conta por não-residente, tanto em moeda nacional como em moeda estrangeira. As contas em moeda local podem ser convertidas em contas de moeda estrangeira. É importante ressaltar que a moeda utilizada no mercado espanhol é conversível e que os juros bancários podem ser oferecidos em conta-corrente e em depósitos a prazo.

O mercado espanhol não estabelece nenhum tipo de restrição para as movimentações de capital realizadas no país e permite que as operações de troca de moeda sejam feitas livremente pelos agentes autorizados.

Uma empresa pode ser considerada residente se for constituída de acordo com as leis da Espanha ou se sua sede ou local de administração efetiva estiver localizado em território espanhol.

5.1.4 França

A política cambial do mercado francês permite que sejam mantidas contas bancárias em moeda estrangeira tanto na França como no exterior. As contas em moeda local também podem ser convertidas em contas de moeda estrangeira.

O mercado francês permite a abertura de contas por não-residentes tanto em moeda nacional como em moeda estrangeira. Atualmente, os bancos são livres para decidir sobre os juros das contas bancárias. Assim como na Espanha, o mercado francês não estabelece nenhum tipo de restrição para as movimentações de capital realizadas no país.

Com relação à definição de empresas residentes, não há definição legal, mas pode ser considerada residente uma empresa cuja administração se encontre efetivamente na França.

5.1.5 México

As pessoas residentes no México têm permissão para manter contas bancárias no país ou no exterior, em moeda estrangeira ou em moeda nacional. Somente as sociedades com sede no país poderão ser titulares de depósitos domésticos em moeda estrangeira.

Como regra geral, é permitida a abertura de contas em moeda local por pessoas não-residentes no México, há a possibilidade de manter depósitos estrangeiros em uma conta bancária comum, registrada pelas autoridades mexicanas. Contudo, cabe ressaltar que existem restrições para a manutenção de contas-correntes no mercado mexicano em outra moeda que não seja a corrente.

O sistema de controle cambial do México apresenta as seguintes características:

- a taxa cambial é flutuante e calculada livremente no mercado de câmbio;
- o país não possui controle cambial;
- não existem requisitos para a repatriação de recursos decorrentes de exportação efetuada e de transferências usuais;
- o governo mexicano estabelece limites para a movimentação de moedas estrangeiras entre os residentes e os não-residentes.

Uma empresa pode ser considerada residente desde que seja constituída de acordo com as leis do México ou que sua administração efetiva se concentre no país.

5.1.6 Nova Zelândia

Tanto as pessoas residentes na Nova Zelândia como as não-residentes podem manter contas-correntes em moeda local ou em moeda estrangeira em instituições financeiras.

No entanto, a legislação cambial adotada pelo país apresenta algumas restrições quando as transações são realizadas entre países, principalmente se a moeda utilizada não for conversível. Contudo, não há regulação específica acerca de operações de câmbio.

O órgão regulador do mercado de câmbio não apresenta definição expressa do conceito de empresa residente no país.

5.1.7 Portugal

No mercado português as pessoas residentes podem manter contas bancárias em moeda estrangeira ou em moeda local, em Portugal ou no exterior; também é permitida a abertura de conta por não-residentes tanto em moeda nacional como em moeda estrangeira. A qualquer momento, as contas em moeda local podem ser convertidas para depósito em moeda estrangeira.

É importante ressaltar que no mercado português os juros bancários podem ser oferecidos em poupanças e em depósitos a prazo. O sistema cambial português não apresenta nenhuma restrição para as transações de capital.

Uma empresa é considerada residente no país quando a sede ou local de administração estiver localizado em território português (Portugal, regiões autônomas de Madeira e de Açores e águas territoriais).

5.1.8 Peru

O sistema cambial peruano permite que as contas bancárias em moeda estrangeira sejam mantidas por residentes, tanto no Peru como no exterior. Contas em moeda local não podem ser mantidas no exterior por residentes, mas podem ser convertidas em moeda estrangeira. As contas bancárias cuja titularidade seja de não-residentes, expressas em moeda local ou em moeda estrangeira, são igualmente permitidas, e as contas bancárias em moeda local podem ser convertidas em contas de moeda estrangeira. O sistema de controle cambial do mercado peruano apresenta as seguintes características:

- a taxa cambial é flutuante e calculada com base na lei de oferta e procura do mercado cambial;
- as autoridades monetárias podem intervir no mercado cambial com o objetivo de moderar a excessiva flutuação na taxa de câmbio;
- o país não possui restrições cambiais.

É importante lembrar que no mercado peruano uma empresa é considerada residente quando constituída no Peru e pode ser filial, agência ou estabelecimento em caráter permanente de pessoa física ou jurídica não domiciliada.

5.1.9 Reino Unido

O sistema cambial do Reino Unido permite que as pessoas residentes no país mantenham contas bancárias em moeda estrangeira ou em moeda local, tanto no Reino Unido como no exterior. É permitida a abertura de conta, tanto em moeda nacional como em moeda estrangeira, por não-residentes.

O sistema de controle cambial apresenta as seguintes características:

- a taxa cambial é flutuante e calculada com base na lei da oferta e da procura do mercado de câmbio;
- as autoridades monetárias podem intervir no mercado de câmbio com o objetivo de moderar a excessiva flutuação na taxa cambial;
- não são aplicados controles cambiais.

No Reino Unido uma empresa é considerada residente se constituída segundo as leis do país ou se a administração estiver centralizada no Reino Unido. A regra não se aplica quando a empresa for constituída dentro das leis do mercado comum europeu.

5.1.10 Uruguai

No Uruguai é permitida a manutenção de contas bancárias em moeda estrangeira, tanto no país como no exterior. Os residentes não podem manter contas em moeda local no exterior. As contas bancárias cuja titularidade seja de não-residentes, expressas em moeda local ou estrangeira, são permitidas.

Em qualquer caso, as contas em moeda local podem ser convertidas em contas em moeda estrangeira. Quanto ao sistema de controle cambial, as principais características são:

- a taxa cambial é flutuante e calculada com base na lei da oferta e da procura do mercado de câmbio;
- ao Banco Central é permitido intervir com o objetivo de moderar a flutuação excessiva da taxa de câmbio;
- não existem requisitos para a repatriação de recursos decorrentes de exportações efetuadas e transferências usuais;
- de acordo com a Lei de Mercado de Capitais e de Valores Mobiliários e de Obrigações Negociáveis, o mercado financeiro se auto-regula, mas sob supervisão do Banco Central.

Uma empresa é considerada residente quando apresenta evidências de que suas atividades principais são realizadas no mercado uruguaio.

5.1.11 Venezuela

Na Venezuela as contas em moeda estrangeira podem ser utilizadas fora do país; as contas em moeda local podem ser de titularidade de residentes no exterior, quando aí mantidas, e não são abrangidas pelo sistema de seguro de depósito bancário característico do país.

As contas em moeda local não podem ser convertidas em contas de moeda estrangeira, no entanto, é permitida a abertura de contas em moeda local por não-residentes. Já a abertura de contas em moeda estrangeira é proibida para não-residentes. O sistema cambial venezuelano apresenta como características:

- forte controle cambial exercido pela Comissão de Administração de Câmbio. As moedas estrangeiras devem ser compradas e vendidas por meio dessa comissão após conversão em dólar norte-americano;
- é indispensável a aprovação prévia para notas de importação e/ou exportação;
- os bancos devem reportar mensalmente à superintendência de bancos e a outras instituições financeiras todas as transações superiores a US$ 10 mil efetivadas entre residentes e não-residentes ou residentes no exterior;
- todas as exportações são repatriadas por intermédio do Banco Central da Venezuela.

No mercado venezuelano uma empresa é considerada residente quando constituída segundo as leis do país por meio de registro na Junta Comercial.

5.2 O sistema cambial brasileiro

A estrutura atual do sistema cambial brasileiro resultou da reforma institucional do biênio 1964/65, que criou o Conselho Monetário Nacional (CMN). Antes desse período as operações financeiras eram regidas pela Superintendência da Moeda e do Crédito (Sumoc), criada em 1945 para controlar o mercado monetário e prepará-lo para criação do Banco Central do Brasil (Bacen). Com essa reforma, o CMN passou a ter como uma de suas principais atividades estabelecer e administrar regras para controlar e unificar a atuação do mercado financeiro brasileiro, sempre respeitando a legislação vigente.

5.2.1 Conselho Monetário Nacional (CMN)

Criado pela Lei nº 4.595/64, o Conselho Monetário Nacional (CMN) é um órgão normativo que, não tendo função executiva, é responsável pela fixação das diretrizes da política monetária, creditícia e cambial do país. Assim, funciona na realidade como um conselho de política econômica. São membros do CMN atualmente o ministro da Fazenda (presidente do Conselho), o ministro-chefe da Secretaria de Planejamento e o presidente do Banco Central.

Para desempenhar suas funções, o CMN conta com a Comissão Técnica da Moeda e do Crédito e com várias comissões consultivas que tratam de diversos assuntos relacionados a suas atribuições legais.

5.2.2 Banco Central do Brasil (Bacen)

O Banco Central do Brasil (Bacen) é um órgão do Ministério da Fazenda que, entre outras atribuições, tem como responsabilidade o controle do fluxo de capitais estrangeiros de forma a garantir o correto funcionamento do mercado cambial. Suas transações envolvem ouro, moeda ou operações de crédito no exterior. Dependem de sua autorização os pedidos de registro de financiamento em moeda estrangeira, para pagamento em prazo superior a 360 dias, referentes à importação de bens em geral e de importação de máquinas e equipamentos sem cobertura cambial a título de investimento de capital estrangeiro no país.

Segundo Garofalo Filho (2005, p. 227):

> Compete ao Banco Central (...): atuar no sentido de regular o mercado cambial, permitir estabilidade relativa das taxas de câmbio e do equilíbrio no balanço de pagamentos, para conseguir seus objetivos, pode comprar e vender ouro e moeda estrangeira, bem como realizar operações de crédito no exterior.

O Banco Central do Brasil também atua como órgão executivo central do sistema financeiro, cabendo-lhe a responsabilidade de:

- cumprir e fazer cumprir as disposições que regulam o funcionamento do sistema;

- adequar os níveis de liquidez na economia;
- procurar manter o nível das reservas internacionais do país;
- assegurar a formação de poupança em níveis apropriados; e
- regulamentar as normas expedidas pelo CMN.

O Banco Central é formado por um colegiado de diretores composto por presidente, diretor de política monetária, diretor de assuntos internacionais, diretor de normas e organização do sistema financeiro, diretor de fiscalização e diretor de administração.

Na área internacional, compete-lhe o seguinte:

- atuar de forma a garantir o funcionamento do mercado de câmbio e regulá-lo, dar estabilidade às taxas de câmbio, equilibrar a balança de pagamentos; para tanto, pode estabelecer política de compra e venda de ouro ou de moeda estrangeira e realizar operações de crédito no exterior;
- administrar as reservas cambiais no país;
- promover, como agente do governo federal, a contratação de empréstimos e a colocação de títulos no exterior;
- acompanhar e controlar o movimento de capital, incluindo o que se refere a acordos com entidades internacionais e à recuperação de créditos governamentais brasileiros no exterior;
- representar o governo brasileiro no contato com as instituições financeiras e com organismos financeiros estrangeiros e internacionais.

O Banco Central é gerido por um colegiado composto de um presidente e de diretores responsáveis por diversas áreas do corpo diretivo do banco. Ao presidente ficam subordinadas as seguintes áreas:

- Secretaria Executiva da Diretoria (Secre);
- Departamento Jurídico;
- Departamento Econômico (Depec);
- Departamento de Auditoria Interna (Deaud);
- Delegacias regionais, sediadas nas principais capitais do país.

Com relação às operações de comércio exterior, é importante destacar a Diretoria de Assuntos Internacionais, responsável pelo controle e pela normatização da política cambial brasileira. A essa diretoria estão subordinados os seguintes departamentos:

- Departamento de Câmbio (Decam) – normatização e fiscalização do mercado de câmbio;
- Departamento de Capitais Estrangeiros (Firce) – registro, controle e fiscalização do capital estrangeiro no país;
- Departamento de Relações Internacionais (Derin) – atuação do país em organismos e acordos internacionais e administração da dívida externa;
- Departamento de Operações das Reservas Internacionais (Depin) – administração das reservas nacionais e operações com o mercado interno e externo de ouro e câmbio.

Além da execução da política cambial, o Banco Central procura aplicar as reservas internacionais em regime de segurança, liquidez e rentabilidade adequada – os dois primeiros fatores têm sido privilegiados em anos mais recentes. É também de sua responsabilidade regulamentar os fluxos cambiais relativos ao comércio exterior e ao capital estrangeiro.

5.2.3 Bancos comerciais

De acordo com o Manual de Normas e Instruções (MNI), o objetivo dos bancos comerciais é proporcionar o suprimento adequado de recursos necessários para financiar, a curto prazo, o comércio, a indústria, as empresas prestadoras de serviços e as pessoas físicas.

Para atender esses objetivos, os bancos comerciais podem descontar títulos, realizar operações de abertura de crédito simples ou em conta-corrente, realizar operações especiais, incluindo de câmbio e de comércio internacional, obter recursos em instituições oficiais ou recursos externos para repasse a clientes, prestar serviços, também mediante convênio com instituições e países.

Para realizar operações de câmbio, isto é, estabelecer relacionamento ou equivalência entre as moedas de diferentes nacionalidades, em um âmbito de trocas que necessariamente é estabelecido pelas regras internacionais do comércio exterior, dentro do mercado brasileiro, todo interessado, seja pessoa física, seja pessoa jurídica, deve procurar um banco autorizado a operar no mercado de câmbio.

5.2.4 Bancos múltiplos

Podem ser autorizados a operar em câmbio no Brasil os bancos comerciais, de investimento e múltiplos, desde que a instituição interessada esteja enquadrada nos seguintes critérios exigidos pelo Banco Central: capital mínimo (percentual estabelecido conforme patrimônio líquido de cada instituição), corpo administrativo com reconhecida capacidade técnica de administrar operações de câmbio e de comércio exterior, condições estruturais para manter ativa uma agência de câmbio, linhas e recursos externos com banqueiros no exterior, bem como profissionais qualificados capazes de certificar as condições técnicas de operações apresentadas por futuros clientes, compradores e vendedores de moeda estrangeira, mantendo em arquivo avaliações e respectivos dados cadastrais.

5.2.5 Outros participantes do mercado de câmbio

É possível classificar alguns dos participantes do mercado de câmbio brasileiro, por exemplo, os compradores e vendedores de divisas, que podem ser definidos da seguinte forma:

Vendedores de divisas produzem divisas para o país e são:

- exportadores de mercadorias e serviços;
- tomadores de empréstimos e de investimentos;
- turistas estrangeiros, ao consumirem produtos e serviços nacionais;
- beneficiários de ordens de pagamento do exterior.

Os compradores de divisas são:

- importadores de mercadorias e serviços;
- devedores de empréstimos do exterior;
- tomadores de investimento em capital especulativo (por exemplo, bolsa de valores);
- turistas brasileiros em viagem ao exterior;
- pessoas físicas ou jurídicas que necessitem remeter dinheiro para o exterior (de acordo com a legislação).

5.2.6 Secretaria de Comércio Exterior (Secex)

Subordinada ao Ministério do Desenvolvimento, Indústria e Comércio Exterior, a Secretaria de Comércio Exterior (Secex) é o órgão responsável pela formulação da política de comércio exterior. Assumiu as atribuições dos extintos Conselho Nacional do Comércio Exterior (Concex) e Carteira do Comércio Exterior do Banco do Brasil S.A. (Cacex). São atribuições desse órgão: emitir licenças de exportação e importação, fiscalizar preços, pesos, medidas, classificação, qualidade e tipos de mercadorias ou serviços declarados nas operações de exportação, além de financiar a exportação. Atua também por intermédio do Departamento de Operações de Comércio Exterior (Decex) como órgão gestor e anuente em matéria de licenciamento de importação utilizando-se de algumas agências do Banco do Brasil para operacionalizar suas atividades.

Cabe à Secex a regulamentação da parte burocrática das atividades de comércio exterior, como controle de preços, cadastro e registro de produtos em nível nacional e internacional, de dados estatísticos em todos os níveis, registro e controle de importadores e exportadores etc.

5.2.7 Secretaria da Receita Federal (SRF)

Órgão central da administração tributária da União, a Secretaria da Receita Federal está subordinada ao Ministério da Fazenda. Entre outras atribuições, é responsável pela fiscalização aduaneira, que consiste no controle aduaneiro das cargas procedentes do exterior, pelo despacho aduaneiro de importação, pela fiscalização e arrecadação de tributos incidentes sobre operações de comércio exterior e pelo controle dos regimes aduaneiros especiais. Cuida, ainda, em conjunto com outros órgãos governamentais, da elaboração de estatísticas do comércio exterior.

5.2.8 Ministério das Relações Exteriores

O Ministério das Relações Exteriores atua no comércio exterior, em nível internacional, por meio do Departamento de Promoção Comercial, em consonância com a política de comércio exterior desenvolvida e estabelecida pela Secex. Esse departamento cuida da elaboração de programas anuais de participação oficial do Brasil em eventos comerciais no exterior, com exibição e/ou divulgação de produtos, mediante disseminação de informações sobre a indústria e o comércio brasileiros.

5.2.9 Sistema de Informações do Banco Central (Sisbacen)

O Sistema de Informações do Banco Central (Sisbacen) registra todas as operações financeiras do sistema financeiro nacional utilizado pelo Banco Central. Supervisiona e controla *on-line* as operações realizadas no mercado financeiro brasileiro, incluindo operações de câmbio e de transferências internacionais.

5.2.10 Sistema Integrado de Comércio Exterior (Siscomex)

O Sistema Integrado de Comércio Exterior (Siscomex) foi instituído pelo Decreto nº 660, de 25 de setembro de 1992. Trata-se de um sistema informatizado de dados referentes às informações necessárias para realizar operação de comércio exterior brasileiro que integra as atividades afins da Secex, da SRF e do Banco Central do Brasil no que diz respeito ao registro, acompanhamento e controle das várias etapas das operações de exportação e importação, mediante um fluxo único de informações.

O principal objetivo desse sistema é agilizar e modernizar as operações de comércio exterior brasileiro de forma a proporcionar:

- ao governo, um meio de obter relatórios e dados estatísticos de exportação e importação de maneira imediata e confiável;
- às aduanas, um gerenciamento eficaz na condução das atividades de controle e fiscalização;
- à Secex, o exercício das funções de fiscalização de preços de importação e de exportação, de suas cotas etc.;
- o sistema permite ao Banco Central, o controle cambial e o gerenciamento das operações de pagamento e recebimento dos fluxos de importação e exportação;
- aos usuários do sistema, uma forma simplificada e única de informação de dados para autorização de operações de comércio exterior e de formulação de despacho aduaneiro, seu acompanhamento, passo a passo, por meio informatizado on-line.

Assim, o Siscomex uniformiza códigos e nomenclaturas, desburocratiza as operações de comércio exterior, do momento da autorização, passando pelo despacho aduaneiro, até a conclusão da operação de câmbio relativa a essas operações.

5.3 Mercado de câmbio brasileiro

O mercado de câmbio brasileiro, no decorrer das últimas décadas, apresentou *performances* distintas. Em resumo, isso pode ser representado por duas fases: pré-presidente Fernando Collor de Mello, início da década de 1990, e pós-presidente Fernando Collor de Mello.

O governo Collor, no primeiro dia útil após sua posse, estabeleceu o fim de um regime cambial vigente havia muitos anos. E por meio de medida provisória determinou que o Banco Central não mais fornecesse parâmetros de taxa de câmbio para o mercado.

Logo no primeiro dia útil desse governo, o Banco Central deixou de fixar as taxas de câmbio pelas quais os bancos podiam comprar operações de câmbio de seus clientes e vendê-las a eles, e as taxas pelas quais os bancos eram obrigados a comprar seus excedentes de caixa em moeda estrangeira do próprio Banco Central e vendê-los a ele. Até fevereiro de 1990, o sistema de câmbio vigente estabelecia que o preço das moedas negociadas no mercado de câmbio brasileiro deveria estar limitado a parâmetros preestabelecidos, denominados *compra, repasse, cobertura* e *venda*. A partir de fevereiro de 1990, os agentes financeiros começaram a comprar e a vender suas operações de câmbio livremente, sem a necessidade de repassá-las ao Banco Central ou de pedir-lhe cobertura, e passaram, principalmente, a estabelecer preço de compra e venda de moeda estrangeira de acordo com a demanda que o mercado de câmbio viesse a apresentar.

Esse tipo de procedimento não obteve muito sucesso, porque o mercado e a economia brasileira ainda não estavam preparados para mudança tão profunda e importante. Por esse motivo, ainda em 1990, e até 1999, o Banco Central continuou a exercer monopólio sobre o sistema de câmbio, não mais utilizando repasses e coberturas, mas, sim, instituindo o *sistema de bandas cambiais*. Esse sistema permitia que os agentes financeiros comprassem e vendessem livremente suas moedas, no entanto, o Banco Central estabelecia previamente limites mínimos e máximos para o preço da taxa de câmbio, que não podiam ser ultrapassados pela média das operações praticadas no mercado. Caso isso ocorresse, eram feitas intervenções por meio de leilões de compra e venda de moedas, dos quais só podiam participar os bancos chamados *dealers*.

Os *dealers* são bancos nomeados pelo Banco Central para atuar como intermediários entre a autoridade monetária e o mercado. Sempre que se fizer necessário intervir no mercado de câmbio para realizar ajustes de taxas julgados convenientes, com objetivo de conter tendências de altas ou quedas não desejadas, o Banco Central, por meio dos *dealers*, vende ou compra moeda estrangeira, controlando, assim, a média das taxas praticadas pelo mercado.

A escolha de um *dealer* é feita entre bancos com maior volume de operações no mercado de câmbio, para isso, é considerada a média ponderada das operações contratadas, tendo como maior peso as operações comerciais. Uma instituição que se propõe a ser *dealer* compromete-se a participar de todos os leilões de concorrência para comprar moeda do Banco Central ou vendê-la a ele. Além disso, deve manter a autoridade monetária sempre informada de ocorrências de destaque observadas no mercado, bem como dispor de sistema de comunicação direta com a mesa de operações do Banco Central.

Para que houvesse credibilidade, controle e transparência na divulgação dos resultados das atuações do Banco Central no mercado de câmbio, os leilões passaram a ser realizados e divulgados por intermédio do Sistema de Informações do Banco Central (Sisbacen).

O Sisbacen não foi criado única e exclusivamente para controlar as operações do mercado de câmbio. Seu surgimento deu-se com a crise cambial de 1983/84, quando ficou clara a necessidade urgente de o Banco Central possuir um controle ágil, menos burocrático e mais eficiente das operações realizadas em todo o mercado financeiro brasileiro, principalmente no de câmbio. Assim, foi implantado o

Sisbacen, um sistema de teleprocessamento *on-line*, gerido pelo Banco Central, que integra toda a rede de instituições autorizadas que operam no mercado brasileiro.

Idealizado para ser o Sistema Integrado de Registro de Operações Financeiras e de Câmbio, o Sisbacen evoluiu para um sistema muito mais amplo permitindo uma gama imensa de possibilidades de utilização. Hoje abrange praticamente todas as áreas de atuação do Banco Central, incluindo serviços de informação para toda a sociedade.

O Sisbacen-câmbio, basicamente, pode ser definido como um grande banco de dados, utilizado para registro de operações junto do Banco Central e pelas instituições financeiras credenciadas. O Sisbacen disponibiliza diversos relatórios de controle, tanto pelo Banco Central quanto para as instituições financeiras.

Com a evolução do Sisbacen tornou-se possível o fornecimento eletrônico de uma grande quantidade de informações, o que antes era realizado por meio de papéis e formulários que traziam problemas em relação à confiabilidade e segurança inerentes ao processamento das operações.

O Sisbacen possibilita, em determinados casos, a dispensa de formalização de contratos (os chamados contratos eletrônicos) e permite a comunicação ágil entre o gestor do sistema (Banco Central) e os chamados usuários (agentes financeiros) via mensagens eletrônicas.

O Sisbacen racionaliza vários tipos de serviço, entre eles, gera automaticamente lançamentos contábeis, débitos e créditos em reservas bancárias, ordens de pagamento ao exterior etc. É utilizado também nos leilões de câmbio (leilões eletrônicos), em que o Banco Central divulga, por meio do sistema, as condições do leilão e os parâmetros para a realização das ofertas.

Além dos serviços e controles específicos prestados ao sistema financeiro, o Sisbacen permite, a qualquer cidadão ou empresa que possua microcomputador com modem e conexão via Internet, obter, por intermédio do Sisbacen público, informações sobre índices praticados na economia, taxas de câmbio, taxas dos mercados internacionais, normas do Banco Central etc.

A partir de 1999, com a primeira desvalorização do real, o Banco Central instituiu o fim do sistema de bandas e implantou o sistema de metas de inflação. Foi mantida a intervenção do Banco Central, que passou a ocorrer sem aviso prévio e sem predefinição de parâmetros de taxa. Esse sistema é mantido até hoje, apesar dos momentos de volatilidade da taxa de câmbio e de grande desvalorização da moeda, principalmente em períodos de instabilidade econômica tanto do mercado brasileiro como em virtude das diversas crises ocorridas no mercado mundial.

5.3.1 Regulamento do Mercado de Câmbio e Capitais Internacionais (RMCCI)

Por meio das Resoluções nº 3.264, nº 3.265 e nº 3.266, de 4 de março de 2005, o Banco Central do Brasil instituiu no mercado de câmbio brasileiro o RMCCI (Regulamento do Mercado de Câmbio e Capitais Internacionais), que substituiu a CNC (Consolidação das Normas Cambiais) e unificou o antigo mercado de taxas livres (comercial) e o mercado de taxas flutuantes (turismo).

O RMCCI manteve a estrutura básica e os registros das operações de câmbio que tinham classificações diferenciadas conforme exigido pelos antigos mercados (comercial e turismo). A seguir, destacamos algumas alterações e o que foi mantido:

- o curso forçado da moeda nacional em todo o território brasileiro e a restrição à abertura de conta em moeda estrangeira no país foram mantidos;
- as operações de câmbio continuaram sujeitas a registro no Sisbacen, independentemente do valor;
- as operações passaram a ser formalizadas por meio de contrato de câmbio e com registro vinculado ao Siscomex;
- obrigatoriedade de cobertura cambial para as exportações e pagamento das importações;
- a compensação privada de créditos continuou vedada;
- a obrigatoriedade de ingresso no país de recursos captados no exterior;
- às pessoas físicas e jurídicas foi permitido comprar e vender moeda estrangeira ou realizar transferência internacional de reais, de qualquer natureza, sem limitação de valor, observando-se a legalidade da transação;
- a obrigatoriedade de identificação dos compradores e vendedores de moeda estrangeira independentemente do valor negociado foi mantida;
- às pessoas físicas e jurídicas foi permitido comprar e vender moeda estrangeira para fins de aplicação no exterior, diretamente por rede bancária. Essas aplicações podem ser investimento direto, aplicação no mercado financeiro ou de capitais, prestação de garantias e obtenção de empréstimos;
- o Banco Central do Brasil eliminou a exigência de autorização prévia para prestação de garantias no exterior e/ou emissão de recursos e/ou investimentos para empresas brasileiras que atuam no exterior;
- o prazo de pagamento das exportações foi estendido para 210 dias da data de embarque da mercadoria ou prestação do serviço, nas operações não sujeitas a Registro de Crédito (RC) e o prazo máximo entre a contratação e a liquidação dos contratos de câmbio passou a ser de 570 dias;
- independentemente do meio de transporte internacional de mercadorias foi permitida a remessa direta de documentos ao exterior pelo exportador mediante acordo entre exportador e banco;
- o início de ação judicial no exterior nas situações de cancelamento ou baixa de contratos de câmbio com mercadoria embarcada foi dispensado para contratos de até US$ 50 mil ou o equivalente em outra moeda;
- as operações de câmbio simplificado de exportação passaram a contemplar exportação de serviços.

5.4 Contratação das operações de câmbio

As operações de compra e venda de moeda estrangeira, no Brasil, são realizadas com o objetivo de atender necessidades geradas por compromissos e/ou despesas realizadas no exterior, por esse motivo, todo contrato de câmbio demanda normatização e formalização de acordo com a classificação da operação contratada.

5.4.1 Formalização das operações de câmbio

A troca de moeda nacional por estrangeira deve ser regulamentada por leis e amparada em legislação específica do Banco Central do Brasil (ato jurídico). A principal lei que dispõe sobre a formalização das operações de câmbio é a Lei n° 4.131/62, que estabelece os principais preceitos relacionados à troca de moeda em território brasileiro, ou seja, contratação de câmbio.

Assim, por força dessa lei, as operações de câmbio devem ser formalizadas em formulários específicos nos quais devem estar claramente mencionadas todas as condições pactuadas. Além disso, é preciso registrar toda operação no Sisbacen. O registro da operação se faz necessário para que a formalização tenha validade jurídica e esteja amparada em contrato assinado pelas partes intervenientes. A legislação cambial vigente permite que as operações sejam formalizadas por meio de boleto simplificado e/ou de contrato de câmbio.

As operações de câmbio são classificadas em função da finalidade que motiva a compra ou a venda da moeda estrangeira. Essa classificação tem como objetivo identificar a natureza da entrada e a saída dos recursos movimentados em todo o mercado de câmbio brasileiro, bem como atender necessidades da contabilidade nacional, mais especificamente o balanço de pagamentos.

5.4.2 Liquidação de operação de câmbio

Após a formalização do contrato de câmbio, deve ser realizada a efetiva troca das moedas respeitando-se prazos e condições pactuados no ato da formalização do contrato. Após a liquidação financeira da operação, para que um contrato de câmbio seja efetivamente liquidado, deve ocorrer a comprovação e/ou a apresentação de evidências capazes de caracterizar a natureza da operação de câmbio contratada.

5.4.3 Alteração de uma operação de câmbio

Depois de efetivada uma operação de câmbio no Sisbacen, qualquer modificação ou alteração nas condições estabelecidas poderá ser efetuada, desde que a alteração contratual seja formalizada e assinada pelas partes envolvidas na contratação da operação.

Com exceção de alguns elementos imutáveis do contrato de câmbio, como nome do comprador e do vendedor, taxa de câmbio, valor da moeda nacional e estrangeira, é permitido às partes fazer modificações no contrato, desde que respeitadas as normas específicas estabelecidas pela natureza da operação.

Utilizando o mesmo procedimento do contrato, o banco registrará a alteração no Sisbacen e o sistema gerará o formulário que deve ser assinado pelas partes e estar vinculado ao contrato original.

5.4.4 Cancelamento de contrato de câmbio

Caso um contrato de câmbio não seja liquidado ou alterado dentro dos prazos permitidos conforme sua natureza, é necessário proceder à rescisão parcial ou total do compromisso assumido pelas partes, a isso chamamos de cancelamento. Esse procedimento, quando necessário, deve ser formalizado por intermédio de um contrato específico. Como a formalização de um contrato de câmbio é de natureza bilateral, o cancelamento só poderá ser processado se houver consenso entre as partes (banco e cliente). A legislação vigente permite exceções, que podem ser aplicadas somente no caso de operações específicas com limitação de valores.

5.4.5 Prazo das operações de câmbio

A liquidação das operações de câmbio podem ser classificadas como prontas ou futuras. Uma liquidação de *câmbio pronto* ocorre quando a comprovação financeira das moedas envolvidas na operação e a evidência da natureza são apresentadas em até 48 horas contadas da data da contratação da operação de câmbio.

A operação de *câmbio futuro* tem como característica a liquidação com prazo superior a 48 horas contadas a partir da data da contratação da operação de câmbio. Isso significa que a comprovação financeira das moedas ou a evidência da natureza da operação não ocorre dentro do prazo de dois dias úteis da contratação do câmbio. A contratação de uma operação de câmbio futuro envolve obrigatoriamente algum tipo de risco, que pode ser comercial ou financeiro.

5.4.6 Tipos de contrato de câmbio

Como informado anteriormente, as operações de câmbio devem ser formalizadas em contrato específico. Os contratos são classificados por número e cada um tem uma finalidade relacionada à natureza e ao tipo de operação. A numeração vai de um a dez, sendo que os formulários ímpares referem-se às operações de compra e os pares às operações de venda, efetuadas pelos agentes autorizados a operar em câmbio (ao final encontram-se modelo e característica de cada contrato de câmbio).

Tabela 5.1

Operações de compra		Operações de venda	
Tipo 1	Exportação de mercadoria e serviço	Tipo 2	Importação de mercadoria
Tipo 3	Transferência financeira do exterior Compra	Tipo 4	Transferência financeira para o exterior Venda
Tipo 5	Interbancário – compra	Tipo 6	Interbancário – venda
Tipo 7	Alteração de contrato de compra	Tipo 8	Alteração de contrato de venda
Tipo 9	Cancelamento de contrato de compra	Tipo 10	Cancelamento de contrato de venda

Exercícios de fixação

1. Comente sobre a estrutura atual do sistema cambial brasileiro e aponte as funções dos principais órgãos.
2. Enumere os requisitos exigidos para que os bancos possam operar em câmbio no Brasil.
3. Explique o papel dos compradores e vendedores de divisas no mercado cambial.
4. Explique as funções dos *dealers*, como são nomeados e como atuam no mercado cambial.
5. Explique o Regulamento do Mercado de Câmbio e Capitais Internacionais (RMCCI) e a formalização das operações de câmbio.

Referências bibliográficas

BANCO CENTRAL DO BRASIL. Carta-circular n° 3.325, de 22 de agosto de 2006. Disponível em www.bcb.gov.br.

_____. *Resolução n° 3.264, n° 3.265 e n° 3.266*, 4 de março de 2005. Disponível em www.bcb.gov.br.

_____. *Regulamento do mercado de câmbio e capitais internacionais (RMCCI)*, 2004. Disponível em www.bcb.gov.br.

CARVALHO, Dênis M. S.; ASSIS, Marcelo G.; JOAQUIM, Tarcísio R. *Mercado de câmbio brasileiro e câmbio de exportação*. São Paulo, Aduaneiras, 2007.

GAROFALO FILHO, E. *Câmbios*: princípios básicos do mercado cambial. São Paulo: Saraiva, 2005.

_____. *Câmbio, ouro e dívida externa* – de Figueiredo a FHC. São Paulo: Saraiva, 2004.

GRIECO, Francisco de Assis. *O Brasil e o comércio internacional*. São Paulo: Aduaneiras, 1994.

MAIA, Jayme M. *Economia internacional e comércio exterior*. São Paulo: Atlas, 2004.

RATTI, Bruno. *Comércio internacional e câmbio*. São Paulo: Aduaneiras, 2006.

SARFATI, Gilberto. *Teoria de relações internacionais*. São Paulo: Saraiva, 2005.

Site

http://www.bcb.gov.br

6

Os financiamentos no comércio exterior

Sérgio dos Santos

Neste capítulo apresentaremos conceitos, formas e modalidades de financiamento no comércio exterior. Destacaremos a expansão das relações econômicas entre os países, bem como o surgimento dos mecanismos de apoio às exportações, os organismos de controle do comércio e a participação brasileira na utilização das linhas de financiamento.

Introdução

O comércio internacional evoluiu nas últimas décadas, do período pós-Segunda Guerra Mundial até os dias de hoje, a uma velocidade muito grande. Nações como a japonesa sucumbiram ao efeito da guerra, mas desenvolveram-se tecnologicamente.

Para atingir esse estágio, subscreveram planos de longo prazo para seu desenvolvimento e políticas externas direcionadas principalmente para o comércio mundial. Esse aspecto fica evidente, devido ao estrago em razão do conflito, pela busca de recursos que possibilitassem o crescimento econômico e do bem-estar social.

As nações européias desenvolveram-se após 1947 graças ao Plano Marshall, que as auxiliou no processo de reconstrução no continente. Segundo Sandroni (1989), o Plano Marshall foi um programa de recuperação européia lançado em 1947 pelo secretário norte-americano George C. Marshall, cujo objetivo era reconstruir, com a ajuda financeira dos Estados Unidos, a economia da Europa ocidental, arruinada pela guerra.

6.1 A expansão das relações comerciais entre os países

Um fator importante que contribui para o desenvolvimento é a relação comercial crescente e forte entre as nações. O ponto de partida é a necessidade de matérias-primas, máquinas, equipamentos e instrumentos diversos, os quais são utilizados para produção de bens e instalação de novas indústrias. Parte-se do pressuposto que esses bens devem ser adquiridos no mercado externo quando não podem ser obtidos na própria região. Assim, uma nação busca, por meio de importações, recursos necessários que não estão disponíveis ou que não tem como produzir.

A idéia de trazer bens do exterior, importar tecnologia, vincula-se ao objetivo, direcionando à economia o grau de crescimento que o país almeja. Nesse sentido, uma nação saberá que nível tecnológico atingir quanto mais avançados forem os produtos importados e exportados. Entretanto, para chegar a tal propósito é necessário que o desenvolvimento econômico ocorra também em razão da exportação de bens e serviços: o equilíbrio entre exportações e importações é um fator importante, pois sinaliza o benefício obtido que favorece toda a sociedade. Nesse contexto, o processo de financiamento contribui muito para os planos de desenvolvimento econômico.

6.2 Os mecanismos de apoio às exportações

Na atualidade, determinados países acenam com políticas que incluem a adoção de mecanismos de apoio às exportações, em muitos casos, subsídios que ajudam no crescimento das vendas externas. Mesmo contrariando as normas internacionais, são bastante utilizados e estão sujeitos a contestações no órgão de solução de controvérsias da Organização Mundial do Comércio (OMC) por parte dos países ameaçados por essas práticas desleais de comércio.

Outro importante apoio às exportações são os financiamentos utilizados na comercialização e na produção de bens, principalmente daqueles de alto valor agregado, como é o caso de equipamentos, máquinas, instrumentos, veículos pesados e produtos eletrônicos. Esses financiamentos são bastante relevantes, pois são usados para realização dessas operações, caso não existam podem impossibilitar a compra por parte dos importadores.

Em relação aos subsídios, os países menos desenvolvidos e os em desenvolvimento tentam, por meio de negociações multilaterais, reduzir sua utilização. Esses países dependem de investimentos internacionais e de suas exportações, que permitem a instalação de novas indústrias e o crescimento econômico. No entanto, a produção de muitos dos bens de países industrializados é subsidiada, o que torna a concorrência desfavorável para aqueles que se enquadram entre PMD (países de menor desenvolvimento) e PED (países em desenvolvimento).

O melhor entendimento das formas prejudiciais ao comércio torna-se óbvio quando nos deparamos com o surgimento de organismos que ajudam países com problemas no comércio internacional, bem como auxiliam na solução dessas dificuldades ao criar regras para que práticas desleais sejam punidas.

O Banco Internacional de Reconstrução e Desenvolvimento (Bird), o Fundo Monetário Internacional (FMI) e a Organização Mundial do Comércio (OMC) estão entre os órgãos internacionais de atuação financeira e comercial cujo propósito é auxiliar as economias menos desenvolvidas e facilitar o acesso delas ao mercado internacional.

Em 1944 foi definido o Sistema Bretton Woods[1] nas conferências que receberam o mesmo nome e estabeleceram os procedimentos para relações financeiras e comerciais entre países. Posteriormente foram criados o Banco Internacional de Reconstrução e Desenvolvimento (Bird) – International Bank for Reconstruction and Development – e o Fundo Monetário Internacional (FMI).

O Bird, quando da sua criação, tinha como missão ajudar na reconstrução dos países que participaram da Segunda Guerra Mundial. Atualmente sua política está voltada à erradicação da pobreza mediante financiamentos concedidos aos governos das nações menos desenvolvidas.

O FMI foi criado com o intuito de manter o equilíbrio do sistema financeiro internacional.

Mais tarde, os países buscaram, por meio da Conferência de Havana (1947-1948), criar um organismo voltado ao comércio internacional: a Organização Internacional do Comércio (OIC), que por falta de consenso entre as nações não foi ratificada. Entretanto, na mesma conferência foi aprovado um acordo denominado Acordo Geral de Tarifas e Comércio (GATT), assinado por 23 países, em Genebra, em 1947. Entre esses países estava o Brasil.

Nos dias atuais o comércio internacional é realizado com base nas normas da OMC. A finalidade delas é dar transparência às transações comerciais. A sua correta aplicação facilita o acesso aos mercados possibilitando maior fluxo comercial. Isso pode significar maior volume de comércio e a inserção de mais empresas no processo. Em um mercado com demanda elevada as oportunidades são maiores para países menos desenvolvidos. Se o objetivo da empresa é incrementar a produção, elevar a participação de bens e serviços também é oferecer mais empregos e aumentar o bem-estar social.

Por outro lado, para coibir a concorrência desleal, a OMC aprimorou os mecanismos de defesa comercial, que após devidamente identificados podem ser aplicados pelos países-membros, a fim de reduzi-la em determinada área. Por isso, o uso indiscriminado de subsídios,[2] ou mesmo o *dumping*,[3] pode fazer com que os países sofram penalidades pela aplicação de regras criadas para esses mecanismos.

Vale ressaltar a criação de outras organizações, principalmente para dar apoio ao comércio dos países em desenvolvimento, na década de 1960 identificados como países subdesenvolvidos. Os anos 60 tiveram uma fase próspera de crescimento econômico dos países industrializados, cujas taxas médias giravam em torno de 5%. Essa fase contou com a participação dos países subdesenvolvidos como provedores de matérias-primas. Um dos fatores dessa situação favorável foi o comércio internacional.

Na América do Sul, por meio do Tratado de Montevidéu, ocorrido em 1960, surgiu a Associação Latino-Americana de Livre Comércio (Alalc), cujo objetivo

---

[1] Conhecida como Conferência Monetária e Financeira. Foi realizada em Bretton Woods, New Hampshire, Estados Unidos, em 1944, e contou com a presença de representantes de 44 países.
[2] Subsídios são benefícios concedidos pelo governo a determinados setores por meio da transferência de recursos, isenção de tributos ou aquisição de bens a preços não comerciais.
[3] *Dumping* é o uso de certas medidas para tornar o preço do produto importado mais baixo no país de destino do que no país de origem.

era o desenvolvimento econômico e social dos países de língua latina. Em 1980 foi substituída pela Associação Latino-Americana de Integração (Aladi). Em 1964, em Genebra, na Suíça, foi realizada a Conferência das Nações Unidas sobre o Comércio e o Desenvolvimento (UNCTAD), cujo objetivo era propor medidas de apoio aos países em desenvolvimento.

Mesmo com a economia mundial passando por um bom momento, havia diferenças entre oferta e procura de matérias-primas em função da elevação de preços de alguns produtos originários de nações menos desenvolvidas. Com isso, a distância entre países industrializados e países em desenvolvimento só aumentou em razão de o nível de desenvolvimento ser mais significativo para os primeiros.

Em conseqüência desses problemas e da necessidade de atender um mercado que cada vez mais exigia produtos sofisticados e tecnologicamente avançados e com a entrada em grande quantidade desses bens, logo as conseqüências não tardariam a aparecer. O resultado foi um descompasso no balanço de pagamentos internacional atingindo os países com situação de instabilidade econômica.

Apesar desse cenário, em que ocorreu a desvalorização da moeda norte-americana, o Brasil foi beneficiado também em suas exportações. Contudo, os problemas para os países menos desenvolvidos e em desenvolvimento foram recrudescendo, principalmente com a onda inflacionária que pressionava essas economias.

Diversas ações foram feitas para melhorar os preços de produtos primários, entre eles o do petróleo. Com a escalada dos preços dessas mercadorias, em especial do petróleo, a crise se agravou e afetou mais diretamente as menos industrializadas. As medidas para amenizar a crise não surtiram resultado. No período entre 1974 e 1976, os preços dos produtos em geral tiveram alta equivalente a 40%, isso produziu efeitos negativos no comércio internacional.

A crise atingiu todos os países, sem exceção, pobres ou ricos. Os primeiros tiveram redução das receitas e elevação do déficit, ao passo que os ricos, mais estruturados, suportaram com rigor sem sofrer maiores impactos. No fim desse período alguns países industrializados, como os Estados Unidos no final do primeiro semestre de 1976, apresentavam sinais iniciais de recuperação que refletiam positivamente nas economias dos demais países.

A Tabela 6.1 apresenta a evolução do comércio mundial entre 1960 e 2000. Antecedeu à crise que avassalou as economias entre 1974 e 1976 um forte crescimento do comércio mundial: as exportações tiveram crescimento da ordem de 39% em 1973; em 1974 foi em torno de 49%. Por outro lado, em 1973 as importações cresceram aproximadamente 37%, no ano seguinte, 46%. Em 1975, como efeito da crise que atingiu todos os países, as exportações cresceram pouco mais de 2% e as importações, 4%.

Tabela 6.1 Comércio mundial – 1960-2000 (em milhões de US$)

1960	1970	1980	1990	2000
235	610	3.900	6.800	13.000

Fonte: MDIC (Ministério do Desenvolvimento, Indústria e Comércio).

Nesse contexto, fica evidente a importante intervenção de instituições internacionais que auxiliam as nações menos desenvolvidas a alavancar o comércio com os países mais industrializados. Sem essas instituições o comércio internacional talvez não tivesse crescido como nessas últimas décadas.

Observando esses aspectos entendemos por que as ferramentas são extremamente importantes. A complexidade do mercado exige conhecimentos que permitem chegar ao objetivo, principalmente se forem utilizados os instrumentos adequados.

As negociações no âmbito da OMC ajudam na abertura de mercados: permite o acesso de países desenvolvidos, em desenvolvimento e daqueles mais pobres. Os acordos regionais abrem as portas entre grupos de países e fortalecem o crescimento de regiões.

No plano interno, os países criam mecanismos de apoio às operações de empresas no comércio exterior, melhoram a infra-estrutura portuária e viária, logística, e oferecem sistemas que agilizam os processos internos de liberação de importações e exportações.

Apesar de estratégicos, os sistemas administrativo, cambial, aduaneiro e logístico não serão abordados neste capítulo, mas em outros deste livro. Nosso enfoque será a utilização de financiamentos no comércio exterior de bens como forma de incentivo e de contribuição para o crescimento do comércio exterior brasileiro.

Abordaremos a utilização de financiamentos no comércio de produtos nacionais com outros países e elencaremos as modalidades adotadas, a participação desses produtos em relação ao montante exportado e como são ofertados aos exportadores.

A introdução sobre o comércio internacional serviu para ilustrar como, nos tempos atuais, os mecanismos são necessários, pois é preciso estar preparado para enfrentar concorrentes fortes dotados de ferramentas sofisticadas de apoio a suas exportações.

Por fim, sem ações de órgãos governamentais e de instituições, internacionais ou não, países menos desenvolvidos encontram dificuldade de se inserir no comércio internacional. Verificaremos de que forma a utilização de financiamento contribui para o crescimento do comércio exterior, abordaremos a presença brasileira no cenário mundial e o que é financiamento.

6.3 O Brasil no comércio internacional

O Brasil é um país de dimensão continental. Formado por mais de oito milhões de quilômetros quadrados, é rico em recursos naturais, tem um povo peculiar, trabalhador e criativo. No comércio internacional, figura como exportador de *commodities* e de bens scmimanufaturados, mesmo apresentando crescimento na pauta de exportação de bens de alto valor agregado. É importador de matéria-prima e de bens de capital destinados à indústria. Segundo Labatut (1979, p. 201) "a economia do Brasil foi marcada por ciclos bem definidos que marcaram a evolução do país no comércio exterior".

No plano internacional, o país tem participação modesta em relação ao seu porte econômico. Uma presença maior vai depender de projetos que permitam a participação dos setores representantes da sociedade no planejamento da atividade de comércio internacional.

Somente a articulação de um plano de desenvolvimento de longo prazo envolverá os setores, direcionando o país para um crescimento sustentado e constante, com o objetivo de fazer com que atinja o grau de evolução das nações mais industrializadas por meio de metas bem estabelecidas. Esse é um ponto sensível, porque carecemos de projetos com essas características.

Para que o projeto se desenvolva deve ser articulada uma política de comércio exterior que vise a utilização de sistemas de apoio às operações de exportação e de importação, adoção de sistema tributário que não onere a atividade e criação de regras duradouras, haja vista que no Brasil mudam rapidamente, talvez pela falta de uma cultura exportadora. Motivo pelo qual se especula muito sobre a participação das micro, pequenas e médias empresas no comércio exterior. No entanto, essas áreas do comércio exterior brasileiro são bastante desenvolvidas; outras são menos conhecidas ou utilizadas. Isso ocorre porque micro e pequenas empresas não têm acesso a informações, além de enfrentar dificuldades para obter financiamentos.

6.3.1 Participação brasileira no comércio internacional e utilização dos financiamentos

Em 1960 o Brasil exportava US$ 1,3 bilhão, a participação no comércio internacional era de 1,1%, conforme dados do Ministério do Desenvolvimento, Indústria e Comércio Exterior (MDIC). Até 1965 os valores de exportação variaram entre US$ 1 bilhão e US$ 1,5 bilhão. Nesse período foi estabelecida uma política de desenvolvimento também para o comércio exterior. Adotou-se modalidade de financiamento para o fomento da atividade exportadora, entre outras políticas específicas. O intuito era fazer as exportações atingirem um volume próximo de US$ 10 bilhões em 1976.

Na verdade, quando se estabelecem condições para o crescimento há grande possibilidade de se atingir o resultado. Na formulação da política de comércio exterior, componentes importantes foram introduzidos. Na época poucos produtos, entre os quais o café, faziam parte da pauta de exportação – não mais que 15 itens, ao passo que em 1972 contava-se com mais de 3 mil produtos. Isso significa que os mecanismos foram adequados e houve um grandioso avanço para a inserção e modernização do comércio exterior brasileiro.

Nos anos de 1980, o Brasil se defrontava com um grande problema: crescer e eliminar uma série de dificuldades estruturais, por exemplo, era preciso aperfeiçoar a produtividade, melhorar e ampliar a educação, tornar mais vasto o conhecimento tecnológico e levá-lo a todos os setores, incluindo o agropecuário e, assim, atrair mais investimentos. O Brasil, sem capacidade de gerar recursos suficientes para financiar as atividades produtivas, por vários fatores econômicos internos, tinha de atrair capital para infra-estrutura e produção.

A melhoria da posição do Brasil no cenário internacional vem acontecendo desde a implantação do Plano Real. Isso tem colocado o país nos trilhos, há controle da inflação e cumprimento de metas fiscais, o que mostra o compromisso do governo em manter rigoroso controle das contas públicas. Isso eleva o grau de confiança da comunidade internacional em relação ao país.

Atualmente, apesar do crescimento econômico, ainda temos grande deficiência na infra-estrutura aeroportuária e na área da educação, por exemplo, além disso, o custo Brasil e uma gama de impostos, tributos e burocracias atravancam as exportações e o crescimento do país.

Os recursos obtidos no exterior utilizados para financiar o comércio exterior frente a um mercado mundial forte são alocados pelas empresas nacionais na venda de bens de alto valor agregado ou destinados à produção de produtos para o mercado externo.

Segundo Labatut (1979, p. 126),

> *em termos gerais, vender é mais difícil do que comprar, porém, quando se afirma que o preço e qualidade da venda dependem de uma boa compra, essa se torna de máxima importância e, pelas dificuldades nas investigações e na sistemática das importações, chega-se à conclusão de que é mais difícil importar certo do que exportar, no que se refere à execução de operações de comércio exterior.*

Considerando as palavras do autor, verificamos que exportar mercadorias exige, de quem atua no comércio exterior, domínio dos trâmites burocráticos para licenciar e liberar uma venda, da logística desencadeada por um pedido até a entrega do produto, da pesquisa mercadológica ao comprador. É preciso entender as práticas e as características físicas do país importador, acesso ao mercado, forma de distribuição, incluindo informações econômicas e meios de transporte, bem como instrumentos e mecanismos do comércio internacional que facilitam a exportação do bem. Como vemos, é necessário ter muita experiência.

Portanto, para negociar no mercado internacional o profissional deve conhecer todos os quesitos mencionados, assim como o produto e a linha de produção da empresa. Contudo, isso talvez não baste porque, dependendo do que está sendo vendido em uma determinada operação, pode ser necessária a utilização de outras ferramentas, como os financiamentos.

6.4 Financiamentos

Planejar as operações de comércio exterior requer das empresas acuidade no trato do assunto. Pesquisar o mercado-alvo e todas as suas características bem como a avaliação da capacidade de pagamento do importador exige da empresa exportadora um bom planejamento estratégico. Deve montar projeto sobre pesquisa detalhando as fontes utilizadas, prever viagens ao exterior e, muitas vezes, consultar órgãos, entidades e até organizações internacionais.

A empresa tem de conhecer seu potencial, saber se é capaz de trabalhar em determinado mercado, entender seus principais desafios, encontrar soluções e caminhos, fáceis ou alternativos. Conhecendo seus problemas internos e externos terá chance de disputar com seus prováveis concorrentes e atender os consumidores, seu principal alvo. A entrada no mercado internacional pode representar sucesso ou fracasso.

A atividade de comércio exterior deve ser analisada para que seja identificado o que se deseja de fato atingir como objetivo. É necessário questionar a entrada no mercado internacional. Para isso, basta responder a três questões básicas: *Por que exportar? O que e como exportar?* e *Para onde exportar?* Parece simples, entretanto, não é bem assim. É necessário se organizar e entender a sistemática interna adotada no país, as autorizações e liberações e demais exigências intrínsecas à operação.

Dessa forma, fica fácil entender que existem dois aspectos: o externo, saber como funciona o mercado externo, e o interno, conhecer os trâmites estabelecidos. Nesse contexto, um item importante é saber se os produtos atendem às necessidades do consumidor estrangeiro, se estão aptos para o consumo local, também é preciso saber se o produto está pronto para o mercado externo. Esses são os principais questionamentos.

No que diz respeito à linha de produção, as matérias-primas e os insumos utilizados no processo produtivo, bem como o sistema de controle e de qualidade, são comparáveis aos utilizados por empresas líderes de países industrializados; o preço é competitivo àqueles praticados por empresas similares no mercado internacional; as condições de fabricar e a capacidade instalada de produção atendem as necessidades da empresa e do mercado. Os fornecedores são certificados, com programas de qualidade e são localizados próximos e preparados para atender a demanda da empresa. Este último representa um fator estrutural da empresa, sendo uma força, pode influenciar a venda do produto ao mercado externo.

Outro fator relacionado à operação de exportação é a logística, que faz parte do planejamento. O exportador precisa saber que é importante desde a aquisição dos materiais para fabricação dos produtos até o momento de entrega do bem final ao comprador. É necessário acompanhar o embarque na origem e o ponto de consumo no destino.

Não é nosso intuito detalhar os itens relacionados já que serão tratados em outros capítulos deste livro. Podemos afirmar, então, que administrar uma operação de exportação é tarefa complexa que exige demanda efetiva para sua conclusão.

Assim, a empresa, no dia-a-dia, terá de disponibilizar capital de giro suficiente para arcar com despesas inerentes à sua atividade. O controle eficiente do fluxo de caixa é de suma importância. É pertinente mensurar e prever suas ações futuras com o fim de obter equilíbrio e manter bons resultados para não deixar de honrar seus compromissos.

Como já mencionado em capítulos anteriores, o comércio exterior é uma atividade composta por várias etapas de prazos longos, vai desde a identificação de um potencial comprador até a entrega do produto ao consumidor final. Cada etapa da operação toma um grande tempo e diferencia-se das operações realizadas no mercado interno, com prazos menores. Certamente devido a esse ciclo longo pode haver descompasso financeiro. É nesse momento que se recorre aos financiamentos.

O financiamento, largamente utilizado nas operações internacionais, pode ser utilizado para produção e comercialização de bens. Toda operação está sujeita a despesas, por exemplo, viagem internacional. Posteriormente, na produção, há muitos custos envolvidos. Não é diferente do que ocorre na comercialização em virtude do deslocamento da carga, da documentação, dos serviços específicos, entre outros aspectos.

As alternativas de financiamento internacional atendem desde o exportador (na produção e comercialização) até o importador, na aquisição. Quanto aos recursos, são de origem governamental e privada. No Brasil boa parte dos financiamentos é composta de linhas governamentais providas por bancos internacionais. Entretanto, o risco país eleva muito o custo de obtenção de financiamentos no exterior. Diversos fatores explicam essa situação, apesar da melhora de muitos deles, as estimativas de exportação para 2006 giram em torno de US$ 135 bilhões; a dívida externa encontra-se atualmente em patamar inferior ao das reservas cambiais, contudo, os demais fatores continuam em posição vulnerável.

6.4.1 Definição de financiamento

Financiamento é uma concessão de crédito em dinheiro proporcionada por banco ou por outra instituição financeira. A venda a crédito constitui também uma forma de financiamento do produtor aos revendedores e ao próprio consumidor. No caso de comércio exterior, trata-se de financiamento feito para as empresas produtoras ou exportadoras sobre o valor a exportar. Esse tipo de financiamento funciona como aquele relativo a operações no mercado interno.

6.4.2 Formas de financiamento

Os financiamentos podem ser abertos ao exportador, ao importador ou a ambos simultaneamente. Uma outra forma é utilizar recursos próprios do exportador ou mesmo do importador ou de instituição financeira internacional.

Financiamento ao exportador (supplier's credit) – Operação em que o exportador, após contratada a venda externa com o importador, embarca suas mercadorias, emite os saques (letras de câmbio) correspondentes ao principal e juros que serão descontados em uma instituição financeira, após o acolhimento do aceite e do aval. O financiamento é concedido diretamente ao importador da mercadoria.

Financiamento ao importador (buyer's credit) – Operação em que o exportador contrata a venda externa de entidade pública de outro país. O financiado, à medida que recebe o bem ou o serviço contratado, autoriza o crédito na conta do exportador.

Financiamento com recursos próprios do exportador ou de terceiros – Financiamento de produtos com prazo superior a 360 dias, com recursos próprios ou de terceiros.

6.4.3 Política brasileira para financiamentos

Em 1965 o governo brasileiro, por motivos estruturais que se apresentavam à época, resolveu instituir medidas para o desenvolvimento. No que se refere ao comércio exterior, estabeleceu uma política de comércio voltada principalmente à exportação de bens; a fim de incentivar as vendas estabeleceu, entre outros mecanismos, uma política de financiamentos. Na verdade, o governo entendeu a importância do comércio internacional, que gera investimento, atrai empresas exportadoras, cria empregos e aumenta o bem-estar social.

Em 1966, por meio da Lei nº 5.025, foi criado um programa voltado ao financiamento das exportações, chamado de Fundo de Financiamento à Exportação (Finex), regulamentado pela Resolução nº 71, de 1º de novembro de 1967, do Conselho Monetário Nacional. O fundo foi administrado pela Carteira de Comércio Exterior até 1991, quando foi extinto.

Em 1978, o sistema de financiamento brasileiro era composto de financiamentos à produção, à comercialização, financiamento direto ao importador, a serviços, a operações em consignação, à promoção da exportação, a operações realizadas por *trading companies*,[4] para adiantamento sobre contrato de câmbio, dentre outras modalidades.

---

[4] As *trading companies* são comerciais exportadoras com registro especial na Secex estabelecido pelo Decreto-Lei nº 1.248/72.

Até praticamente a metade da década de 1980, apenas algumas modalidades de financiamento eram disponibilizadas em virtude das dificuldades com a dívida pública e com a escalada inflacionária. Diante disso, o governo não teve alternativa senão reduzir o montante dos recursos orçamentários da União nos financiamentos à exportação. Já no final da década de 1990, por falta de credibilidade, o Finex foi revogado, fato ocasionado pela escassez de recursos que acabava comprometendo o pagamento aos credores.

O estágio atual de financiamento às exportações conta com novos mecanismos, adotados a partir de 1991 com o lançamento do Programa de Financiamentos às Exportações (Proex). Trataremos dessa modalidade na seção apropriada.

6.5 PROGER Exportação

É uma linha de crédito destinada às micro e pequenas empresas. Utiliza recursos do Fundo de Amparo ao Trabalhador (FAT) e destina-se a empresas que tenham faturamento bruto anual de até R$ 5 milhões. Para obtê-lo, as empresas precisam se dirigir ao Banco do Brasil ou à Caixa Econômica Federal, instituições que gerenciam esse tipo de financiamento.

O objetivo desse mecanismo é prover com recursos a produção de bens e mercadorias destinadas à exportação, bem como as despesas com promoção comercial dessas empresas. Essa foi uma forma que o Governo Federal encontrou para incentivar as vendas realizadas por micro e pequenas empresas a fim de alavancar as operações de exportação.

São concedidos crédito de até R$ 250 mil por empresa, prazo de pagamento de até 12 meses e carência de 6 meses. O juro é estabelecido com base na TJLP, além de ser considerada uma variação de 7,45% a 9,90% ao ano.

6.6 Financiamentos privados às exportações

Os financiamentos privados às exportações são aqueles cuja regulamentação é atribuída ao Estado; mesmo assim, os recursos obtidos para financiar a produção ou a comercialização de bens dependem da aquisição por instituições financeiras privadas autorizadas a operar no mercado. Os recursos (*funding*) são captados no exterior.

Os mais utilizados, que têm maior participação nas exportações, são o Adiantamento sobre Contrato de Câmbio (ACC) e o Adiantamento sobre Cambiais Entregues (ACE), considerados de baixo custo. Essa condição, em 1998, propiciou ao exportador boa base de rentabilidade da atividade exportadora, reduzindo-se a partir de 1999. A Tabela 6.2 mostra a evolução dos desembolsos com esses mecanismos, de 1997 a 2001. Mesmo sendo importantes para o financiamento das exportações, fica evidente a redução de sua utilização. A forma como funciona vem possibilitando desvio para outras atividades.

Tabela 6.2 Participação do pagamento antecipado (ACC e ACE) nas exportações

Ano	Exportação	Pagamento antecipado		ACCs/ACEs		Pagamento antecipado + ACCs/ACEs	
	US$ milhões	Valor	%	Valor	%	Valor	%
1997	55.900	14.900	26,70%	34.092	61,00%	48.992	87,60%
1998	47.745	11.676	24,50%	27.508	57,60%	39.184	82,10%
1999	41.642	9.874	23,70%	20.572	49,40%	30.446	73,10%
2000	52.403	11.773	22,50%	25.738	49,10%	37.512	71,60%
2001	59.022	12.893	21,80%	23.997	40,70%	36.890	62,50%

Fonte: Bacen.

6.7 Adiantamento sobre Contrato de Câmbio (ACC)

Esse tipo de financiamento, colocado à disposição das empresas pela rede bancária, permite ao exportador obter recursos financeiros antes do embarque da mercadoria, a taxas de juros internacionais. Com o ACC, o exportador pode contar antecipadamente com recursos para a produção do bem a ser exportado.

A taxa reduzida do ACC proporciona à empresa menores custos de produção e, conseqüentemente, maior competitividade, além de ganhos pelas aplicações financeiras no mercado interno. Ao obter o ACC, o exportador deve estar seguro de que o produto será embarcado dentro do prazo previsto, caso contrário, terá de devolver ao banco o valor do ACC acrescido das diferenças cambiais, multa e demais encargos.

O exportador recebe adiantamento, parcial ou total, em moeda nacional no valor equivalente à quantia em moeda estrangeira comprada a termo pelo banco, antes do embarque da mercadoria. Trata-se de uma espécie de financiamento tomado em uma instituição bancária. A garantia é a exportação assumindo o exportador o compromisso de, na época devida, entregar ao banco os documentos originais do embarque. O prazo máximo estabelecido para essa modalidade é de 180 dias anteriores ao embarque das mercadorias.

Os contratos realizados pelas instituições financeiras ficam sujeitos às variações internacionais. Conforme análise de Fernando Blumenschein e Fernanda Leite Lopez de Leon citados por Pinheiro (2002, p. 188), "as condições de oferta de recursos externos no que se refere a custo, volume e prazo para as exportações de repasse doméstico dependem essencialmente do nível de exposição ao risco Brasil pretendido pelos bancos internacionais". Esses aspectos são verificados mediante compreensão dos fatores básicos da economia. Quanto ao financiamento, o custo para o tomador pode variar em função do prazo e dos riscos que a operação representa.

6.7.1 ACC indireto

Essa modalidade tem por objetivo financiar os fabricantes/fornecedores de matérias-primas, produtos intermediários e materiais de embalagem, considerados insumos para o processo produtivo de mercadorias a serem exportadas. Esse financiamento se destina aos fabricantes que fornecem seu produto diretamente ao exportador final. Os benefícios para o fabricante são:

- recursos para capital de giro com custo reduzido;
- recebimento antecipado de vendas realizadas a prazo;
- maior competitividade em virtude da redução de custos.

De acordo com informe elaborado pela Secretaria de Assuntos Internacionais (Sain) da Secretaria da Receita Federal, "a modalidade não se popularizou por envolver duplicatas que dependem do aceite do exportador final, o que compromete o limite de crédito dessa empresa junto ao banco que concede os ACCs sem afetar os limites de crédito individuais dos diferentes fornecedores beneficiários do mecanismo".[5]

6.8 Adiantamento sobre Cambiais Entregues (ACE)

É uma modalidade semelhante ao ACC, a diferença é o momento de solicitação. Ao passo que no caso do primeiro o pedido ocorre antes do embarque da mercadoria, no ACE o pedido se dá após o embarque dos produtos. Podemos dizer que essa é uma forma de levantar capital de giro.

É um instrumento de financiamento à exportação que consiste no desconto cambial (letra de câmbio, saque) no banco escolhido pelo exportador. Assim, o exportador pode obter recursos financeiros após o embarque da mercadoria. O prazo do ACE é o mesmo do ACC: 180 dias. O custo financeiro para essa modalidade não é diferente do ACC, observados o prazo e os demais riscos da operação.

6.9 Adiantamento às exportações ou pré-pagamento

Nessa modalidade, os recursos fornecidos pelo importador ou por uma instituição financeira internacional podem ser utilizados pelo exportador na industrialização ou na comercialização de bens mediante cobrança de taxa de juros.

Caracteriza-se como recebimento antecipado de exportação a aplicação de recursos em moeda estrangeira na liquidação de contratos de câmbio de exportação, antes do embarque das mercadorias ou da prestação dos serviços. Na Tabela 6.2 é possível verificar quanto esse tipo de financiamento representou no montante exportado entre 1997 e 2001. Em decorrência da dificuldade para realização de operações de arbitragem e semelhante ao que ocorreu com o ACC e com o ACE, a utilização desse adiantamento está decrescendo.

As operações de recebimento antecipado de valor podem ser consideradas de curto prazo, para contratos liquidados até 360 dias, e de longo prazo, acima desse limite. As operações devem ser liquidadas dentro prazo estipulado.

---

[5] Dados extraídos do site www.fazenda.gov.br/sain.

O pagamento de juros deve observar a contagem de prazo para pagamento dos juros e do principal. A melhor data de início é a data de desembolso ou do ingresso dos recursos no país. A taxa de juros é livremente negociada entre as partes. Nesse caso, o valor devido relativo aos juros pode ser pago em mercadorias. O beneficiário da remessa dos juros será sempre aquele que efetuou o pagamento antecipado da exportação.

É permitido o retorno ao exterior dos valores ingressados no país e dos valores recebidos antecipadamente de exportação, os quais ficam sujeitos à regulamentação tributária aplicável a recursos não destinados à exportação.

Além do *export notes*, que funciona como um ACC, existe a securitização de exportações, que será abordada no Capítulo 7.

6.10 Financiamento com recursos próprios do exportador ou de terceiros

Nesse caso, as exportações têm prazos de pagamento superiores a 180 dias e são financiadas com recursos próprios do exportador ou de terceiros. Para essas operações são admitidas exportações em qualquer condição de venda praticada no comércio internacional.

Na exportação negociada com o importador para pagamento a prazo superior a 180 dias será necessário o Registro de Operação de Crédito (RC), do Siscomex. Nesse registro devem constar juros, carência, regime de amortização e outros dados aplicáveis à exportação financiada. O RC precisa ser preenchido mesmo para exportação em consignação. Não se obedece a essa exigência quando do pagamento total efetuado antes do embarque ou se pactuado pagamento a prazo de até 180 dias, contados da data do embarque da mercadoria.

O percentual máximo financiável deverá ser de 85% do valor da exportação, na condição de venda pactuada. As operações de financiamento com recursos próprios do exportador ou de terceiros estão sujeitas às condições descritas a seguir.

6.10.1 Taxas mínimas de juros para os financiamentos

- Com taxa fixa: Libor correspondente ao período do financiamento, vigente na data do embarque do produto.

- Com taxa variável: Libor correspondente ao período de amortização, vigente na data do embarque da mercadoria e no início de cada período subseqüente.

- Pagamento de juros: nas mesmas datas de vencimento das parcelas de amortização do principal. Os juros são calculados sobre o saldo devedor dos financiamentos.

- Regime de amortização: em parcelas iguais e consecutivas de mesma periodicidade, vencendo-se a primeira, o mais tardar, no 180º dia contado a partir do embarque do produto.

As garantias devem assegurar o ingresso dos valores em moeda estrangeira e dos encargos do financiamento.

6.11 Seguro de crédito à exportação

É um seguro que garante ao exportador indenização por perdas em conseqüência do não-recebimento de crédito concedido ao exterior. O seguro abrange cobertura contra riscos comerciais, políticos e extraordinários que possam afetar o recebimento das divisas decorrentes de exportações.

No que diz respeito aos riscos comerciais, de acordo com Vazquez (1999, p. 67), são "atos ou fatos relacionados com o devedor estrangeiro, ou seu garantidor (avalista ou fiador), que motivem o descumprimento ou a denúncia e rescisão dos contratos relativos às exportações, com perda para o seguro". Em relação aos riscos políticos e extraordinários podem ser atos de ordem político-governamental, de ordem natural, ambiental e econômica.

No Brasil o seguro de crédito à exportação foi estabelecido por meio de leis e normas regulamentares que possibilitaram a criação da Seguradora Brasileira de Crédito à Exportação, formada por vários agentes financeiros nacionais públicos e privados.

6.12 Fundo de Garantia para a Promoção da Competitividade (FGPC)

O Fundo de Garantia para a Promoção da Competitividade (FGPC) foi instituído pela Lei nº 9.531, de 10 de dezembro de 1997, e regulamentado pelo Decreto nº 3.113, de 6 de julho de 1999. Trata-se de um fundo criado com recursos do Tesouro Nacional e administrado pelo BNDES. Tem como finalidade garantir parte do risco de crédito das instituições financeiras nas operações de micro, pequenas e médias empresas exportadoras que venham a utilizar as linhas de financiamento do BNDES, especificamente:

BNDES Automático
São financiamentos de até R$ 10 milhões, por cliente, a cada período de 12 meses, para a realização de projetos de investimentos, visando a implantação, expansão da capacidade produtiva e modernização de empresas, incluída a aquisição de equipamentos novos, de fabricação nacional, podendo ocorrer importação de máquinas sem similar nacional, credenciados pelo BNDES, bem como a importação de maquinários novos, sem similar nacional e capital de giro associado, operados através de instituições financeiras credenciadas.

Financiamento de Máquinas e Equipamentos – FINAME
Financiamentos, através de instituições financeiras credenciadas, para a produção e a comercialização de máquinas e equipamentos novos, de fabricação nacional, credenciados no BNDES.

Financiamentos a Empreendimentos – FINEM
São financiamentos de valor superior a R$ 10 milhões, porém pode ser oferecido com valores inferiores para projetos específicos, como é destinado a projetos de investimentos, visa a implementação, expansão da capacidade produtiva e modernização de empresas a aquisição de máquinas e equipamentos nacionais e importados novos e capital de giro.

Apoio à exportação

São os financiamentos mencionados anteriormente da linha do BNDES-exim.

No que concerne ao FGPC, a Tabela 6.3 especifica os tipos de empresas que podem utilizar o financiamento; esse enquadramento está de acordo com o porte das empresas e a receita operacional bruta anual.

Tabela 6.3 Enquadramento segundo o porte da empresa

Porte da empresa	Receita operacional bruta anual	
Micro	Até R$ 1.200,00	
Pequena	Superior a R$ 1.200,00	Inferior a R$ 10.500,00
Média	Superior a R$ 10.500,00	Inferior ou igual a R$ 60 milhões

Fonte: BNDES.

Em relação às empresas constantes da Tabela 6.3, é necessário que:

a. Tenham realizado exportações no período de 36 meses anteriores à apresentação do pedido de financiamento; ou

b. Sejam fabricantes de insumos utilizados diretamente nos processos de produção, de montagem ou de embalagem de mercadorias destinadas à exportação, tendo efetuado, nos últimos 36 meses anteriores à apresentação do pedido de financiamento, fornecimentos a empresas exportadoras.

Conforme dispõe o ato que regulamenta o fundo, considera-se receita operacional bruta anual a receita auferida no ano-calendário com o produto da venda de bens e serviços nas operações de conta própria, o preço dos serviços prestados e o resultado nas operações em conta alheia, não incluídas as vendas canceladas e os descontos incondicionais concedidos.

Deve ser observado que na hipótese de início de atividades no próprio ano-calendário, os limites anteriormente referidos serão proporcionais ao número de meses em que a pessoa jurídica ou a firma individual houver exercido atividade, desconsideradas as frações de meses.

O BNDES estabelece que, no caso de empresas em implantação, será considerada a projeção anual de vendas utilizada no empreendimento, levando-se em conta a capacidade total instalada. Por outro lado, as médias empresas em implantação não são enquadráveis no FGPC.

A instituição dispõe que, se a empresa for controlada por outra empresa ou pertencer a um grupo econômico, a classificação do porte dar-se-á considerando-se a receita operacional bruta consolidada.

Enquadramento das operações conforme o tipo de risco

A garantia de risco por conta do FGPC poderá ser concedida a operações cujo risco esteja classificado como nível "AA", "A", "B" ou "C", de acordo com a Resolução n° 2.682, de 21 de dezembro de 1999, do Banco Central do Brasil.

6.12.1 Comissão de garantia

A beneficiária da garantia pagará ao FGPC comissão correspondente ao percentual obtido pela multiplicação do fator 0,15 pelo número de meses do prazo total da operação, incidente sobre a parcela do crédito garantida. O montante apurado será incorporado ao principal da dívida, quando da primeira liberação de recursos, e cobrado nas mesmas datas de exigibilidade do crédito concedido.

Garantias

- em cada operação de financiamento no âmbito das linhas BNDES automático e Finame, com garantia de risco pelo FGPC, deverá ser exigida a constituição de garantia fidejussória do responsável ou dos responsáveis pela sociedade, pela totalidade da dívida. Além disso, outros critérios poderão ser adicionados;
- nas operações de apoio à exportação poderão ser dispensadas a exigência e a garantia real nos financiamentos de até US$ 500 mil;
- fica por conta da instituição financeira a decisão quanto às garantias e quanto à utilização do FGPC ao aprovar a operação;
- somente poderão utilizar o FGPC empresas que não tenham atrasos acumulados de pagamentos à instituição financeira por mais de 90 dias, nos últimos 12 meses anteriores à data de contratação da operação.

Tabela 6.4 Risco máximo do FGPC no valor financiado

Porte da empresa	Região	Programas	Risco máximo assumido pelo FGPC
MPE	Qualquer região	Finame, BNDES Automático, Finem e Pré-embarque	80%
Média ou fabricante de insumos	Regiões abrangidas pelo Programa de Dinamização Regional (PDR)	Finame, BNDES Automático, Finem e Pré-embarque	80%

continua...

Média ou fabricante de insumos	Regiões não abrangidas pelo Programa de Dinamização Regional (PDR)	Finame, BNDES Automático, Finem e Pré-embarque	70%
MPE	Qualquer região	Pré-embarque especial	80%
Média	Qualquer região	Pré-embarque especial	70%

Fonte: Siscomex.

Considerações finais

No âmbito mundial o comércio influencia muito os países, possibilitando oportunidades a todos. É necessário preparo para nele atuar. Os países precisam implementar o acesso para as empresas e criar condições favoráveis para que elas possam participar. Além disso, é preciso entender que elas estão sujeitas a eventuais riscos e às oscilações de mercado.

Segundo Soares (2004), as economias hoje são interdependentes, o que evidencia um estreitamento na relação nesse vasto e crescente mercado. Dispor de poucos recursos naturais, financeiros ou tecnológicos, normalmente estratégicos, pode influenciar os participantes desse ambiente, também na produção de bens, mesmo no caso daqueles cuja matéria-prima é abundante. Dessa forma, a evolução e a diversificação na comercialização só aumentam as dificuldades para aqueles que estão no mercado ou pretendem entrar nele.

O crescimento do mercado mundial apresenta números impressionantes, mas foi, sem dúvida, por questão da abertura do comércio por meio de acordos multilaterais, negociações da Organização Mundial do Comércio para liberalização do comércio, serviços, utilização de mecanismos de fomento, por exemplo, incentivos fiscais regionais para regiões mais pobres do globo e financiamentos, além do estabelecimento de acordos regionais.

Exercícios de fixação

1. Comente os mecanismos de apoio às exportações.

2. Teça uma abordagem sobre o Brasil no comércio internacional, a utilização de financiamentos, bem como suas formas.

3. Explique a política brasileira para financiamentos.

4. No caso de operações de exportação, quais serviços deverão ser obedecidos no caso de comercialização, no exterior, de serviços de construção civil e engenharia?

Referências bibliográficas

CORTIÑAS Lopez, José Manoel. *Exportação brasileira*: a real participação das empresas. São Paulo: Lex, 2005.

KEEGAN, Warren J.; Green, Mark C. *Princípios de marketing global*. São Paulo: Saraiva, 2000.

LABATUT, Ênio Neves. *Teoria e prática de comércio exterior*. São Paulo: Aduaneiras, 1979.

LARRAÑAGA, Félix Alfredo. *Introdução às relações internacionais*. São Paulo: Aduaneiras, 2003.

LUDOVICO, Nelson. *Logística internacional*: enfocando o comércio exterior. São Paulo: STS, 2004.

PINHEIRO, Armando Castelar; MARKWALD, Ricardo; PEREIRA, Lia Valls (Orgs.). *O desafio das exportações*. Rio de Janeiro: BNDS, 2002.

PIPKIN, Alex. *Marketing internacional*. São Paulo: Aduaneiras, 2000.

RATTI, Bruno. *Comércio internacional e câmbio*. São Paulo: Aduaneiras, 2004.

SANDRONI, Paulo. *Dicionário de economia*. São Paulo: Best Seller, 1989.

SOARES, Cláudio César. *Introdução ao comércio exterior*: fundamentos teóricos do comércio internacional. São Paulo: Saraiva, 2004.

TORRES, Igor Gonçalves. *Comércio internacional no século XXI*. São Paulo: Aduaneiras, 2000.

VAZQUEZ, José Lopes. *Manual de exportação*. São Paulo: Atlas, 1999.

VIEIRA, Aquiles. *Importação*: práticas, rotinas e procedimentos. São Paulo: Lex, 2006.

_____. *Teoria e prática cambial*: exportação e importação. São Paulo: Aduaneiras, 2004.

Sites

http://www.bndes.gov.br

http://www.desenvolvimento.gov.br

http://www.fazenda.gov.br/sain

http://www.planalto.gov.br

http://www.receita.fazenda.gov.br

http://www.wto.org

7

Os pagamentos internacionais: modalidades

Marcos Antônio de Andrade

O objetivo deste capítulo é mostrar algumas particularidades das principais operações de financiamento, suas características e seus fluxos. Além dos financiamentos, apresentaremos as garantias mais importantes de comércio exterior praticadas no mercado brasileiro.

A apresentação desses produtos tem como objetivo disponibilizar para um número maior de profissionais, empresas exportadoras e importadoras que atuam em comércio exterior alternativas de financiamento ou garantias externas. Maia (2004) informa que o mercado internacional oferece oportunidades muito vantajosas por meio das quais é possível captar empréstimos em moeda estrangeira em diversas modalidades.

Introdução

O mercado externo disponibiliza operações de financiamento em moeda estrangeira, principalmente as vinculadas aos financiamentos de exportação e importação, regulamentadas e rigorosamente controladas pelo Banco Central do Brasil. Esse controle se faz necessário devido ao regime cambial adotado pelo governo brasileiro que obriga os agentes financeiros a vincular o registro de todas as operações aos sistemas de controle vigentes.

Na verdade, é importante lembrar que o Brasil é um dos poucos países, entre os considerados emergentes, que mantém um sistema rígido de câmbio que faz com que o mercado brasileiro tenha um maior grau de dificuldade se comparado com os sistemas praticados em países nos quais há livre conversibilidade de moedas.

Não podemos deixar de observar que qualquer operação de comércio exterior realizada no mercado brasileiro demanda critérios e procedimentos específicos que usualmente não são necessários quando cursados em outros países do mercado globalizado.

As regulamentações impostas pela autoridade monetária brasileira responsável pela fiscalização das operações de comércio exterior no mercado brasileiro são, de certa forma, necessárias devido à necessidade de conversibilidade para uma moeda forte e ao controle do fluxo cambial brasileiro.

7.1 *Forfaiting*

O *forfaiting* é uma modalidade de financiamento utilizada em operações de exportação com mercadoria embarcada. Esse produto é muito similar ao desconto de duplicata praticado no mercado financeiro brasileiro. Trata-se da venda, pelo exportador, dos direitos de crédito de exportação a uma instituição financeira estabelecida no exterior.

Essa venda, em geral, é de caráter definitivo e não há direito de regresso contra o exportador. O valor da transação é recebido mediante a transferência dos direitos do saque (endosso) ao novo credor.

A negociação de recebíveis de *forfaiting* pode ser realizada antes do embarque da mercadoria ou após ele. É importante lembrar que a formalização do produto acontece somente depois da confirmação do embarque das mercadorias e da apresentação dos documentos que comprovem a exportação.

Quando a negociação é realizada antes do embarque, o comprador do risco costuma solicitar ao exportador pagamento de comissão para manter condições de preço e prazo preestabelecidos.

Com relação aos custos de operacionalização do produto, eles são geralmente determinados por uma taxa de desconto a ser aplicada sobre o valor do preço FOB (valor do produto excluídos os serviços) da exportação. Esses custos podem variar de acordo com a qualidade do crédito do devedor (importador) e de seu respectivo país. Em alguns casos, é possível solicitar garantias para cobertura do crédito.

A utilização do *forfaiting* oferece as seguintes vantagens:

- elimina o risco político;
- não importa ao banco comprador do saque a origem da mercadoria;
- elimina o risco comercial;
- elimina o serviço de cobrança;
- possibilita liquidação imediata das posições de ACE (Adiantamento sobre Cambiais Entregues).

O fluxo operacional do *forfaiting* pode ocorrer da seguinte forma:

Quadro 7.1 Fluxo operacional do *forfaiting*

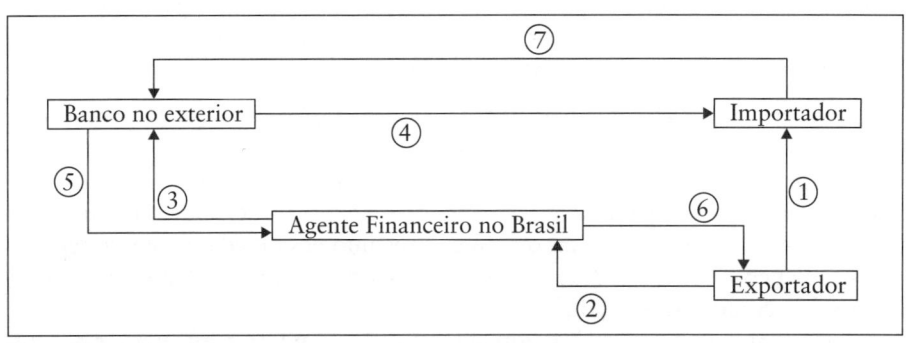

```
                          ⑦
      ┌─────────────────────────────────────┐
      │  Banco no exterior ─────────────────┼──► Importador
      │         ▲              ④            │       ▲
      │   ⑤     │    ③                      │   ⑥   │ ①
      │         └──── Agente Financeiro no Brasil ──┤
      │                        ▲                    │
      │                        │         Exportador │
      │                        ②                    │
      └─────────────────────────────────────────────┘
```

Fonte: Elaborado pelo autor.

1. O exportador brasileiro realiza venda de mercadorias a prazo.
2. O exportador entrega os documentos ao agente financeiro no Brasil e solicita ao agente que sejam encaminhados para banco no exterior.
3. O agente financeiro no Brasil encaminha os documentos de exportação juntamente com "saque" para que sejam aceitos pelo importador.
4. O banco no exterior solicita que o importador "aceite o saque" e confirme pagamento da dívida conforme prazo de pagamento.
5. De posse do "saque aceito" pelo importador, o banco no exterior antecipa o pagamento da exportação para o agente financeiro no Brasil.
6. Com o crédito da moeda estrangeira, o agente financeiro no Brasil contrata câmbio de exportação "pronto" do exportador brasileiro.
7. No vencimento do contrato o importador realiza o pagamento diretamente ao banco no exterior.

7.2 Pré-pagamento de exportação

Trata-se de uma modalidade de financiamento de exportação que ocorre mediante recebimento de recursos provenientes do exterior, os quais são regulamentados pelo Banco Central do Brasil.

O Banco Central do Brasil permite o pagamento antecipado de uma exportação desde que realizado pelo próprio importador ou por meio de instituições financeiras no exterior. A liquidação desse financiamento só se dá com a comprovação do embarque das mercadorias, respeitando-se os prazos máximos estabelecidos pelo Banco Central, contados a partir da data da contratação do câmbio. Operações com prazo superior a 360 dias devem ter prévia autorização do Banco Central do Brasil.

Em uma operação de pré-pagamento de exportação, o pagamento dos juros do financiamento segue alguns critérios específicos, como:

- o período de incidência dos juros é livremente pactuado pelas partes;
- os juros relativos às operações de pagamento antecipado podem ser remetidos ao credor no exterior mediante a contratação do câmbio. O valor é apurado sempre sobre o saldo devedor.

A taxa de juros desse financiamento varia conforme o prazo da operação, a capacidade de crédito do exportador e a situação econômica e política do país.

Na hipótese de não ocorrer o embarque da mercadoria dentro do prazo previsto, uma operação de pagamento antecipado de exportação pode ser convertida em investimento direto de capital ou em empréstimo em moeda mediante registro prévio no Banco Central do Brasil. É de fundamental importância que haja anuência prévia do credor no exterior.

Caso ocorra a situação mencionada, caberá ao exportador efetuar a comprovação do pagamento de imposto de renda incidente sobre os juros remetidos ao exterior.

Quadro 7.2 Fluxo de pré-pagamento de exportação

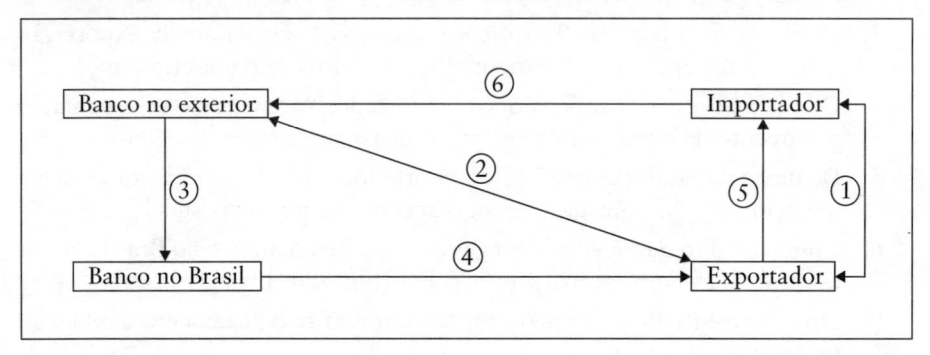

Fonte: Elaborado pelo autor.

1. Exportador e importador negociam e efetivam o contrato mercantil.
2. Com base nas condições definidas no contrato mercantil de exportação, o banco no exterior e o exportador firmam contrato de pré-pagamento de exportação.
3. O banco no Brasil emite garantia ou assume responsabilidade de fiscalizar *performance* de exportação.
4. O banco no Brasil emite ROF (Registro de Operação Financeira) e libera os recursos do pré-pagamento para o exportador.
5. O exportador realiza embarques da mercadoria e entrega saques para cobrança no exterior solicitando crédito para o banco no exterior.
6. No vencimento o importador credita a moeda estrangeira diretamente ao banco no exterior.

7.3 Compra e venda de *performance* de exportação

Uma operação de compra e venda de *performance* de exportação não é uma modalidade de financiamento, mas, sim, um mecanismo criado pelo mercado financeiro para atender algumas necessidades específicas de exportadores que realizaram financiamento de exportação, na maioria dos casos Adiantamento de Contrato de Câmbio (ACC), e estão com dificuldade para embarcar as mercadorias.

O produto compra de *performance* de exportação tem como objetivo minimizar os custos de um cancelamento de exportação. Nesse caso, o exportador tem a oportunidade de comprar a *performance* de outro exportador que não precisa solicitar antecipação de suas exportações.

Os grandes vendedores de *performance* são, em geral, empresas multinacionais exportadoras que seguem limites impostos por sua matriz para realizar operações de financiamento de ACC, ou empresas exportadoras que têm no prêmio pago pelo comprador da *performance* um ganho adicional para aumentar a sua rentabilidade.

Na venda de *performance* de exportação o exportador não está cedendo um crédito ou alugando um contrato, está, efetivamente, vendendo a um terceiro a mercadoria cuja exportação já é objeto de contrato firmado com o importador no exterior. O comprador da *performance* torna-se o efetivo vendedor da mercadoria que foi exportada.

O preço de uma *performance* é pago por meio de uma comissão *flat* e varia de acordo com a necessidade da empresa compradora da *performance* (arbitragem financeira, não disponibilidade de embarques para liquidação de ACC, crédito de moeda estrangeira e liquidação no exterior).

Os vendedores de *performance* não incorrem em riscos nesse tipo de operação porque geralmente solicitam uma garantia bancária. Se o CNPJ (Cadastro Nacional da Pessoa Jurídica) do comprador estiver bloqueado no Banco Central, a operação não pode ser concluída. Já os compradores assumem o risco de o vendedor faltar com a entrega da *performance* e arcam com os ônus decorrentes dessa falta.

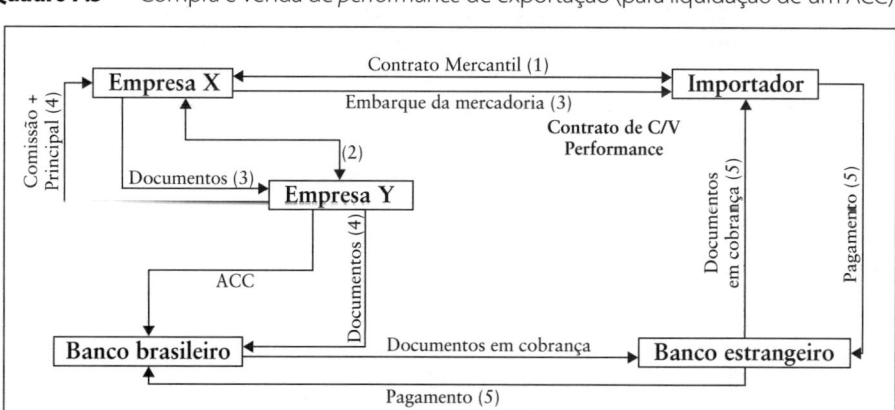

Quadro 7.3 Compra e venda de *performance* de exportação (para liquidação de um ACC)

Fonte: Elaborado pelo autor.

1. A empresa X, com base em um contrato mercantil fechado com o importador, tem interesse em vender esse contrato para uma outra empresa local, a empresa Y.
2. As empresas X e Y acertam as condições do contrato de compra e venda de *performance*.
3. A empresa X realiza o embarque da mercadoria e prepara a documentação como se toda a mercadoria tivesse sido vendida para a empresa Y e depois exportada para o importador.
4. A empresa Y recebe em seu nome a documentação da empresa X e a encaminha para o banco para que sejam realizadas a cobrança e a liquidação da operação de exportação.
5. O banco efetua a cobrança no exterior e recebe pagamento do importador.

7.4 *Export note*

O produto *export note* foi regulamentado em 1990 por meio da Circular nº 1.846 do Banco Central do Brasil. Esse tipo de operação é classificado como uma modalidade de financiamento em que o comprador tem a possibilidade de adquirir recursos no mercado local, indexados em moeda estrangeira, geralmente dólar norte-americano.

Trata-se de uma modalidade exclusiva do mercado brasileiro utilizada como alternativa para as operações tradicionais de financiamento de exportação, por exemplo, o ACC.

O principal aspecto distintivo desse produto é a não-aplicação de penalidades por parte do Banco Central do Brasil caso o exportador deixe de realizar a comprovação da exportação dentro dos prazos previstos em contrato. Apesar do nome, o *export note* pode ser definido como uma cessão de direitos creditórios de receitas futuras de empresas que possuam contratos de exportação firmados.

A cessão dos direitos é realizada por meio da vinculação de um contrato de exportação vigente entre comprador e vendedor. Esse vínculo é caracterizado pela cessão do lastro de exportação, cujo cedente é sempre o exportador.

Para obter um aluguel de lastro, o tomador deverá encontrar um exportador disposto a ceder os direitos creditórios de seus contratos de exportação. Mediante a cessão desses direitos é negociado o pagamento, a termo, a título de comissão pela cessão do lastro.

Não há fluxo de recursos. Até a data do vencimento o lastro fica em posse da empresa que o alugou. Após a liquidação financeira da operação, o lastro é devolvido ao exportador (por meio de liquidação escritural ou de compensação de débitos e créditos de mesmo valor).

Quadro 7.4 Fluxo do *export note*

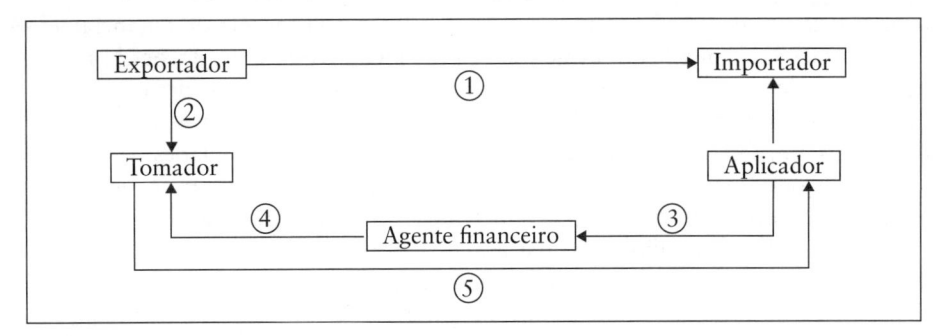

```
Exportador ───────①──────────► Importador
    │                               ▲
    ②                               │
    ▼                               │
Tomador                          Aplicador
    ▲                               │
    │         Agente financeiro ◄──③
    └────④────────│
              ────⑤────────────────
```

Fonte: Elaborado pelo autor.

1. O exportador formaliza contrato mercantil de exportação com o importador.
2. O exportador faz cessão do lastro de exportação para o tomador de recursos.
3. O aplicador procura um agente financeiro para encontrar um tomador de reais disposto a pagar remuneração com variação cambial mais margem.
4. O agente financeiro repassa os recursos para o tomador, que confirma a obtenção do lastro.
5. No vencimento do contrato, o tomador liquida a operação diretamente com o aplicador.

O valor de uma operação de *export note* não pode exceder o valor constante no contrato mercantil de exportação. Os prazos de vencimento não podem ser posteriores à data de embarque prevista no contrato de cessão realizado entre as partes.

A liquidação é efetuada no mercado local, sem vínculo com o embarque das mercadorias. A moeda utilizada é sempre de igual valor em real convertido à taxa de câmbio equivalente à moeda estrangeira do contrato utilizado como lastro da operação no dia do vencimento das notas.

O custo do *export note* para o tomador do financiamento é maior que o do ACC, pois as bases de referência para a captação dos recursos utilizados na operação são as praticadas no mercado local.

Para esse tipo de financiamento, a alíquota de Imposto sobre Operações Financeiras (IOF) atualmente está em zero. No que diz respeito ao aplicador de recursos, existe a retenção de imposto de renda na fonte no momento da apuração do resultado da operação.

7.5 Programa de Financiamento às Exportações (Proex)

Criado pela Lei nº 8.187, de 1º de junho de 1991, o Programa de Financiamento às Exportações (Proex) é um projeto oficial de incentivo às exportações brasileiras que utiliza recursos do Tesouro Nacional. Foi elaborado para suceder o Finex – Financiamento à Exportação, extinto em 1990 por problemas orçamentários –, mas manteve as características básicas deste oferecendo duas modalidades de incentivo às exportações: financiamento e pagamento de equalização de taxas de juros, denominadas, respectivamente, Proex /financiamento e Proex/equalização.

O Proex foi disponibilizado para atender a demanda de exportadores brasileiros que precisavam de prazo mais longo para vender seus produtos no exterior, inicialmente os altamente industrializados. Mas posteriormente foi ampliado, também, para atender outros produtos manufaturados e semimanufaturados, inclusive os de consumo e agropecuários.

São elegíveis para o Proex exportações brasileiras de bens e serviços com prazo de pagamento acima de 180 dias. O programa prevê a concessão de financiamento ao exportador (*supplier's credit*), bem como financiamento ao importador (*buyer's credit*).

As alterações no Proex tiveram como objetivo atender as exigências de acordos firmados no âmbito da Organização Mundial do Comércio (OMC), por esse motivo, o programa sofreu várias modificações normativas desde a sua criação. Os produtos que atualmente são contemplados pelo programa constam na Portaria nº 58, de 10 de abril de 2002, divulgada pelo Ministério do Desenvolvimento, Indústria e Comércio Exterior.

7.5.1 Proex/financiamento

As operações do Proex/financiamento são disponibilizadas para exportações de bens e serviços. Esse financiamento utiliza recursos do Tesouro Nacional e é feito direto ao exportador ou ao importador.

Os produtos elegíveis para a modalidade financiamento estão relacionados em ato do governo publicado pelo Ministério do Desenvolvimento, Indústria e Comércio Exterior, na Portaria nº 58.

Os serviços enquadrados são os de instalação, montagem, manutenção e posta marcha, no exterior, de máquinas ou equipamentos de fabricação nacional. No entanto, os serviços devem ser executados por empresas sediadas no Brasil e que integrem a mesma operação de exportação. As exportações podem ser negociadas em qualquer condição de venda praticada no comércio internacional.

Considera-se prazo de pagamento para essa modalidade o período entre a data do embarque ou da entrega das mercadorias, da fatura, do contrato comercial ou do contrato de financiamento ou, ainda, da data da consolidação dos embarques ou do faturamento dos serviços e a data de vencimento da última parcela do principal.

Deve ser observado pelo exportador que o prazo de pagamento não pode ser superior ao prazo máximo indicado pela legislação para a mercadoria. Todavia, pode ser ampliado para até 96 meses em função do valor financiado e/ou do local de embarque da mercadoria.

No caso de operação de exportação com mercadorias diversas, serão adotados critérios específicos estabelecidos pela legislação para os prazos de pagamento. Para os financiamentos dentro da linha do Proex devem ser observados os seguintes critérios:

- são permitidas as moedas conversíveis aceitas internacionalmente;
- amortização: em parcelas contadas da data do embarque ou da entrega das mercadorias, da fatura, do contrato comercial ou do contrato de financiamento ou, ainda, da data da consolidação dos embarques ou do faturamento dos serviços;
- a taxa de juros deverá ser compatível com a praticada no mercado internacional. Os juros devem ser calculados sobre o saldo devedor e devidos nas mesmas datas de vencimento das parcelas do principal;
- juros de mora: 1% ao ano acima da taxa contratual;
- podem ser concedidas, conforme o Comitê de Crédito às Exportações (CCEx), condições distintas, se necessário.

Para liberação dos recursos aos exportadores é imprescindível a prévia comprovação:

- do embarque das mercadorias e, quando for o caso, do faturamento dos serviços;
- da liquidação da operação de câmbio relativa à parcela não financiada, quando houver;
- da constituição de garantias que assegurem o integral retorno dos financiamentos concedidos e dos respectivos juros.

Os instrumentos de garantia utilizados são:

- aval, fiança, carta de crédito ou instrumentos assemelhados ao aval e à fiança;
- créditos documentários ou títulos emitidos ou avalizados por instituições autorizadas dos países participantes do Convênio de Pagamentos e Créditos Recíprocos (CCR),[1] cumpridas todas as formalidades para reembolso automático;
- seguro de crédito à exportação;[2]
- aval do governo ou de bancos oficiais do país importador, quando se tratar de operações com entidades estrangeiras do setor público.

Observação: a empresa exportadora deverá encaminhar o pleito ao agente financeiro do Tesouro Nacional – que é o Banco do Brasil – para o Proex.

Essa modalidade oferece crédito ao exportador ou ao importador de bens e serviços brasileiros por meio de instituições financeiras no país ou no exterior que assumem

---

[1] Câmara de compensação para os pagamentos entre os bancos centrais dos países da Aliança Latino-Americana de Integração – ALADI e a República Dominicana, desde 1965.

[2] Decreto nº 3.937/01: "O Seguro de Crédito à Exportação (SCE) tem por objetivo segurar as exportações brasileiras de bens e serviços contra os riscos comerciais, políticos e extraordinários que possam afetar as transações econômicas e financeiras vinculadas a operações de crédito à exportação".

parte dos encargos financeiros, tornando-os compatíveis com os praticados no mercado internacional. O financiamento pode alcançar até 85% do valor da exportação na condição de venda pactuada. Os prazos para pagamento variam de 360 dias a 10 anos, e as parcelas podem ser semestrais ou trimestrais, consecutivas e de igual valor.

Os produtos elegíveis para a modalidade financiamento estão relacionados em ato do governo publicado pelo Ministério do Desenvolvimento, Indústria e Comércio Exterior (Portaria nº 58). Os serviços enquadrados nesse caso são os de instalação, montagem, manutenção e posta marcha, no exterior, de máquinas ou equipamentos de fabricação nacional. No entanto, os serviços devem ser executados por empresas sediadas no Brasil e que integrem a mesma operação de exportação.

O prazo de pagamento nessa modalidade é o período entre a data do embarque ou da entrega das mercadorias, da fatura, do contrato comercial ou do contrato de financiamento ou, ainda, da data da consolidação dos embarques ou do faturamento dos serviços e a data de vencimento do último pagamento de equalização.

Deve ser observado pela empresa exportadora que o prazo de pagamento não pode ser superior ao prazo pactuado pelo exportador e ao prazo máximo indicado pela legislação para a mercadoria. Todavia, o pagamento da equalização pode ser ampliado para até 96 meses em função do valor unitário no local de embarque da mercadoria. No caso de operação de exportação com mercadorias diversas, serão adotados critérios específicos estabelecidos pela legislação para os prazos de pagamento.

7.5.2 Proex/equalização

Essa modalidade permite ao exportador brasileiro solicitar ao Tesouro Nacional reembolso de parte dos juros pagos por um importador. O Proex/equalização tem como objetivo melhorar a competitividade dos produtos brasileiros em vendas a prazo realizadas no mercado externo.

Somente os financiamentos e refinanciamentos pós-embarque são elegíveis para esse programa, que possui algumas características e condições específicas:

- os produtos devem estar enquadrados nos critérios estabelecidos para as mercadorias a serem exportadas conforme a Nomenclatura Comum do Mercosul (NCM);
- o prazo de equalização pode ser de até 10 anos, definido de acordo com o valor agregado da mercadoria ou a complexidade do serviço prestado. Essa relação está disponível na Portaria MDIC nº 58, de 10 de abril de 2002. O prazo de equalização será sempre limitado ao prazo do financiamento pactuado com o agente financeiro;
- o percentual de equalização é de no máximo 85% do valor exportado.

Para que o exportador possa ter o benefício do Proex/equalização é necessário encaminhar solicitação por intermédio do Siscomex (Sistema Integrado de Comércio Exterior). Essa solicitação pode ser feita diretamente pelo exportador ou por meio de um agente financeiro. Deve ser específica para cada exportação e pleiteada por meio do Registro de Operação de Crédito (RC), cuja aprovação pelo Banco do Brasil deve ser obtida antes do embarque da mercadoria.

Os documentos de exportação necessários para registro da operação no Siscomex são:

- fatura comercial;
- conhecimento de transporte internacional;
- certificado de origem ou outros documentos exigidos no país de destino;
- Registro de Exportação (RE) averbado.

O pedido de Registro de Operação de Crédito deve apresentar alguns procedimentos específicos, como segue:

- a solicitação de enquadramento deve ocorrer após negociação de venda com o importador e aprovação do financiamento;
- esse pedido de enquadramento deve conter informações precisas referentes ao prazo da operação, valor total a ser equalizado e dados do beneficiário;
- o exportador deve aguardar o retorno do RC, pelo Siscomex, com *status* "aprovado";
- após aprovação, o exportador tem de providenciar o embarque das mercadorias, vinculando o RE ao RC aprovado;
- após o embarque da mercadoria, os documentos de exportação devem ser encaminhados ao agente financeiro para os procedimentos de formalização e enquadramento;
- o agente financeiro deve realizar a conferência dos documentos e enviá-los ao exterior juntamente com os saques para que sejam aceitos pelo importador e/ou garantidor;
- cumpridas as etapas de formalização, o agente financeiro deverá custodiar as NTNs-I (Nota do Tesouro Nacional – Série I) e notificar o beneficiário das datas do crédito de acordo com o vencimento das parcelas financiadas ou a liquidação do contrato em moeda estrangeira.

Nas operações do Proex/equalização podem ser beneficiários das notas de crédito tanto os exportadores como as instituições financeiras que fazem a custódia dos títulos. As condições do financiamento, como a garantia, a taxa de juros, o prazo e a forma de pagamento do principal, podem ser livremente negociadas entre o financiador e o importador ou exportador.

A única exigência do Proex é em relação ao pagamento dos juros, que deve ser semestral contado da data de embarque da mercadoria ou em uma única data, para operações com prazo inferior a 360 dias. As regras do Proex também estabelecem prazos e percentual de equalização conforme mostra o Quadro 7.5:

Quadro 7.5 Prazos x percentual de equalização

Período	% máximo possível de equalização (ano)
1 ano	1,0%
1 ano até 2 anos	1,1%
2 anos até 3 anos	1,2%
3 anos até 4 anos	1,3%
4 anos até 5 anos	1,5%
5 anos até 6 anos	1,7%
6 anos até 7 anos	1,8%
7 anos até 8 anos	2,1%
8 anos até 9 anos	2,3%
9 anos até 10 anos	2,5%

Fonte: Ministério do Desenvolvimento, Indústria e Comércio.

As condições de equalização são definidas pelo Tesouro Nacional e atualmente têm um percentual máximo de equalização de até 85% do valor da exportação, limitado ao valor do financiamento, de acordo com o índice de nacionalização do bem exportado, e segundo a aplicação da fórmula que segue:

Parcela financiável = (índice nacionalização + 40%) x 85%

Caso a comissão do agente seja superior a 15% do valor da exportação, o percentual máximo equalizável será a diferença entre o valor da exportação e a comissão do agente e limitado ao valor do financiamento.

A base de cálculo utilizada para amortizar o saldo devedor dos financiamentos tem como referência o prazo máximo equalizável ou o prazo do financiamento, considerando-se o regime de amortização semestral do principal sem carência.

A moeda utilizada como base de financiamento é o dólar norte-americano. Caso a exportação seja realizada em outra moeda conversível, o financiamento deverá ser convertido para o equivalente em dólar utilizando-se a paridade vigente na data de início do primeiro período de equalização.

O pagamento das equalizações é realizado em notas do Tesouro Nacional da série I (NTNs-I) com vencimentos semestrais. Os valores das NTNs-I são atualizados pela variação cambial; elas são nominativas e de caráter intransferível. Seu processamento acontece de forma escritural, mediante registro no Sistema Especial de Liquidação e de Custódia (Selic) pelo qual são efetuados os seus resgates.

Caso o agente financeiro envolvido no processo de equalização não participe do Selic, é necessário que seja nomeado um agente participante desse sistema para atuar como banco agente. A emissão das NTNs-I é realizada após declaração do banco agente ao Banco do Brasil (agente financeiro do Tesouro Nacional), que tem a posse dos documentos comprobatórios requeridos pelo programa.

O Proex/equalização foi criado para estimular os exportadores brasileiros e beneficiá-los, mas o programa apresenta alguns critérios de enquadramento que devem ser observados a fim de evitar transtornos para o beneficiário.

O mais comum de ocorrer é o risco operacional, porque algumas normas do programa requerem prazos específicos para apresentação de documentos comprobatórios. Caso o agente financeiro ou o exportador não procedam de forma adequada, fica comprometido o pagamento da equalização. Erros podem causar o não-acolhimento do pedido de pagamento da equalização de uma operação do Proex. Por essa razão, é de fundamental importância enquadrar e processar a operação de forma perfeita e adequada. Isso evita prejuízos para as partes envolvidas, que podem ser visualizadas no Quadro 7.6.

Quadro 7.6 Simulação Proex/equalização

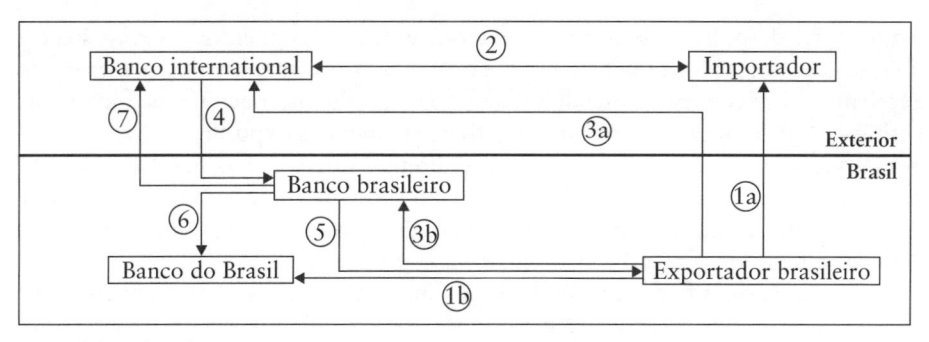

Fonte: Elaborado pelo autor.

1a. Exportador e importador acertam operação comercial e definem condições de pagamento (à vista).

1b. O exportador solicita ao Siscomex emissão de RC para aprovação e enquadramento da exportação dentro do Proex; informa que haverá financiamento do banco international.

2. O importador e o banco international formalizam linha de financiamento para desembolso imediato (financiamento estruturado de acordo com os interesses do importador e do banco international).

3a. O exportador embarca a mercadoria, notifica o banco international, que providencia a formalização do crédito.

3b. O exportador negocia documentos com o banco brasileiro, solicita conferência da documentação e emissão de formulários padronizados específicos para o Proex/equalização.

4. O banco international, mediante recebimento dos documentos de embarque, envia pagamento (crédito) à ordem do exportador.

5. O banco brasileiro, após confirmação do crédito, contrata e liquida o câmbio de exportação, ou alguma linha de financiamento de exportação que possa ter sido contratada anteriormente (ACC ou Pré-pagamento).
6. O banco brasileiro, na qualidade de agente da operação e de posse do RC aprovado, solicita ao Banco do Brasil a emissão das NTNs-I de acordo com as parcelas de pagamento (NTN-I – Nota do Tesouro Nacional, série I, corrigida pela variação cambial, com vencimento conforme prazo de amortização da operação).
7. Quanto ao recebimento da equalização (resgate da NTN-I), o banco brasileiro remete a parcela devida ao banco international, deduzida a comissão de agenciamento.

7.6 BNDES-EXIM

Como parte da política de comércio exterior e de financiamentos, os recursos destinados à exportação de bens para o exterior têm proporcionado ao exportador excelentes condições para introduzir bens no mercado internacional de forma competitiva. O governo, que tem como objetivo alavancar as exportações brasileiras de bens e serviços, estabeleceu, por meio de diretrizes diversas, ações necessárias ao apoio das exportações, de tal forma, que não somente o número de exportadores está crescendo como também as exportações de bens, principalmente manufaturados e de alto valor agregado.

A utilização de financiamentos, nesse contexto, representa um diferencial importante nas vendas externas. O exportador consegue recursos a custos baixos e a prazos longos, o que permite maior inserção em um mercado bastante competitivo.

O BNDES-EXIM é um programa oficial de crédito que utiliza recursos do Banco Nacional de Desenvolvimento Econômico e Social (BNDES), para incentivo às exportações brasileiras de bens e serviços. As solicitações podem ser encaminhadas diretamente pelo exportador, mas a operação deve ser efetivada obrigatoriamente por meio de um agente financeiro escolhido por ele.

As linhas de BNDES-EXIM são de financiamento à produção de bens para exportação. Os produtos financiados devem ter no mínimo um índice igual ou superior a 60% de nacionalização brasileira. Para os programas de pré-embarque são beneficiárias empresas exportadoras incluindo *trading company* e empresa comercial exportadora. O BNDES participa em até 100% do valor da exportação, excluindo comissão do agente, frete, seguro internacional e eventuais antecipações.

O crédito é liberado em uma única parcela, com prazo total de até 18 meses. As condições do programa de pré-embarque permitem que o exportador tenha até 12 meses para comprovar o embarque da mercadoria, respeitando sempre um cronograma que deve ser apresentado antes da aprovação do financiamento. Após o prazo de embarque, o exportador pode optar por duas maneiras de liquidação:

- uma parcela única ao final de 14 meses contados a partir da liberação dos recursos para o exportador ou;
- em cinco parcelas iguais e consecutivas a partir do 13º mês da liberação dos recursos para o exportador.

Os juros e os custos de financiamento cobrados pelo BNDES variam conforme o tamanho e o faturamento anual do exportador, ou seja, os juros cobrados pelo BNDES de micro, pequena e média empresa são menores se comparados aos juros cobrados de uma grande empresa.

7.6.1 Pré-embarque

É o tipo de financiamento para viabilizar a exportação, na fase pré-embarque, da produção de bens manufaturados indicados em legislação e serviços de projeto e de detalhamento de engenharia.

O financiamento é destinado às empresas industriais exportadoras que tenham sede e administração no país, fabricantes de manufaturados. Quando os beneficiados forem *trading company* ou empresa comercial exportadora, os recursos deverão ser transferidos diretamente aos fabricantes dos bens objeto do financiamento.

Produtos financiáveis: os bens financiados devem apresentar índice de nacionalização, em valor igual ou superior a 60%, exceto automóveis de passeio da posição NCM/SH 8703.

Quanto aos níveis de participação, vão até 100% do valor no *Incoterm* FOB (*Free on Board*), excluídos, além do frete e do seguro internacional, a comissão do agente comercial e adiantamentos financeiros de qualquer natureza (incluindo pré-pagamentos). As características passo a passo da modalidade pré-embarque podem ser visualizadas no Quadro 7.7.

Quadro 7.7   Características da modalidade pré-embarque

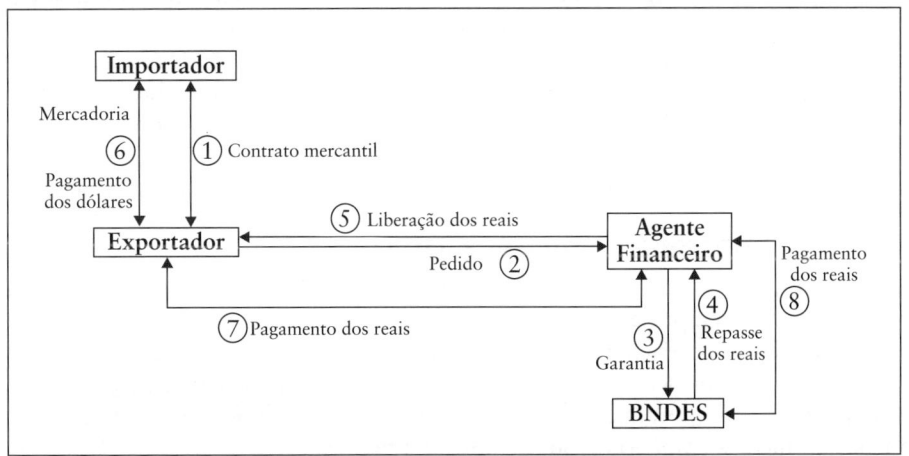

Fonte: Elaborado pelo autor.

1. O exportador define as condições de venda e assina contrato mercantil.
2. O exportador encaminha pedido ao agente financeiro.
3. O agente financeiro encaminha solicitação ao BNDES e emite garantia.
4. O BNDES aprova operação e libera valor em real para o agente financeiro.
5. O agente financeiro repassa o valor em real para o exportador.
6. O exportador entrega a mercadoria e recebe o pagamento em dólar.
7. No vencimento do contrato, o exportador liquida o financiamento em real.
8. O agente financeiro efetua o pagamento ao BNDES conforme condições aprovadas no financiamento.

As exportações serão comprovadas mediante o encaminhamento de documentos, conforme relação abaixo, realizado pelo agente financeiro que participa da operação, em um prazo de até 30 dias após a data prevista para liquidação financeira do contrato de financiamento.

Atualmente o BNDES solicita cópias dos seguintes documentos:

- Relatório de Acompanhamento da Operação (RAO) em planilha Excel, impressa e devidamente preenchida, carimbada e assinada;
- cópia do contrato de câmbio em cujo campo "Outras especificações" conste que a operação está sendo financiada pela linha BNDES-EXIM pré-embarque;
- comprovante da liquidação do câmbio;
- outros documentos julgados necessários pelo BNDES;
- cópia do Registro de Exportação (RE).

7.6.2 Pré-embarque especial

Essa modalidade tem como finalidade apoiar o incremento da produção de bens destinados ao mercado externo, sem vinculação específica de embarque de mercadorias, ou seja, o financiamento é concedido com base em uma promessa de aumento das exportações. A base considerada para incremento na produção de exportação é a média dos últimos três exercícios.

O exportador deve comprovar sua performance em um período de até 12 meses contados a partir da data de desembolso. Caso o exportador não consiga cumprir o aumento de exportação apresentado para o BNDES, perderá os benefícios inicialmente concedidos e terá de pactuar novamente prazo e condições de financiamento.

7.6.3 Pré-embarque – empresa âncora

Essa modalidade de financiamento também é disponibilizada na fase pré-embarque por meio de uma empresa exportadora, aqui classificada como empresa âncora. As principais empresas beneficiárias do programa "Âncora" são as *trading companies*, comercial exportadora ou demais empresas exportadoras que participem da cadeia produtiva e que adquiram a produção de um conjunto significativo de micros, pequenas ou médias empresas visando à própria exportação.

Os prazos de financiamento são de até 18 meses. O último embarque não pode ultrapassar o prazo de 12 meses e a liquidação da operação de comércio exterior não pode ser superior a seis meses.

7.6.4 Pós-embarque

Esse programa tem como objetivo beneficiar o financiamento ou o refinanciamento de exportações de bens e serviços mediante o desconto de saques e cartas de crédito a prazo (com índice de nacionalização igual ou superior a 60%).

Como nos financiamentos de pré-embarque, o BNDES financia até 100% do valor da exportação, considerando-se como base de financiamento qualquer modalidade do *Incoterm* utilizada na operação de exportação, desde que conste no Registro de Operações de Crédito – RC. Fica a critério do BNDES as condições de aprovação e enquadramento do financiamento.

A taxa de juros dos financiamentos pós-embarque tem como referência a London Interbank Offered Rate (Libor – taxa referencial de juros utilizada no mercado internacional) com *spread* mínimo de 1% ao ano.

Nos financiamentos pós-embarque, o agente financeiro brasileiro pode participar de duas maneiras:

- Como banco mandatário: presta serviços administrativos e liquida as parcelas de principal de juros conforme estabelecido no contrato de financiamento.
- Como banco agente garantidor: nessa condição, além da prestação de serviços, o agente financeiro brasileiro garante o risco de pagamento da exportação.

Além de agentes financeiros brasileiros, o BNDES aceita que o importador apresente outras opções de garantia, a seu critério, entre as quais:

- instituições financeiras autorizadas no âmbito do CCR (Convênio de Crédito Recíproco);
- instituições financeiras no exterior com limite aprovado pelo BNDES;
- Seguradora Brasileira de Crédito à Exportação (SBCE).

As transações entre os agentes financeiros da modalidade pós-embarque estão definidas a partir da seqüência apresentada no Quadro 7.8:

Quadro 7.8   Características da modalidade pós-embarque

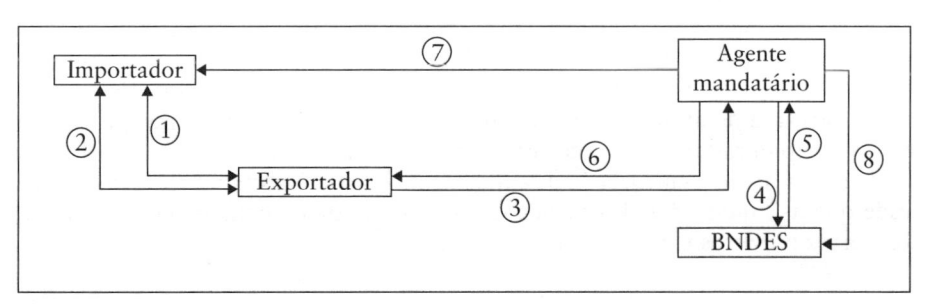

Fonte: Elaborado pelo autor.

1. O exportador define as condições de venda e assina o contrato mercantil.
2. O exportador embarca a mercadoria e emite saques de principal de juros aceitos pelo importador.
3. O exportador entrega saques ao agente mandatário para que sejam vinculados ao RC.
4. O agente mandatário solicita enquadramento no BNDES.
5. O BNDES aprova a operação e disponibiliza o crédito para o agente financeiro.
6. O agente financeiro antecipa recursos para o exportador.
7. No vencimento, o agente financeiro cobra o importador por meio de saque aceito.
8. O agente financeiro recebe o crédito e repassa os recursos em real para o BNDES.

7.7 Securitização de exportação

A securitização de exportações pode ser definida como uma estrutura de financiamento de exportação cuja característica básica é a utilização de fluxo de recebíveis de exportação como garantia de pagamento no exterior, com o objetivo de viabilizar a obtenção de linhas de financiamento à exportação.

A montagem dos fluxos de recebíveis de exportação está baseada no vínculo de um contrato de fornecimento de mercadorias (vendas futuras a serem realizadas pelo exportador). Nesse contrato o importador se compromete a adquirir essas mercadorias, que ainda serão produzidas e entregues dentro de um determinado prazo. Trata-se de uma operação que envolve a participação de um ou mais bancos e, em alguns casos, até de escritórios de advocacia especializados em operações internacionais.

A securitização de exportação geralmente não tem prazo inferior a dois anos e é um produto destinado para empresas que apresentam volume significativo de exportações e produtos tradicionais e/ou são altamente consumidos pelo mercado externo.

A estrutura básica da securitização compreende a venda, pelo exportador, de direitos futuros de um contrato de exportação mediante promessa firme de pagamento por parte do importador.

O comprador desses direitos geralmente é uma empresa criada com o propósito específico de adquiri-los, é a chamada *Special Public Company* (SPC). O importador é requerido a concordar em efetuar todo e qualquer pagamento devido ao exportador, a um *trustee* (empresa nomeada pela SPC que tem como responsabilidade administrar o fluxo de pagamentos e recebimentos da exportação).

A estrutura de utilização de uma SPC tem como objetivo permitir que os interesses dos compradores das notas emitidas pelo exportador sejam protegidos. Ao fim da operação de securitização de exportação é comum que a SPC seja dissolvida, desde que as liquidações dos títulos de crédito emitidas tenham ocorrido dentro dos prazos previstos em contrato.

7.8 Agências Internacionais de Crédito (ECAs)

As Export Credit Agencies (ECAs) são organismos internacionais de crédito criados com o objetivo de incentivar a exportação de bens e serviços de um determinado país ou de viabilizar investimentos multilaterais.

Em geral, essas agências não funcionam como órgãos financiadores, mas sim como seguradoras de crédito que garantem o pagamento do valor financiado pelos bancos na forma de seguros de crédito. As agências de incentivo à exportação costumam receber apoio de governos ou de agentes financeiros ligados aos governos de seus respectivos países.

É comum a atuação desses organismos de crédito se fazer por meio de apólice de seguro. O seguro de crédito emitido cobre em média o equivalente a 85% do valor da exportação ou do total de um projeto de investimento, quando for o caso. Os índices não cobertos pela apólice de seguro, aproximadamente 15%, são assumidos pelo importador ou pelo próprio banco financiador do crédito.

As coberturas de risco de crédito oferecidas por esses organismos incluem seguro contra riscos comerciais e políticos que possam levar o importador a uma possível inadimplência.

Após a emissão da apólice coberta por uma ECA, o importador tem condições de realizar financiamentos de importação com taxa de juro praticada no mercado internacional e baseada na variação da Libor ou na taxa-base dos países-membros da OCDE (Organização dos Países Membros da Comunidade Européia), a Commercial International Referencial Rate (CIRR), acrescida de um *spread* de acordo com o risco comercial do importador, além da cobrança de um prêmio pelo seguro contratado. Os organismos possuem características diferenciadas, mas os critérios básicos de custos, prazos de cobertura, valores mínimos e produtos são muito parecidos.

O Brasil dispõe de linhas de crédito com os principais organismos do gênero, entre eles, podemos destacar: EXIMBANK (Estados Unidos), HERMES (Alemanha), COFACE (França), CESCE (Espanha), ECGD (Inglaterra), SACE (Itália), EDC (Canadá), EXIBANK (Coréia) e ERG (Suíça), conforme apresentados no Quadro 7.9.

Quadro 7.9 Organismos internacionais – condições gerais

Origem/ Agência	Órgão governamental	Prazo	Mercadoria
Banco Mundial	IFC – International Finance Corporation	de 7 a 10 anos	Plantas industriais
BID	IIC – International Interamerican Corporation	de 7 a 10 anos	Plantas industriais que reduzam impacto ambiental
Alemanha	HERMES – Credit A G	de 2 a 10 anos	Bens de capital e equipamentos
Espanha	CESCE – Compañia Española de Seguros de Crédito a la Exportación	de 2 a 10 anos	Bens de capital, plantas industriais e projetos
França	COFACE – Compagnie Française d'Assurance pour le Commerce Extérieur	de 2 a 10 anos	Bens de capital e equipamentos
Itália	SACE – Sezione Speciale per l'Assicurazione del Credito all'Esportazione	até 2 anos	Bens de capital, serviços, *performance* de construção e *leasing*
Reino Unido	ECGD – Export Credits Guarantee Department	de 2 a 10 anos	Bens de capital projetos e construção
Canadá	EDC – Export Credit Corporation	de 2 a 5 anos	Bens de capital e serviços
EUA	CCC – Commodity Credit Corporation EXIMBANK – Export-Import Bank of the USA	de 1 ano a 10 anos de 2 a 10 anos	Produtos agropecuários Bens de capital e serviços
Suíça	ERG – Export Riskogarantie (Garantia contra risco de exportação)	de 2 a 5 anos	Bens de capital e serviços
Suécia	EKN – Export Kreditnamnden (Conselho de crédito à exportação)	de 2 a 5 anos	Bens de capital e serviços
Bélgica	OND – Office Nationale du Ducroire	de 2 a 5 anos	Bens de capital e serviços
Portugal	COSEC – Companhia de Seguro de Créditos	de 2 a 5 anos	Bens de capital e serviços de crédito
Japão	EXIMBANK – Export-Import Bank of Japan	de 2 a 10 anos	Bens de capital e serviços
Coréia do Sul	EXIMBANK – Export-Import Bank of Korea	de 2 a 10 anos	Bens de capital e serviços, componentes
China	EXIMBANK – Export-Import Bank of Taiwan	de 2 a 10 anos	Bens de capital e serviços

Fonte: Elaborado pelo autor.

7.9 *Leasing* internacional

O importador brasileiro pode realizar operações de *leasing* internacional para aquisição de bens de capital no exterior. O prazo desse tipo de operação é determinado de acordo com o prazo de depreciação do bem, não inferior a 24 meses. As operações requerem certificado de registro no banco.

7.10 Assunção de dívida internacional

Uma operação de assunção de dívida internacional é utilizada como mecanismo que possibilita a transferência de uma obrigação em moeda estrangeira contraída por um importador para um terceiro que tenha interesse em assumir risco de crédito em moeda estrangeira.

Para que essa operação seja efetivada, o importador e o novo devedor celebram um contrato de assunção de dívida pelo qual o importador faz a cessão de direitos e obrigações mediante o pagamento em real de quantia equivalente em moeda estrangeira convertida pela data do PTAX800 (taxa média de câmbio fornecida pelo Banco Central do Brasil). Dessa forma, transfere-se definitivamente ao novo devedor a responsabilidade do pagamento conforme a data de vencimento da importação. No contrato, as partes definem o pagamento de prêmio que pode oscilar conforme as circunstâncias de mercado.

Os bancos atuam muito com essas operações, ora como intermediários entre o importador e o novo devedor, ora como garantidores do novo devedor. Atualmente, sobre a operação de assunção de dívida internacional não incide recolhimento de compulsório.

7.11 Mútuo externo

As operações de mútuo externo, também conhecidas como *offshore loan*, têm como característica básica a realização de empréstimo de capital de giro em moeda estrangeira diretamente por um banco no exterior.

O empréstimo de mútuo externo geralmente é concedido para uma subsidiária de empresa brasileira que tenha atuação comercial no exterior. Com o aumento do fluxo de comércio externo, muitas empresas brasileiras passaram a investir no exterior, onde estabeleceram empresas subsidiárias, inicialmente criadas como mero veículo de distribuição de seus produtos (para operar em representação, vendas, armazenagem e assistência).

Com o avanço do processo de globalização, essas subsidiárias passaram a funcionar também como veículos facilitadores de operações financeiras no exterior, uma vez que a legislação cambial brasileira não tem a mesma agilidade no fluxo financeiro de operações de comércio que outros países do mercado internacional.

Conscientes dessa evolução, as empresas brasileiras passaram não somente a manter parte de seu caixa no exterior como também a captar empréstimos diretamente em outros países sem a intervenção obrigatória de bancos brasileiros. Esse processo fez com que os bancos brasileiros criassem agências e subsidiárias próprias fora do Brasil, a fim de atender as necessidades das subsidiárias de seus clientes no exterior e para aumentar a capacidade de captação de *funding* externo.

Com o crescimento desse tipo de operação, uma boa parcela das operações de comércio exterior passou a ser realizada por intermédio de subsidiárias classificadas como *offshore*. As operações de comércio exterior mais comuns que se utilizam de subsidiárias *offshore* são pré-pagamento de exportações, projetos de engenharia, Proex/equalização, securitização de exportações de consórcios para participação de concorrências internacionais.

7.12 Empréstimos de acordo com a Resolução nº 2.770

Essa é uma modalidade de empréstimo feito em moeda estrangeira e captado por um agente financeiro no exterior; pode se dar por meio de emissão de notas de crédito em moeda estrangeira ou por meio de linha concedida por banco estrangeiro. Nesse empréstimo, também conhecido como Resolução 63 (antiga nomenclatura), os recursos são repassados para clientes brasileiros que têm interesse em empréstimos em real corrigido pela variação do dólar norte-americano.

Para que seja possível efetivar uma operação financeira segundo a Resolução nº 2.770, é necessário solicitar ao Banco Central do Brasil registro da operação e sua autorização.

Esse procedimento deve ser realizado por intermédio do agente financeiro brasileiro que estiver participando da operação; a autorização é concedida por meio do ROF.

As operações de empréstimo de acordo com a Resolução nº 2.770 têm como características básicas:

- produto: empréstimo para capital de giro;
- o credor deve estar estabelecido no exterior; o pagamento de principal de juros deve ser remetido de acordo com as condições aprovadas pelo Banco Central do Brasil;
- na autorização de remessa deve constar como devedor um banco sediado no Brasil;
- não há exigência de prazo mínimo ou máximo, mas, dependendo do prazo, existem alíquotas diferenciadas de IOF e de imposto de renda;

A regulamentação brasileira que ampara e operacionaliza esse tipo de empréstimo pode ser encontrada nas seguintes legislações: Lei nº 4.131/62, Decreto nº 5.5762/65, Resolução nº 2.770/00 e Resolução nº 3.027/01.

7.13 Garantias externas

A maioria das operações de comércio exterior que envolvem bens e serviços de grande porte é realizada por meio de concorrências internacionais nas quais é exigida dos fornecedores interessados a apresentação de garantias, geralmente bancárias, para que possam ser qualificados a participar da concorrência.

As garantias mais utilizadas e reconhecidas internacionalmente estão relacionadas no Quadro 7.10:

Quadro 7.10   Garantias bancárias internacionais

Garantia	Cobertura	Valor	Prazo
Garantia de pagamento de importações	Pagamento dos compromissos comerciais do devedor em caso de inadimplência.	O valor da mercadoria e juros, se houver.	Prazo acordado entre as partes.
Bid bond	Ressarcimento de perda decorrente da recusa do proponente em assinar o contrato após vencer uma licitação.	De 5% a 10% do valor da proposta apresentada.	Prazo de licitação.
Performance bond	Ressarcimento de perda provocada pelo não-cumprimento do contrato mercantil.	Valor a ressarcir conforme estabelecido no contrato mercantil.	Prazo do contrato mercantil.
Advance payment guarantee	Ressarcimento dos pagamentos antecipados de um contrato mercantil não performado.	O valor do pagamento antecipado mais encargos.	Prazo do contrato mercantil.
Standby letter of credit	Repagamento de transação comercial ou financeira (empréstimos).	Valor do crédito mais encargos.	Prazo do crédito.
Comfort letter	Também conhecido como atestado de idoneidade, sua finalidade é fornecer informações sobre os controladores da empresa.	Sem valor financeiro.	Prazo do contrato social ou do estatuto.

Fonte: Elaborado pelo autor.

    Garantias bancárias internacionais são documentos emitidos por ordem e conta de um cliente (pessoa física ou jurídica) a favor de um terceiro e expressam o compromisso do banco (garantia) de cumprir obrigações do afiançado, caso este deixe de honrá-las.

    O cliente deverá entrar em contato com o banco e solicitar a emissão de garantia bancária internacional a favor de um beneficiário no exterior. As modalidades dessas garantias diferem de acordo com a fase da concorrência (licitação ou cumprimento) e o objeto de cobertura.

7.13.1 Bid bond

Requerida na fase de licitação, é uma garantia bancária cujo fim é cobrir eventuais perdas causadas por um participante que, ao ter sua proposta aceita, poderá recusar-se a ratificá-la conforme as condições do contrato, acarretando atraso ao projeto do importador ou mesmo à realização de uma nova concorrência.

O valor da garantia geralmente é de até 10% do valor da licitação. É importante que a garantia tenha prazo definido para expirar.

O processamento e a base de custo dessa garantia são similares ao caso de carta de crédito documentário no que diz respeito à emissão e à confirmação. Se reclamada pelo beneficiário, o pagamento é geralmente processado mediante simples notificação do beneficiário de não-cumprimento das obrigações pelo garantido.

7.13.2 Performance bond

Requerida ao término da fase de licitação, é uma garantia bancária cujo fim é ressarcir perdas causadas pelo fornecedor por falta de cumprimento dos termos firmados no contrato de fornecimento. O valor da garantia é calculado de acordo com o valor de multas e ressarcimentos estabelecidos contratualmente, em geral, fica entre 20% e 30% do valor do fornecimento, mas pode chegar a 100%. É importante que a garantia tenha um prazo de expiração definido.

O processamento e a base de custo dessa garantia são similares ao caso de carta de crédito documentário no que diz respeito à emissão e confirmação. Se reclamada pelo beneficiário, o pagamento é geralmente processado mediante simples notificação do beneficiário de não-cumprimento das obrigações pelo garantido.

7.13.3 Advance payment guarantee

Requerida após a contratação do fornecimento, serve como garantia de reembolso ou restituição dos pagamentos efetuados pelo importador de forma antecipada; é exigida quando houver falta de cumprimento por parte do fornecedor dos termos do fornecimento. O valor da garantia é o valor dos recursos antecipados acrescidos de encargos financeiros e multas contratuais. É importante que haja um prazo definido para expiração.

Neste caso, também o processamento e a base de custo dessa garantia são similares ao caso de carta de crédito documentário no que diz respeito à emissão e confirmação.

7.13.4 Standby letter of credit

Trata-se de uma garantia de aplicação ampla, pode ser utilizada para dar cobertura à transação comercial ou à transação financeira (empréstimos), esta, muito mais usual. Nas transações comerciais, raramente envolve a exigência de apresentação de documentos, é uma garantia mais simples e direta do que o crédito documentário.

O processamento e a base de custo dessa garantia são similares ao caso de carta de crédito documentário no que diz respeito à emissão e confirmação. Se reclamada pelo beneficiário, o pagamento é geralmente processado mediante simples notificação do beneficiário de não cumprimento das obrigações pelo garantido.

Tipos:

- *standby* do tipo *umbrella*: garante todas as facilidades de crédito de que o banco dispõe, tanto na carteira comercial quanto na carteira de câmbio;
- *standby*/carta de garantia: emitida em favor de um banco brasileiro, por bancos correspondentes de primeira linha ou empresas, fornece instruções para que seja possível emitir fiança local, no Brasil. Esse tipo de operação só é possível quando há interesse de uma empresa no exterior.

Geralmente esse tipo de garantia pode ser utilizado nas seguintes operações:

- ressarcimento de perda provocada pelo não-cumprimento do contrato mercantil;
- pagamento antecipado;
- ressarcimento dos pagamentos antecipados de um contrato mercantil não performado;
- pagamento de aluguel;
- ressarcimento de pagamentos de aluguéis ao locador no caso de o locatário não efetuá-los;
- juiz de direito, garantir ao beneficiário (juiz de direito) o pagamento de custos processuais e honorários advocatícios decorrentes da ação movida contra a afiançada (empresa no exterior);
- termo de responsabilidade (Receita Federal);
- garantia de pagamento de Imposto sobre Produtos Industrializados (IPI), Imposto de Importação (II), e outros, caso a mercadoria que ingressa temporariamente no país não retorne ao país de origem na data devida.

7.13.5 *Comfort letter*

É uma carta emitida por empresa com sede no exterior, controladora de uma empresa no Brasil, que está pleiteando concessão de crédito a bancos brasileiros. Nesse tipo de documento, o controlador apresenta ao banco credor no Brasil o compromisso moral de acompanhar a gestão da empresa subsidiária, orientando-a a honrar a obrigação de pagamento do crédito concedido.

Embora com algumas variações, as *comfort letters* têm um ponto em comum: não proporcionam à instituição financeira credora o compromisso de pagamento da obrigação pela empresa controladora em caso de inadimplência. O único e exclusivo devedor será sempre a empresa subsidiária, que efetivamente contraiu o empréstimo.

A concessão de *comfort letter* não onera a empresa controladora, pois se trata de uma simples carta de conforto, como o próprio nome diz, com teor muito mais ético do que jurídico. Seu poder de execução é muito limitado ou mesmo nulo. Conforme Instrução da CVM n° 400 de 29 de dezembro de 2003, as informações prestadas na *comfort letter* pelo ofertante são consistentes e suficientes.

As informações básicas que a *comfort letter* oferece são:

- identificação da empresa controladora e da subsidiária;
- declaração de relação societária entre a empresa signatária e a empresa que recebe o crédito;
- afirmação de que a emitente tem conhecimento da linha (ou operação) de crédito estabelecida entre o banco e a empresa subsidiária e deverá estar consularizada e notarizada e cursar, via banco de primeira linha, correspondente nosso, com a declaração deste de que a linha de crédito foi emitida por pessoas com poderes para tal e que está de acordo com os estatutos do emissor e com as leis de seu país.

Exercícios de fixação

1. Explique detalhadamente o fluxo operacional em uma operação de *forfaiting*.
2. Comente a compra e a venda de *performance* de exportação.
3. Discorra sobre o Proex e suas modalidades.
4. Explique os programas BNDES-EXIM, destacando as fases de pré- embarque e pós-embarque.
5. Comente as ECAs.

Referências bibliográficas

FORTUNA, Eduardo. *Mercado financeiro*. São Paulo: Qualitymark, 2000.

GAROFALO FILHO, E. *Comércio exterior e câmbio*. São Paulo: Saraiva, 2004.

LARRAÑAGA, A. Felix. *Organismos internacionais de comércio*. São Paulo: Aduaneiras, 2007.

MAIA, Jayme de Mariz. *Economia internacional e comércio exterior*. São Paulo: Atlas, 2004.

RATTI, Bruno. *Comércio internacional e câmbio*. São Paulo: Aduaneiras, 2006.

VAZQUEZ, J. Lopes. *Manual de exportação*. São Paulo: Atlas, 2002.

VIEIRA, Aquiles. *Teoria e prática cambial*: exportação e importação. São Paulo: Aduaneiras, 2004.

Sites

http://www.bcb.gov.br

http://www.bndes.gov.br

8

Órgãos reguladores do comércio internacional

Paula Meyer Soares Passanezi

A proposta deste capítulo é discutir o avanço do comércio internacional e as transformações ocorridas, apresentar os principais organismos reguladores do comércio internacional e mostrar a importância deles no crescimento harmônico das relações econômicas internacionais.

8.1 O avanço do comércio internacional na Europa e as transformações das relações internacionais

O comércio internacional existe desde a Antigüidade, quando os fenícios (7.000 a 3.000 a.C.) utilizavam o Mediterrâneo para realizar suas trocas, passando por romanos (300 a.C.) e evoluindo com as Cruzadas. No entanto, a expansão deste é datada no século XVI, quando ocorreram as principais expedições marítimas e as descobertas de novas terras. Naquela época o poder econômico das nações estava diretamente relacionado ao domínio além-mar e às descobertas de especiarias e metais preciosos.

Porém, analisando de perto a evolução do comércio internacional observar-se-á a dinamização das relações políticas e econômicas entre os principais agentes-estado e mercados. Por outro lado, a dinâmica das relações entre esses agentes no cenário internacional transcendeu, em vários momentos, a lógica da economia e da política, ou seja, a lógica dos interesses materiais e do poder ou, ainda, do mercado e do Estado.

Na verdade, a lógica desses interesses ocorre devido a existência de um certo grau de subjetividade nas relações entre economia e política. Esta subjetividade é reconhecida nas fragilidades e desejos do ser humano, pois estas decisões nem sempre serão compreendidas dentro de uma lógica puramente econômica. Neste contexto, é importante considerar as outras faces do caráter humano, cuja fragilidade deixa-se levar muitas vezes pelas paixões, vícios, vaidades. Portanto, a subjetividade das relações humanas podem ser oriundas de dogmas, tradições ou valores da própria criatura humana (GONÇALVES, 2005).

Para entendermos o desempenho e o desenvolvimento econômico das sociedades, por exemplo, é fundamental compreendermos a influência desses outros fatores motivadores nas tomadas de decisões e, conseqüentemente, qual o seu efeito na criação das instituições de uma maneira mais geral. Uma vez que a sociedade é reflexo do modo pelo qual os indivíduos interagem entre si para nos lançarmos na compreensão dos fenômenos sociais devemos nos voltar para a análise das ações propriamente ditas.

Se remontarmos à problemática da cooperação levantada por North (1990), veremos que, desde a sociedade mais primitiva até a mais complexa, os indivíduos nunca foram livres para fazer o que bem entendessem. A própria sociedade encarregou-se de elaborar normas e padrões de conduta para que fosse possível o convívio em grupo. As regras ou instituições buscam a cooperação dos indivíduos. Como é possível, então, garantir que essas instituições retratem com fidedignidade os anseios desses indivíduos? Assim, é muito difícil transformar certos termos sociais em termos individualistas.[1]

Há críticos que vão ainda mais longe e dizem que "(...) a pessoa pode ser vista como – ou na verdade – um subconjunto, relativamente autônomo de 'selves' (...)" (ELSTER, 1986, p. 4). O *self* compreende uma característica psicológica individual e específica da pessoa. Sua formação consiste em um processo interpessoal e intertemporal, ou seja, depende da sua interação com o meio e com outras pessoas, e pode variar ao longo do tempo. Os *selves* existentes na mente humana podem interagir tanto conjunta quanto isoladamente e tomados de forma conjunta acarretam na *formação de objetivos variados* que podem perfeitamente estar relacionados ou não entre si.[2]

---

[1] A concepção individualista atribui inteira responsabilidade ao indivíduo na ocorrência dos eventos sociais. A sociedade é vista como mera agregação de indivíduos, e as propriedades dessa sociedade estão diretamente relacionadas às características dos indivíduos que a compõem. A idéia de que a sociedade exerce alguma força sobre os indivíduos está inteiramente descartada na visão individualista (BUNGE, 1980, p. 169).

[2] Segundo Elster (1986), dentro de cada indivíduo habitam dois homens distintos: o *homo economicus* e o *homo sociologicus*. O "homem econômico" está sempre em busca da satisfação pessoal. O "homem social", ao contrário, é governado pelas regras e normas sociais e é extremamente preocupado com a opinião de terceiros com respeito a sua conduta. A delimitação entre o *homo economicus* e o *homo sociologicus*, internamente, é uma tarefa árdua, pois teríamos de compreender a relação entre essas duas versões "humanas", tanto a curto quanto a longo prazo.

A existência de muitos *selves* também propicia conflitos internos e a adoção de comportamentos inconsistentes. Trazendo a discussão para as instituições, essa multiplicidade de *selves* dificulta o alcance de objetivos ditos comuns. Primeiro, porque os indivíduos são únicos e existe uma gama de objetivos que pode ser comum ou não ao grupo. Segundo, dependendo de como as oportunidades são colocadas para o indivíduo, suas ações podem ser diversas, uma simples alteração de contexto pode engendrar a adoção de atitudes também diferentes. Como as instituições são originárias basicamente de decisões coletivas e não fruto de decisões individuais, da mesma forma que North (1990) imaginou, pode-se inferir que as instituições podem estar sujeitas a manipulações, cuja moeda de troca não é necessariamente a pecuniária, pode ser também troca de favores, de votos etc.

Como mostra Correia (1999, p. 23), "(...) a convenção fundante da sociedade política são as regras de decisão que são nada mais do que a agregação das preferências individuais". Nem sempre as preferências sociais correspondem ao vetor resultante das preferências individuais. O teorema da impossibilidade de Arrow (1963) mostra claramente isso. A transformação das preferências individuais em preferências sociais exige que as preferências sejam completas, transitivas e reflexivas. Vale lembrar que nem sempre esses pré-requisitos são satisfeitos, a não ser quando temos a figura do ditador exercendo influência na formação de unanimidade e independência das preferências individuais.

A compreensão do sistema econômico internacional requer o entendimento dos fatores que condicionam as tomadas de decisão de seus agentes – estatais, paraestatais e transnacionais nas suas distintas esferas e dimensões.

Como afirma Gonçalves (2005, p. 13), "o sistema internacional é um sistema dinâmico que envolve poder e, portanto, é um sistema de conflito permanente (aberto ou oculto) e equilíbrio instável".

Este conflito existe em função da relação de poder estabelecida e que pode não mais atender aos interesses das partes envolvidas. A emergência de conflitos seja ele em qual esfera for – comercial, tecnológica, monetário-financeira ou produtivo-real – requer a mudança na estrutura atual, daí por que se considera o sistema econômico internacional instável.

A instabilidade decorre também do fato de as decisões tomadas entre os agentes não considerarem somente os aspectos econômicos, ou seja, de ganhos econômicos. Em alguns momentos, os ganhos políticos podem se sobrepor aos interesses materiais. A expansão do comércio na Europa e as conquistas territoriais aconteceram graças ao fortalecimento político de algumas classes e ao enfraquecimento de outras.

O fim do modo de produção feudal deu-se em razão do enfraquecimento do poder feudal e da ascensão da classe comerciante e burguesa entre os séculos XV e XVIII, o que favoreceu a consolidação de um novo modo de produção assentado não mais no campo, mas na produção e na comercialização de produtos das cidades.

A transição de poder, da realeza para a burguesia, foi lastreada, em muito, pelo fortalecimento econômico dessa última classe. Várias leis e tradições foram modificadas ao longo do tempo à medida que o poder político e econômico da realeza enfraquecia. A nova classe emergente – os comerciantes e a burguesia – passou a influir nas relações estabelecidas no seio da sociedade e novas regras foram, pouco a pouco, sendo constituídas e aceitas pela população.

Inicialmente, a comercialização das mercadorias ocorria em condições precárias, não havia um sistema de transporte adequado e seguro que possibilitasse a movimentação das cargas. Muitas mercadorias chegavam às cidades no lombo de animais ou pelos leitos dos mares e rios. Apesar de todas as dificuldades de transporte, as economias locais foram expandindo seus horizontes na arena do comércio internacional.

Muitas mercadorias vinham de longe – principalmente do Oriente –, trazidas por marreteiros e comerciantes que levavam vários dias transportando-as e comercializando tantas outras ao longo do caminho. A chegada desses aventureiros às cidades instigava o desejo de consumo que impulsionava, por sua vez, o comércio local.

A formação das cidades foi acompanhada de conflitos sociais entre mercadores, proprietários de terra, artesãos e trabalhadores. Na Idade Média a maior parte das cidades originou-se de mosteiros e castelos. Era comum, na época, as pessoas se amontoarem nas encostas dos castelos e estabelecerem pequenos negócios ali (ABREU, 2004).

O crescimento das cidades impulsionou o comércio e favoreceu o surgimento de uma classe – a burguesia comerciante – que anos mais tarde, após árduas lutas com a realeza – os antigos senhores feudais –, conseguiu estabelecer seus direitos no espaço urbano.

Como afirma Huberman (1989), o uso do dinheiro e a expansão das cidades propiciaram aos artesãos uma gama de oportunidades de abandonar a agricultura e viver do próprio ofício.

As transformações ocorridas na Europa, por exemplo, repercutiram no padrão de comércio internacional. A monetização das economias e a introdução de novas tecnologias de produção impulsionaram o comércio e a sua diversificação.

Na verdade, o comércio internacional insere-se em um sistema internacional, ou seja, em um sistema dinâmico que envolve poder e que está em permanente conflito. Nesse sistema as relações são demasiadamente instáveis e seus resultados culminam na reconstrução de relações e processos e, conseqüentemente, de novas estruturas (GONÇALVES, 2005).

Esse avanço só foi possível graças ao uso de novas tecnologias de informação e de telecomunicação, que propiciaram menos desperdício e mais controle sobre os fluxos de bens comercializados no mundo e capitaneados por empresas transnacionais.

Esse processo, denominado de internacionalização da produção, teve início a partir dos anos 80. As repercussões desse processo foram inúmeras tanto no plano organizacional quanto no plano financeiro e tecnológico (LACERDA, 2002).

Como opina Lacerda (2002, p. 39):

> *A reestruturação implica profundas transformações tanto nos países desenvolvidos quanto nos em desenvolvimento. A indústria tem o seu perfil alterado, com a crescente participação dos investimentos diretos estrangeiros, impulsionados em grande parte pelas fusões e aquisições, a privatização e o aumento do coeficiente de comércio externo no produto.*

Apesar de não existir consenso entre vários autores no que diz respeito ao conceito de globalização, podemos afirmar que a internacionalização da economia, a crescente desregulamentação dos mercados e a formação de blocos econômicos regionais propiciaram a configuração de economias capazes de agir em um contexto global. Tomando a capacidade de agir em uma esfera de maior envergadura em um âmbito mais amplo – global –, podemos afirmar que estavam lançadas as primeiras sementes para o processo globalizante.

A internacionalização da produção foi possível graças aos avanços alcançados na arena financeira – a expansão da telemática e do mercado financeiro internacional. No entanto, a parceria entre os setores financeiro e produtivo permitiu a formação de mercados oligopolizados e extremamente controlados por um grupo restrito de empresas. Essa nova configuração de mercado possibilitou o avanço do movimento globalização.

8.2 Cenário de regulação internacional

A compreensão da estrutura institucional existente requer que façamos uma retrospectiva e uma análise acerca do momento histórico em que esse aparato fora criado.

A grande depressão de 1929 abalou muito as relações entre as nações. A queda de cerca de 40% da produção mundial e a elevação dos níveis de desemprego nos países industrializados culminaram na adoção de medidas protecionistas por parte de alguns países. A idéia era salvaguardar seus mercados de possíveis intempéries externas.

A partir daí se institucionalizou uma série de organismos internacionais para assegurar a paz e a ordem mundial. Nesse período foi criada a Organização das Nações Unidas, em 1945, que visava manter a paz, a segurança mundial e a cooperação entre as nações. Também foram criados o Banco Mundial, cujo objetivo era recuperar economicamente os países atingidos pela guerra e garantir o fomento de recursos às nações menos favorecidas e, finalmente, o Fundo Monetário Internacional, para resolver os desequilíbrios dos balanços de pagamentos.

A criação desses organismos não eliminou a instabilidade nas relações econômicas internacionais. A força política tem sido utilizada em prol dos interesses econômicos e da manutenção da hegemonia política das nações na arena internacional.

Apesar dos conflitos, algumas instituições ainda lutam para a manutenção da paz e da ordem econômica mundial. O senso de oportunidade comum a todos ainda prevalece no seio de algumas instituições, sobretudo no âmbito do comércio internacional.

A seguir, analisaremos algumas dessas instituições e o seu papel na esfera internacional no que se refere à constituição de um mundo mais justo capaz de gerir os problemas e buscar soluções para estes.

8.3 *General Agreement on Tariffs and Trade* (GATT)

Até final dos anos 20, o comércio internacional continuava em grande expansão. No entanto, a década de 1930 marcou de modo trágico a economia norte-americana, que se espalhou para Europa, África, Ásia e América Latina. A Grande Depressão mostrou o lado vulnerável do sistema capitalista e os seus efeitos perversos sociais e econômicos. Após essa trágica experiência, muitos países adotaram barreiras protecionistas: o estabelecimento de direitos elevados, restrições às importações e exportações, controle cambial etc.

Após a Grande Depressão, as tarifas aduaneiras dos Estados Unidos subiram de 38% para 52%, sendo que muitos países parceiros impuseram, na época, restrições comerciais e desvalorização de suas moedas (VALLS, 1997, p. 4).

Nesse sentido, a fim de evitar a permanência de uma situação em que nações buscavam cada vez mais proteção externa com o intuito de manter um crescimento sustentado, após o conflito bélico foram criadas algumas instituições ou organizações internacionais que assegurassem a sustentabilidade dessas economias.

Buscando alcançar esse objetivo, foram criados pela Conferência de Bretton Woods o Fundo Monetário Internacional (FMI) e o Banco Internacional de Reconstrução e Desenvolvimento (Bird). A Organização Internacional do Comércio (OIC) foi estabelecida com o intuito de reduzir as barreiras comerciais e elaborar um novo código de normas comerciais. Acreditava-se que a liberalização do comércio internacional possibilitaria a expansão do bem-estar das nações. A própria posição hegemônica dos Estados Unidos no cenário político e econômico na época propiciou a constituição de um organismo que defendesse a liberalização do comércio internacional. Nesse sentido, anos mais tarde, após a elaboração da Carta pela Organização Internacional do Comércio (OIC), nações-membros concordaram na constituição de um organismo internacional com ação no campo de comércio internacional, denominado de General Agreement on Tariffs and Trade – mais conhecido como GATT.

No entanto, é inquestionável o papel preponderante dos Estados Unidos na criação do GATT, que estavam no auge da tensão com a nação soviética. O estabelecimento de acordos comerciais com países aliados e a consolidação da economia de mercado propiciaram o fortalecimento da posição norte-americana no cenário internacional. A criação do GATT não ocorreu por acaso. Os interesses econômicos aliados aos interesses políticos foram decisivos na definição de seus termos.[3]

O GATT emergiu de uma série de negociações entre países signatários que visavam remover as barreiras comerciais antes mesmo de estabelecer as regras que viabilizariam a ordenação do comércio internacional (VALLS, 1997).

Em 1947, após a Segunda Guerra Mundial, com o intuito de regulamentar o comércio internacional, o GATT possuía 23 países signatários. Dentre os países listados, temos: Brasil, Birmânia, Ceilão (atual Siri Lanka), Chile, China Cuba, Índia, Líbano, Paquistão, Rodésia (atual Zimbábue) e Síria. Até 1979, apenas oito países da América Latina e Caribe eram partes contratantes do GATT – Argentina, Brasil, Chile, Cuba, Peru, Nicarágua, República Dominicana e Uruguai. Segundo Sandroni (2002), em 1981, o GATT já reunia 83 países.

Nos primeiros anos de atuação, a ênfase principal do GATT era reduzir e estabilizar as tarifas sobre as importações. Assim, após sucessivas rodadas de negociações, o GATT conseguiu reduzir as tarifas para a faixa média de 5% (THORSTENSEN, 1994).

---

[3] Keynes, apesar de ser defensor do multilateralismo monetário, via com bastante ceticismo a liberalização do comércio internacional. Ele entendia como sendo um "mal menor" a adoção de medidas liberais sem a presença forte do Estado intervencionista e regulador.

Nesse contexto de tentativas de redução de tarifas, as primeiras rodadas: Rodada Annecy (1949), Rodada Torquay (1950/51), Rodada Genebra (1955/56) e Rodada Dillon (1960/61). A Rodada Kennedy (1963/67) promoveu discussões em torno de barreiras comerciais não-tarifárias e problemas relacionados a produtos agrícolas.[4] Entretanto, nas duas últimas rodadas – a Rodada Tóquio (1973/79) e Rodada Uruguai (1986/93) –, houve tentativas em solucionar os impasses na área agrícola, porém sem sucesso. Cabe lembrar que, na Rodada Tóquio, o ambiente econômico mundial alterou-se, pois as crises do petróleo fizeram com que os países desenvolvidos enfrentassem problemas de desemprego e inflação acelerada, o que resultou no crescimento das restrições comerciais. Era necessário, também, que estes focassem sua atenção nos acordos de restrição voluntária às exportações, o que de certo modo contribuíram para o fracasso da Rodada de Tóquio (1973/79).

A Rodada do Uruguai (1986/93) deu-se inicialmente em Punta Del Leste e foi finalizada em Marrakesh. A Rodada Uruguai foi longa, durando quase o dobro do previsto (sete anos e meio), e nela foi estabelecida uma série de novos tratados, o que provocou a maior mudança no sistema de comércio internacional desde o estabelecimento do GATT. No entanto, ao longo de sete anos, foram negociados vários pontos, dos quais se destacam:

- criação da Organização Mundial do Comércio (OMC);
- reforço das regras do GATT relativas a *dumping*, subsídios, cláusulas de salvaguardas, regras de origem, regras fitossanitárias, barreiras técnicas, inspeção de embarque;
- negociação de um novo processo de solução de controvérsias;
- introdução e liberação de novos setores para o quadro do GATT, a saber: agricultura, têxteis, serviços, investimentos e propriedade intelectual;
- estabelecimento de prazos para a implantação dos temas negociados. Os períodos variavam de seis a dez anos a partir da instalação da OMC.

O GATT foi um tratado constituído por um código de tarifas e regras de comércio estabelecido em comum e era regido por regras acordadas entre os membros signatários.

8.3.1 Princípios do GATT

O GATT era um acordo comercial multilateral dinâmico regido pelos seguintes princípios básicos (PASSANEZI, 2006):

- Tratamento geral à Nação Mais Favorecida (NMF) – Neste princípio proíbe-se a discriminação entre países que são partes contratantes do acordo geral. Assim, os mesmos benefícios concedidos por um país deveriam ser estendidos a todos os países-membros.

---

[4] As barreiras comerciais podem ser classificadas em tarifárias e não-tarifárias. As primeiras incidem diretamente sobre o preço do produto, por exemplo, imposto de importação e sobretaxas. As segundas restringem a entrada desses produtos por meio da adoção de um preço mínimo de entrada do produto no país ou ainda de uma exigência sanitária específica. Alguns países, por exemplo, adotam medidas antidumping que também são um tipo específico de barreira não-tarifária.

- Tratamento nacional para todos os produtos – Neste contexto, proíbe-se a discriminação entre produtos nacionais e importados (Artigo 3º) e estabelece-se que taxas e impostos internos e outras legislações que afetem a venda interna, a compra, o transporte e a distribuição não podem ser aplicados a produtos importados.
- Salvaguardas sobre importações em ações de emergências (Artigo 19º) – Indica que se a importação crescente de determinado produto resultar em ameaça à sobrevivência de produtor doméstico, a parte contratante fica livre para suspender a obrigação (tarifas, cotas) ou para retirar ou modificar as concessões.
- Salvaguardas ao balanço de pagamentos (Artigo 12º) – Qualquer parte contratante pode impor salvaguardas às importações com o intuito de conter as crises financeiras do balanço de pagamentos. Essas restrições permanecem enquanto perdurar a crise.
- Lista de concessões (Artigo 2º) – Estabelece uma lista de produtos e suas respectivas tarifas aduaneiras, que são válidas para todos os membros do GATT.
- Exceções gerais (Artigo 20º) – Neste sentido, nada deve impedir a adoção de medidas que vislumbrem proteger a moral pública, a saúde humana, animal ou vegetal, o comércio de ouro e prata, a proteção de patentes, marcas, tesouros artísticos e históricos, os recursos naturais exauríveis e a garantia de bens essenciais.
- Uniões aduaneiras e zonas livres de comércio – O GATT não impede a formação de zonas de comércio preferencial desde que "as regras preferenciais sejam estabelecidas para uma parte substancial do comércio da zona; os direitos e outras regulamentações da zona não sejam mais altos ou mais restritivos do que a incidência de direitos e regulamentações antes da formação da zona" (THORSTENSEN, 1994, p. 35).

Na verdade, a institucionalização do comércio internacional por meio das regras estabelecidas pelo GATT não somente favoreceu a resolução de conflitos comerciais existentes na década de 1930 como também impediu o avanço do comunismo pela Europa. Com o fim da hegemonia norte-americana, a ascensão da Europa e do Japão na arena internacional e o encerramento da Guerra Fria, o sistema GATT entrou em crise. Cada vez mais as nações optaram por negociar de forma isolada e com parceiros escolhidos previamente. Deu-se início, assim, à formação de blocos econômicos (PASSANEZI, 2006).

8.4 Organização Mundial do Comércio (OMC)

Com o fim da II Guerra Mundial, enormes dificuldades econômicas, transformaram-se em outros problemas e perdas; ameaçando todo o sistema financeiro e comércio internacional.

No entanto, foi o fim da Guerra Fria e a perda da hegemonia norte-americana que suscitaram o surgimento de um novo modelo de relações de comércio multipolar, contrário ao modelo anterior capitaneado e dirigido pelos Estados Unidos.

A inclusão de novos itens de negociação na Rodada do Uruguai suscitou a criação de órgão mundial multipartidário, onde vale lembrar que a abolição de restrições quantitativas no comércio, a cláusula da nação mais favorecida e redução de barreiras tarifárias eram os princípios básicos do GATT. Este tratado surgiu e estabeleceu um conjunto de normas e concessões tarifárias, tendo o objetivo de impulsionar a liberalização multilateral do comércio, que consiste na negociação dos mais diversos temas, que variam desde o comércio internacional até a segurança coletiva, com a participação efetiva de três ou mais países e combater as práticas protecionistas, que vinham sendo adotadas pelos países desde a década de 1920.

Em janeiro de 1995, o sistema GATT passou a ser denominado de Organização Mundial de Comércio (OMC), cujo principal objetivo era negociar áreas comerciais que não faziam parte do GATT, a inclusão de novos temas, dentre outras.

A OMC tem o objetivo de promover o desenvolvimento sustentável no âmbito do comércio internacional bem como apoiar os países em vias de desenvolvimento e simultaneamente constituir um quadro institucional comum; necessário para a condução das relações comerciais entre os seus membros.

Apesar do GATT ter contribuído significativamente na remoção das barreiras comerciais, a adoção de medidas protecionistas por seus países membros não foi totalmente abolida. Isso se deve à fragilidade institucional do seu mecanismo de solução de controvérsias comerciais. A OMC possui personalidade jurídica própria, o que lhe confere mais poder para solucionar os impasses na arena comercial. O seu sistema de solução de controvérsias é menos suscetível a bloqueios e as suas decisões são mais permanentes.

A OMC é uma organização que tem por funções principais facilitar a aplicação das normas do comércio internacional já acordada internacionalmente, além de servir também como foro para negociações de novas regras, dotada também de um sistema de controvérsias em comércio internacional. A estrutura da OMC está delineada no Artigo 4º do Acordo Constitutivo, tendo como principais órgãos (PASSANEZI, 2006):

- Conferência Ministerial – Órgão máximo da OMC, é responsável pela definição da política geral da organização e pela tomada de decisões acerca dos acordos do âmbito da OMC. A cada dois anos os representantes de todos os Estados-membros reúnem-se pelo menos uma vez para tratar de assuntos relativos aos acordos comerciais multilaterais;
- Conselho Geral – Composto pelos representantes dos Estados-membros, normalmente embaixadores ou delegados de missões estabelecidas em Genebra, responsáveis pelas atividades corriqueiras da organização, em certas ocasiões tratam de assuntos relativos à Conferência Ministerial;
- Órgão de Solução de Controvérsias – É responsável pela jurisdição e pelo entendimento da OMC no que diz respeito à interpretação, ao alcance e à aplicação de regras e princípios aos diversos casos que lhe são submetidos;

- Órgão de Revisão de Política Comercial – Está subordinado ao Conselho Geral e responde pelos pedidos de revisão de tarifas e barreiras não-tarifárias;
- Conselho de Comércio de Bens – Subordinado ao Conselho Geral, é responsável pela supervisão do funcionamento dos acordos comerciais multilaterais do Anexo 1A do Acordo Constitutivo da OMC;
- Conselho para o Comércio de Serviços – Responsável pela supervisão do funcionamento do Acordo Geral sobre o Comércio de Serviços (GATS);
- Conselho para os Aspectos dos Direitos de Propriedade Intelectual relacionados com o comércio, também denominado Conselho TRIPS – Tem como objetivo supervisionar o funcionamento do Acordo sobre os Aspectos dos Direitos de Propriedade Intelectual Relacionados ao Comércio;
- Órgãos de apoio e o secretariado – São responsáveis pela organização administrativa da OMC e são chefiados por um diretor-geral, indicado pela Conferência Ministerial, que deve garantir a independência e imparcialidade na condução das atividades da organização.

O artigo III discorre sobre as funções da OMC: funciona como foro de negociações comerciais; trata de solucionar as controvérsias levadas à Organização pelos membros; supervisiona as políticas comerciais; promove cooperação entre organizações internacionais etc.

8.4.1 Os Princípios da OMC

As normas acordadas entre os países signatários do GATT restringiam-se a o intercâmbio de mercadorias, enquanto as normas da OMC possuem um escopo mais amplo, englobando os serviços e direitos de propriedade intelectual.

Os acordos lastreados na OMC visavam a instauração de comércio internacional com regras claras que garantissem a competição entre produtores estrangeiros.

Neste sentido, tais regras deveriam obedecer a dois princípios:

- Não-discriminação – É um dos princípios primordiais para que haja o livre comércio, estando expresso no GATT/OMC em duas regras: o tratamento nacional e cláusula da nação mais favorecida. A concessão de tratamento favorável a um determinado produto deve ser estendido também ao mesmo produto produzido por outras nações. O mesmo deve ocorrer para similares, ou seja, o produto importado deve receber tratamento não menos favorável do que aquele dispensado similar.
- Reciprocidade – Neste princípio, cada país negociador obtém contrapartidas para aquilo que está disposto a oferecer. A adoção deste princípio complementa a cláusula da nação mais favorecida, uma vez que impede a adoção de medidas protecionistas particulares e inerentes a um grupo restrito de países.

A OMC conta com 149 países-membros, onde o Brasil responde por apenas 1% do fluxo do comércio internacional e conta com uma pequena estrutura de retaguarda nas negociações internacionais.

8.5 Organização das Nações Unidas (ONU)

Entidade fundada em 1945, baseada em documento (Carta das Nações Unidas) assinado por 50 países (basicamente por nações vencedoras da II Grande Guerra Mundial) em São Francisco, Califórnia – Estados Unidos. Com o fim da II Guerra Mundial, o ambiente no contexto internacional era demasiadamente instável. Contrariando as expectativas dos especialistas, a vitória gloriosa da Grande Aliança (EUA, Grã-Bretanha e URSS) culminou em conflitos entre as duas potências – EUA e URSS. Daí o mundo passou a assistir de perto a corrida armamentista entre essas duas potências mundiais.

Assim, após o desfecho trágico da Segunda Guerra Mundial, foi firmada entre as nações aliadas a idéia de conceber uma organização destinada à manutenção da paz mundial. Ali naquele instante nascia a Organização das Nações Unidas, a ONU, por meio da assinatura da Carta das Nações Unidas, documento este que permitiu a sua criação.[5]

A assinatura da Carta teve o apoio inicialmente de 50 nações, sendo ratificada posteriormente pelo Conselho de Segurança composto por: Estados Unidos, Grã-Bretanha, URSS e República Popular da China.

Atualmente a ONU é formada por 51 países, entre eles o Brasil, e conta com mais de 180 países-membros. A sua sede, que fica em Nova York, é considerada território internacional. A missão da ONU é fomentar a paz entre as nações, cooperar com o desenvolvimento sustentável, monitorar o cumprimento dos direitos humanos e das liberdades fundamentais e organizar reuniões e conferências em prol desses objetivos. A ONU é composta por uma série de outros organismos especializados em combater a violência, a fome, a miséria (FAO, Unesco, Unicef, por exemplo), além de constituir fundos de prevenção e de combate a essas causas.

A Assembléia Geral é o principal órgão da ONU e tem caráter deliberativo. Nela estão representados todos os países-membros, cada qual com direito a voto.

Os seis principais órgãos da ONU são:

- Conselho de Segurança;
- Assembléia Geral;
- Conselho de Tutela;
- Secretariado;
- Corte Internacional de Justiça;
- Conselho Econômico e Social.

Atualmente o Conselho de Segurança é formado por cinco membros permanentes: Estados Unidos, Federação Russa, Grã-Bretanha, República Popular da China e França. Esses países são os únicos com direito a veto nas decisões. Em 2004, os Estados Unidos invadiram o Iraque sem consulta prévia ao Conselho de Segurança. Na época, alguns países, como a França, foram contra a iniciativa, ao contrário da Grã-Bretanha, que deu apoio financeiro e militar à invasão.

---

[5] A Carta das Nações Unidas foi o documento que, logo após a II Guerra Mundial, criou a Organização das Nações Unidas em substituição à Liga das Nações Unidas como entidade máxima da discussão do Direito Internacional e fórum de relações e entendimentos supranacionais.

8.6 Fundo Monetário Internacional (FMI)

Foi criado em 1944 em resposta ao quadro crítico da economia mundial iniciado em 1929 com a deflagração da grande depressão econômica. Inicialmente foi concebido com base na visão de sociedade compartilhada entre Inglaterra e Estados Unidos. O FMI seria um organismo que atuaria como uma associação cooperada de crédito com o objetivo primeiro de resolver os desequilíbrios do balanço de pagamentos das nações sem a adoção de medidas que pudessem desestabilizar ou comprometer a ordem nacional.

As principais atribuições do FMI são:

- eliminação dos controles cambiais de modo a permitir a conversibilidade de contas-correntes;
- financiamento dos desequilíbrios de balanço de pagamentos;
- combate às desvalorizações cambiais competitivas por meio da adoção de câmbio fixo ajustável;
- constituição de um campo econômico das Nações Unidas.

Cada país-membro possui como representantes um delegado e um suplente. A participação monetária no FMI é feita em cotas em ouro (a quarta parte) e moeda nacional.

Em 1967, visando atender prontamente os países que apresentavam problemas no balanço de pagamentos, foi criado o Direito Especial de Saque (DES). Trata-se de uma moeda escritural aceita no âmbito internacional e cuja paridade é regulada por um conjunto de 16 moedas. O direito ao saque está diretamente relacionado à proporção de cotas de cada país-membro (SANDRONI, 2002).

8.7 A Rodada de Doha

Em novembro de 2001, no Qatar, iniciou mais uma rodada de negociações da OMC, conhecida como Rodada de Doha. O objetivo central era negociar maior abertura para os mercados agrícolas e industriais. As intenções de negociação estão escritas na Agenda de Desenvolvimento de Doha. Nela, países desenvolvidos comprometem-se a pensar em novas formas de comercialização de produtos agrícolas, serviços e redução de barreiras tarifárias para uma série de produtos selecionados.

A consecução dos objetivos de comercialização de produtos agrícolas e o acesso a outros mercados têm encontrado resistência, sobretudo da parte dos países ricos que insistem em manter a política protecionista em relação a seus produtos agrícolas.

Desde 2003, durante a conferência de Cancun, os subsídios agrícolas praticados pelos países ricos têm sido o tema central das discussões e o motivo para o não-avanço nas negociações atuais. As propostas feitas ao grupo de países em desenvolvimento foram rejeitadas e consideradas impraticáveis.

Em 2004, em Genebra, mais uma vez os países-membros da OMC reuniram-se com o intuito de acertar as regras sobre a abertura do comércio global, mas, infelizmente, a tentativa fracassou mais uma vez.

Os principais mandatos de Doha são:

- acesso a mercado de bens não agrícolas: estabelece que as negociações devem ser ampliadas e que se considerem os interesses dos países em desenvolvimento e dos menos desenvolvidos;
- agricultura: tenta conciliar diversos pontos antagônicos, como: subsídios agrícolas, apoio interno e redução de tarifas e crédito relacionados a exportações;
- serviços: as negociações devem ocorrer progressivamente – os países em desenvolvimento terão que liberar as negociações em menos setores nessas transações.

Em julho de 2006 as negociações fracassaram de vez, os Estados Unidos não cederam diante da diminuição dos subsídios agrícolas norte-americanos. Segundo a OMC, o total de subsídios mundiais beira a espetacular cifra de US$ 1 trilhão, desse montante, US$ 360 milhões são concedidos no setor agrícola. O endurecimento das negociações em 2006 reflete a falta de diálogo e de disposição das nações em abrir suas economias.

Em 2007 a OMC retomou as negociações da Rodada de Doha. A idéia inicial era reduzir em US$ 16,2 bilhões o total de subsídios agrícolas concedidos dentro do país. A União Européia se dispôs a cortar suas tarifas aduaneiras em 53%. Em contrapartida, os países emergentes diminuiriam suas tarifas industriais para 20% em média. A expectativa é de que dessa vez os 27 países envolvidos possam, de fato, chegar a um consenso de forma a permitir a liberalização de comércio entre as nações e propiciar o crescimento seu econômico.

Exercícios de fixação

1. Explique quais situações levaram a criação do GATT e da OMC.

2. Quais as Rodadas de negociações realizadas durante a vigência do GATT.

3. Quais os objetivos fundamentais da ONU e explique os princípios da igualdade entre os povos em todos os setores.

4. Explique em que contexto surgiu o FMI e quais são suas funções.

5. Quais foram os principais pontos abordados na Rodada de Doha? Explique-os.

Referências bibliográficas

ABREU, Edriano. Economia Feudal. Disponível em <www.saberhistoria.hpg.ig.com.br>. Acesso em 13 nov. 2006.

BUENO, Fabio M. *A nova tutela do FMI*: uma análise da política econômica dos acordos com o Brasil em 1998 e 2002. Campinas, 2006. 233 f. Dissertação (Mestrado) – Instituto de Economia, Universidade de Campinas.

BUNGE, Mario A. *Epistemologia* – Curso de atualização. São Paulo: T. A. Queiroz, 1980.

CORREIA, Eduardo. *Abertura econômica e distribuição de renda*. São Paulo: IPE/USP, 1999.

ELSTER, Jon. *The multiple self*. London: Cambridge University Press, 1986.

GONÇALVES, Reinaldo; BAUMANN, Renato; CANUTO, Otaviano. *Economia Internacional* – Teoria e experiência brasileira. Rio de Janeiro: Campus, 2004.

GONÇALVES, Reinaldo. *Economia política internacional* – Fundamentos teóricos e as relações internacionais do Brasil. Rio de Janeiro: Campus, 2005.

HUBERMAN, Léo. *História da riqueza do homem*. São Paulo: Afiliada, 1989.

KRUGMAN, Paul R.; OBSTFELD, Maurice. *Economia internacional* – Teoria e política. São Paulo: Makron Books, 2001.

LACERDA, Antônio Corrêa de. Globalização e o Brasil: riscos, oportunidades e desafios. *Revista de Economia e Relações Internacionais*, São Paulo, v. 1, n. 1, p. 189, 2002.

LOPES, Carlos. *Cooperação e desenvolvimento humano* – A agenda emergente para o novo milênio. São Paulo: Unesp, 2004.

NORTH, Douglas. *Institutions, institutional change and economic performance*. Cambridge: Cambridge University Press, 1990.

PASSANEZI, Paula. M. S. Comércio internacional e principais instituições. In: CARMO, E. C; MARIANO, J. *Economia internacional*. São Paulo: Saraiva, 2006.

SANDRONI, Paulo. *Novíssimo dicionário de economia*. São Paulo: Best Seller, 2002.

THORSTENSEN, Vera; NAKANO, Yoshiaki; LIMA, Camila Faria; SATO, Cláudio S. *O Brasil frente a um mundo dividido em blocos*. São Paulo: Nobel, 1994.

VALLS, Lia. Histórico da Rodada Uruguai do GATT. Estudos em Comércio Exterior, vol. I, n° 3, jul/dez, 1997. Disponível em http://www.ie.ufrj.br/ecex/pdfs/historico_da_rodada_uruguai_do_gatt.pdf. Acesso em 12 jun. 2007.

9

Gestão internacional e competitividade nos negócios

José Ultemar da Silva

A proposta deste capítulo é abordar a nova gestão das empresas no cenário internacional, mostrar a competitividade nos negócios, a multiplicação das transações comerciais entre empresas e consumidores, bem como a reorganização das empresas em um ambiente cada vez mais globalizado e competitivo, de modo a oferecer conhecimentos sobre comércio exterior e gestão empresarial internacional.

Introdução

No início da Revolução Industrial e durante boa parte da primeira metade do século XIX, a busca do aumento da produtividade, da crescente diversificação dos mercados e do rápido progresso tecnológico fez com que as empresas se tornassem cada vez mais complexas, o que resultou em uma maior divisão do trabalho e na assunção dos mais diversos riscos.

O desenvolvimento socioeconômico dos países no século XX só se tornou possível por meio das invenções, do progresso tecnológico e das relações de troca propiciadas pela excelente gestão dos negócios entre empresas e consumidores. Esse sucesso, porém, só será mantido se esses negócios continuarem acompanhados de mudanças nos processos logísticos e administrativos, na descoberta de canais de distribuição dos produtos e na gestão de pessoas treinadas e bem preparadas, que são exigências expressivas da concorrência global.

O início do desenvolvimento brasileiro, nos anos 90, foi marcado pela forte entrada de capital financeiro internacional. Esse período também se destacou pelas transformações visíveis e invisíveis nos processos organizacionais, conseqüência das transformações do mercado externo. Na verdade, as empresas nacionais viram-se obrigadas às mudanças, para se tornarem aptas a concorrer com as estrangeiras, além disso, tiveram de enfrentar a competitividade de empresas já estruturadas e reorganizar o sistema produtivo a fim de encarar a competição internacional.

9.1 A globalização e as mudanças nas organizações

Até meados do século XX, muitas empresas ainda copiavam os antigos modelos de gestão citados por autores clássicos. Já no fim dos anos 90, diante das crises e de tantos modelos econômicos, algumas empresas passaram a adotar uma mentalidade empreendedora e ética visando à inserção no mercado global. Essas mudanças alteraram profundamente a mentalidade dos novos administradores, pois implicavam, antes de tudo, compromisso social, moral e ético com clientes, organizações e sociedade. Isso é o que chamamos de empresa globalizada.

Segundo Stiglitz (2002), a globalização normalmente é associada a processos econômicos, mas também descreve fenômenos da esfera social e questões concernentes a meio ambiente, crescimento populacional, crises, estratégias de sobrevivência e direitos humanos. São vários fatores que envolvem as empresas, dentre eles, a forma como a economia funciona, o fluxo de mercadorias, a formação dos trabalhadores, as novas tecnologias e as ferramentas de gestão do conhecimento e os respectivos valores culturais que cruzam os limites geográficos dos países.

O tema globalização *versus* desenvolvimento voltou a ser objeto de intensa discussão no início do século XXI, quando o mundo começou a sentir de forma mais acentuada os efeitos do processo de globalização da economia. Em toda a década de 1990, muitos países alcançaram taxas de crescimento econômico altíssimas. Se, por um lado, a globalização trouxe benefícios ao consumidor, diversificou a oferta de produtos e forçou a competição entre as empresas, por outro, ampliaram-se as relações de trocas.

Canclini (2001) entende a globalização como um horizonte imaginado em que as sociedades se abrem para a importação e a exportação de bens materiais que seguem de um país ao outro e também para que circulem informações produzidas pelos vários países, de modo que expressem simbolicamente processos de cooperação e intercâmbio.

Outro aspecto relevante da globalização, mencionado por Castells (1999), é a individualização das tarefas no processo de trabalho, resultado da reestruturação das empresas, possibilitada pela tecnologia da informação e estimulada pela concorrência global. Seguindo o raciocínio do autor citado, Duarte (2002) observa que a inovação tecnológica está suscitando no cotidiano do homem moderno a necessidade de encontrar e desenvolver outros ritmos de vida e de relação tanto com objetos quanto com pessoas.

Segundo Dowbor *et al.* (1999), as mesmas tecnologias que redefinem os nossos tempos estão redefinindo também os nossos espaços. O planeta encolheu de maneira impressionante. A telemática permite que hoje uma biblioteca de bairro, por exemplo, acesse bancos de dados de qualquer parte do mundo, a custos bastante reduzidos, o que cria um espaço científico integrado mundial.

Nesse contexto, as empresas passam por rápidas mudanças e procuram sobreviver em novos ambientes. Na análise de Gonçalves e Bauman (1999), no mundo globalizado as empresas mudam rapidamente e essa mudança tem sido de tal ordem que tudo o que antes era usual hoje está sendo questionado. As tecnologias se renovam em períodos cada vez menores, pois a concorrência interna entre as empresas tornou-se internacional, as mudanças geraram necessidade e preocupação constantes com uma produção de melhor qualidade e maior eficiência na tentativa de ser mais competitivo, isso passa, obrigatoriamente, pela adoção de ações flexíveis para a revisão de processos e tecnologias, mudanças na forma de atuação e adoção de modelos administrativos que possam simplificar os processos e as tarefas.

Segundo Giddens (2000), até meados do século XX, as organizações em que a burocracia imperava preocupavam-se com a divisão dos processos. Em tempos recentes, as empresas têm se preocupado com o todo, do chão da fábrica à casa do consumidor. É a visão holística voltada à interação dos subsistemas da organização.

Ainda no entendimento de Giddens (2000), as organizações necessitam de profissionais polivalentes que tenham conhecimentos amplos para trabalhar com processos integrados e possuam visão global e coerente no que diz respeito ao atual padrão de competição no mundo empresarial. Somente com profissionais capazes e tecnologia de ponta é que as empresas estarão preparadas para responder às exigências dos consumidores, que se tornaram, ao longo dos anos, o foco da concorrência.

De acordo com Dias e Rodrigues (2004), as empresas que dedicam suas produções exclusivamente ao mercado interno sofrem e sofrerão, dentro do seu próprio território, a concorrência das empresas estrangeiras, em decorrência disso, perderão participação nesse mercado. Para que isso não aconteça, as empresas terão de se modernizar e se tornar competitivas em escala internacional.

Assim, com o processo de globalização observou-se uma contínua alteração dos cenários empresariais, nos quais uma das mais importantes estratégias é partir para a internacionalização das empresas, o que pressupõe padronização de produtos e ações unificadas de marketing no sentido de uniformizar a imagem empresarial para os consumidores.

A inserção de uma empresa no mercado externo, de forma profissional e planejada, é uma tarefa trabalhosa, exige do administrador e da equipe envolvida decisões pautadas por ética, procedimentos honestos, cautela na liberação de crédito, disposição para atender procedimentos burocráticos, atualização constante das áreas, regularidade e planejamento de vendas. As empresas que se internacionalizam dessa forma obtêm retorno positivo em relação ao crescimento, tanto no mercado externo quanto no mercado local.

9.2 Estratégias competitivas no ambiente globalizado

As estratégias empresariais são ações que obedecem a três etapas: as empresas precisam elaborar estratégias, traduzi-las em ações diárias e, por fim, garantir uma integração constante e efetiva entre teoria e prática com margem mínima de risco.

Segundo Kotler (2003, p. 213),

> Existem três alternativas estratégicas de ingresso no mercado internacional, que trabalham com os vários níveis de comprometimento, risco, controle e potencial de lucro. A estas variáveis pode se acrescentar ainda o nível de serviço oferecido ao cliente internacional, fator determinante do sucesso de um produto e que revela o valor adicionado indiretamente ao produto, capaz de gerar o diferencial competitivo.

Na opinião de Hitt *et al.* (2003), o cenário competitivo do século XXI foi gerado pela globalização das indústrias e de seus mercados em conjunto com as rápidas e significativas mudanças decorrentes da revolução tecnológica. As empresas concorrem em uma economia globalizada complexa, altamente incerta e imprevisível, não mais operam em mercados regionais antes considerados relativamente seguros.

Um ponto que precisa ser destacado no ambiente globalizado é a questão da clareza nas informações das empresas. A informação disponibilizada aos colaboradores e consumidores precisa refletir a cultura da empresa, seus objetivos, sua conduta em relação ao público que deseja atingir.

Segundo McGee e Prusak (1998, p. 2),

> A compreensão do potencial global da informação envolve mais pensamento do que ação na maioria das empresas. O sucesso estratégico no tocante às informações depende da descoberta de aplicações. Numa economia de informação, a concorrência entre as organizações baseia-se em sua capacidade de adquirir, tratar, interpretar e utilizar a informação de forma eficaz. As organizações que liderarem essa competição serão as grandes vencedoras do futuro, enquanto as que não se prepararem serão facilmente vencidas por suas concorrentes.

De acordo com as conclusões de Winock (2000), trata-se de um desenvolvimento incorporado, sempre baseado em ciência, tecnologia e valorização do capital humano, em uma integração que percorre diversos níveis de organização social: da comunidade localizada, passando pelas universidades, até chegar aos setores empresariais que, por meio de projetos ousados, vão mudando a vida da sociedade humana e o perfil do desenvolvimento econômico dos países. Nesse cenário, somente as empresas com executivos empreendedores e multidisciplinares é que poderão colher resultados positivos como frutos das mudanças.

Conforme Silva (2003), a nova mentalidade das grandes organizações, presente em todo o mundo, está voltada para a formação dos profissionais e deve vir dos bancos escolares, nos quais os futuros executivos já começam, na prática, a transformar todo o conhecimento teórico em realidade das empresas. A formação qualificada dos profissionais foi o caminho encontrado por países subdesenvolvidos para romper o ciclo da economia primária e saltar para o processo de industrialização.

Segundo McGee e Prusak (1998), os executivos de alto nível precisam determinar claramente o papel que a informação vai desempenhar no projeto e na execução das estratégias competitivas de suas empresas, ou se arriscarão a ficar em posição de desvantagem perante concorrentes mais capacitados.

No entendimento de Silva (2003, p. 8),

> Na maioria das empresas os sites são gerenciados exclusivamente pela área de tecnologia, cujo responsável é um profissional de informática, muitas vezes sem os conhecimentos básicos da organização em que trabalha e as informações contidas se tornam vazias e sem sentido. Assim, muitos sites tornam-se cansativos e com conteúdos desnecessários.

Na visão de Crawford (2000), hoje o capital humano é tão importante quanto o capital fixo, pois com a evolução da tecnologia é preciso preparar o profissional para atuar no ambiente de mudanças, propiciando-as, inclusive. O grande diferencial dos recursos humanos está também em fornecer informações claras, rápidas, objetivas e precisas, visando conquistar a confiança dos consumidores nas marcas ou no atendimento, incluindo o pós-venda. Esse comportamento, no caso de algumas empresas, ainda está aquém das necessidades. É o difícil trabalho das organizações em administrar mudanças.

De acordo com Bartlett e Ghoshal (2000), as mudanças na nova economia do mundo globalizado exigem profissionais empreendedores e multidisciplinares, tanto para atender às novas exigências quanto para alavancar as finanças das empresas, o que, eventualmente, pode envolver mudança de país, pois às vezes as necessidades estão em um lado e as oportunidades, no outro. São as oportunidades de mão dupla. Assim, muitas empresas, ao verificar o ritmo de crescimento dos negócios, antecipam a necessidade de criação de novas vagas e elaboram um planejamento para ocupá-las. Surgem, então, programas de treinamento consistentes e direcionados para a preparação de profissionais polivalentes.

Conforme Vasconcelos (2001), embora moroso, o processo brasileiro de formação de profissionais, iniciado no fim dos anos 90, hoje faz parte da estratégia de um pequeno número de empresários que investe na formação e qualificação dos seus funcionários. Essa parcela de investimento na formação prática do funcionário permite que ele interaja com a corporação, em um diálogo de produção de conhecimentos diversificados, ou seja, multidisciplinares.

9.3 Investimentos: base da competitividade no comércio internacional

Costuma-se distinguir dois tipos principais de investimento internacional: a compra e/ou abertura de empresas no exterior – o chamado investimento produtivo – e a compra e venda rápida de ações ou títulos de instituições governamentais – denominado investimento especulativo. O primeiro visa à produção de bens e/ou serviços na economia em que está investindo, há a preocupação em obter lucro a médio ou a longo prazo. O segundo baseia-se no objetivo de lucro a curto prazo, sem nenhuma preocupação com a produção de bens ou serviços no país em que está investindo.

Com as transformações ocorridas no mercado global, muitas empresas viram-se obrigadas a partir para mudanças e sólidos investimentos na tentativa de concorrerem em pé de igualdade com outras empresas já estruturadas. Assim, muitas trataram de reorganizar seus sistemas produtivos (em todos os sentidos) com o objetivo de permanecer na forte competição internacional. Segundo Harbison e Pekar Jr. (1999, p. 12), "a capacidade de sustentar a inovação nos produtos e serviços está se tornando a principal fonte de vantagem competitiva e lucrativa entre as empresas".

Em relação ao comércio global, no fim dos anos 80 muitas empresas já começavam a redesenhar seus ambientes e processos logísticos com vistas a enfrentar o novo cenário globalizado e competitivo baseadas em investimentos nos sistemas avançados de tecnologia, especialmente aqueles ligados às áreas de comunicação e informática.

Os empresários, ao buscar oportunidades de investimento, tanto interno quanto externo, devem se preocupar com a clareza das informações de suas empresas nos meios de comunicação. As informações disponibilizadas aos colaboradores e consumidores devem refletir a cultura da empresa, seus objetivos e sua conduta em relação ao público que deseja atingir.

Sabemos que a competitividade no comércio internacional é um processo contínuo de mudanças, aprimoramento tecnológico e controles. São as mudanças impostas pela evolução da sociedade. É o encontro das mais diversas estratégias de sobrevivência econômico-financeiras. É a busca da competitividade, inovação, informatização e criatividade para a conquista do cliente, também globalizado. Nesse sentido, as empresas que mais investem em atendimento personalizado acreditam que todos os esforços, avanços tecnológicos e equipes preparadas são os principais diferenciais de uma organização na busca de vantagens comparativas.

Segundo Silva (2003), em relação à competitividade no comércio internacional, as empresas passaram a ser avaliadas de acordo com a valorização de seus fatores produtivos: mão-de-obra capacitada, máquinas e equipamentos atualizados e toda a corporação envolvida em uma mentalidade criativa e empreendedora. Muitas vezes, julga-se que algumas empresas se diferenciam das demais somente em relação ao produto ou à marca, mas esse é somente o estágio inicial do processo. A seqüência deste é regida pelas inovações tecnológicas, que são propiciadas pelo uso da microeletrônica nos processos produtivos.

O acirramento da competição internacional a partir dos anos 90 exigiu que as empresas reorganizassem suas estruturas produtivas com o objetivo de reduzir custos e aumentar a produção. Para isso, intensificou-se a terceirização das atividades acessórias, com destaque para as áreas relacionadas à informática (criação de *software*, programação, digitação, análise de sistemas etc.), publicidade, limpeza, alimentação, manutenção de equipamentos, vigilância, dentre outras.

Porter (1999) observa que um novo panorama internacional configurou-se como um tabuleiro de xadrez global em que a competição força a alta gerência das organizações a executar mudanças na maneira de encarar e operar a empresa. De acordo com Hitt *et al.* (2003), esse novo cenário competitivo, apesar de apresentar-se como um ambiente complexo e desafiador, atua como gerador de oportunidades impulsionando as empresas em todo o globo a adaptarem-se ao ambiente externo.

A expansão dos negócios trouxe modificações em todos os sentidos, segmentos e processos, especialmente no que diz respeito à concorrência entre os capitais econômicos e/ou financeiros. No entanto, o grande propósito foi incrementar mercados por meio de investimentos em setores tomados por monopólios e oligopólios. Assim, no lugar das velhas empresas surgiram novas e desapareceram muitas barreiras consideradas embargos e empecilhos ao processo de internacionalização das organizações.

Segundo Silva (2001), o processo de internacionalização consiste na participação ativa das empresas nos mercados externos, o que ocorreu com a eliminação das barreiras que protegiam as empresas nacionais, caminho natural para se tornarem continuamente competitivas.

Conforme Porter (1999), a competição global força a alta gerência a executar mudanças em sua maneira de encarar e operar a empresa. Os movimentos mais importantes do jogo são aqueles que melhoram a posição de custo mundial da empresa ou sua capacidade de diferenciação e enfraquecem seus concorrentes mundiais críticos.

Com a expansão dos investimentos em âmbito global, as mudanças da nova economia impuseram aos empresários e gestores uma nova mentalidade e a necessidade de se prepararem com instrumentos gerenciais, técnicas e métodos para as tomadas de decisão em tempo hábil e com possibilidades mínimas de erro.

Essa assimilação por parte dos executivos e a utilização desses recursos tornaram-se parte da estratégia das organizações globalizadas.

Kon (1999, p. 60) afirma:

> *O progresso técnico tem sido, no decorrer da evolução socioeconômica das nações, o elemento-chave que impulsiona as economias na busca da melhoria dos padrões de subsistência das sociedades que acarreta o aumento do produto gerado por trabalhador ou o aumento na relação produtos/insumos.*

No comércio internacional, é grandioso o papel da inovação tecnológica na geração do produto, na distribuição de excedentes e no desenvolvimento socioeconômico. No Brasil, graças à evolução tecnológica instituída já no fim dos anos 80, muitas empresas brasileiras passaram a ter um melhor desempenho no comércio internacional, fato que elevou significativamente nossas exportações.

Segundo Lazzareschi (2003, p. 69),

> *países de tecnologia atrasada vivem as conseqüências dramáticas do círculo vicioso da dependência: são dependentes porque têm tecnologia atrasada e têm tecnologia atrasada porque são dependentes. Somente com investimentos maciços em educação escolarizada e em pesquisa científica e tecnológica pode-se romper esse círculo vicioso.*

9.4 A valorização da voz do consumidor

Muitas empresas parecem ainda viver de estratégias e planejamentos de séculos passados, pois ainda não compreenderam a importância do cliente, ou melhor, de ouvir o consumidor, cada vez mais exigente. Nesse sentido, algumas organizações já caminham em direção ao gerenciamento de informações e ao relacionamento com o cliente para garantir o sucesso. Segundo McGee e Prusak (1998), a informação, cada vez mais, constituirá a base da competição, especialmente no setor de serviços, mas também na indústria manufatureira.

Stone, Woodcock e Machtynger (2000) apontam um modelo de gerência de relacionamento por etapas que mostra cada fase bem como definições e problemas que as empresas enfrentam para administrar relacionamentos. Nesse modelo os autores afirmam que todo o sucesso da informação está em gerenciar clientes, isso depende, em parte, da aplicação de alguns princípios de padrão de gerenciamento de clientes, pois em muitas ocasiões esse aspecto é esquecido.

Outras empresas já se destacam no uso de ferramentas de marketing e procuram concentrar esforços para assegurar o retorno do cliente. Para Lopes (2000), o objetivo básico da segmentação é concentrar esforços de marketing em determinados alvos que a empresa entende como favoráveis para serem explorados comercialmente, em decorrência de sua capacidade de satisfazer a demanda dos focos, de maneira mais adequada. Cada segmento deve ser constituído por grupos de consumidores que apresentem o mínimo de diferença entre si, do ponto de vista de características adotadas, e o máximo de diferenças em relação aos demais segmentos.

Assim, por meio da segmentação de mercado é que as empresas podem conhecer cada vez mais as necessidades e os desejos dos consumidores. Esse conhecimento se aprofunda à medida que novas variáveis de segmentação são combinadas entre si, proporcionando o conhecimento mais individualizado do consumidor.

Kotler (2002) afirma que a definição desse mercado-alvo é fundamental, pois os consumidores possuem necessidades, gostos, costumes e religiões diferentes, entre outros aspectos. Além disso, o poder aquisitivo difere muito. Dessa forma, as empresas têm de apresentar produtos para satisfazer as mais diversas exigências.

Todas as mudanças em prol de ouvir a voz do consumidor fizeram crescer a necessidade de novos serviços especializados que, de modo geral, nem sempre estão disponíveis no mercado interno, seja por custo, seja por capacidade, mas que precisam ser incorporados ao processo de produção. Daí a terceirização, pois muitas dessas atividades são repassadas às empresas prestadoras de serviços pertencentes a terceiros. As boas idéias precisam ser levadas adiante!

9.5 Preocupação social corporativa no cenário globalizado

Em se tratando de gestão de negócios, a partir do fim dos anos 90, em qualquer segmento de mercado, duas estratégias foram bastante utilizadas: conquistar o cliente e despertar o respeito e a credibilidade da sociedade. Nesse contexto, os projetos sociais são grandes alavancas para destacar a empresa em um mercado cada vez mais competitivo.

Segundo Fischer (2002, p. 154),

> No mundo globalizado, as organizações de mercado necessitam manter uma certa sintonia na sua forma de atuar e de relacionar-se com a sociedade civil. O conceito de empreendedorismo social começa a ocupar um espaço significativo no mundo moderno. Ele ilumina a responsabilidade corporativa expandindo a área de influência da empresa para além de seus muros, empregados, produtos e consumidores.

Na verdade, é preciso chamar a sociedade para participar, direta ou indiretamente, das decisões organizacionais.

De acordo com Barbieri (2006, p. 23),

> Um dos efeitos da globalização econômica é o aumento da importância dos mercados como agentes dos processos de organização da sociedade e dos seus sistemas produtivos, ao mesmo tempo em que se reduz a importância dos agentes estatais nesse processo e, conseqüentemente, as políticas públicas voltadas para promover o desenvolvimento em âmbito nacional.

É nessa lacuna que reside a importância da responsabilidade social empresarial pelo desenvolvimento sustentável, tanto em âmbito interno quanto em âmbito externo; tanto no comércio local quanto no comércio internacional.

Na visão de Camargo *et al.* (2001), responsabilidade é um conceito adotado para as organizações privadas, socialmente responsáveis, e refere-se às estratégias de sustentabilidade de longo prazo das empresas que, em sua lógica de desempenho e lucratividade, passam a se preocupar com os efeitos sociais e/ou ambientais de suas atividades, com o objetivo de contribuir para o bem comum e para a melhoria da qualidade de vida das comunidades. A responsabilidade social corporativa expressa compromissos muito mais amplos do que aqueles previstos em lei.

Atualmente, pensando nisso, muitas organizações vêem como diferencial competitivo não somente o lucro, mas também o bem-estar da sociedade, isso se reflete em diversos projetos sociais, ambientais, culturais e de desenvolvimento local. Não se pode mais pensar em crescimento sem levar em consideração a questão do desenvolvimento sustentável. Em muitos casos, é a sociedade que indica suas necessidades e prioridades e também avalia os resultados dos projetos, destacando as contribuições efetivas no desenvolvimento da comunidade.

No Brasil, embora o processo seja moroso, muitas empresas começaram a se preocupar com a questão da responsabilidade social. Dentre essas organizações, algumas dos setores bancário, industrial e comercial, há as que atuam em belíssimos projetos de ajuda a populações carentes. Essas empresas, muitas vezes, recusam clientes/empresas cuja produção seja voltada para a agressão ao meio ambiente ou que, de alguma forma, prejudiquem o bem-estar da população.

9.6 Comércio eletrônico: a expansão dos negócios

Sabemos que a globalização promoveu a expansão dos negócios e provocou modificações nas áreas social, econômica, política e envolveu mudanças de aspectos culturais, religiosos, entre outros. No entanto, um dos grandes destaques nas relações de troca entre os países foi o surgimento do comércio eletrônico, estratégia para internacionalização das empresas e uma poderosa ferramenta para alavancagem financeira.

Segundo Albertin (2002, p. 68), "o *e-commerce* já é uma realidade nos diversos setores da economia, tanto no Brasil, como no mundo. Sua assimilação e utilização tornam-se parte da estratégia das organizações".

A aplicação do comércio eletrônico pode ocorrer em várias áreas: de marketing interno e global, bancária, governamental, de turismo, hotelaria, comércio exterior, de leilões e de publicações, dentre outras, pois permite aos empresários a administração de negócios globais e a comunicação entre matriz e filiais. O comércio eletrônico favorece a redução de custos nas transações, tanto no que diz respeito ao fator segurança quanto ao que se refere aos milhões de acessos a determinado site, o que reduz o custo de propaganda e publicidade. Isso, combinado com o alto grau envolvimento dos executivos, acaba criando um ambiente de valor agregado.

Segundo Turban e King (2004, p. 163),

> A *abrangência do comércio eletrônico depende da relação de cinco áreas estratégicas:* **pessoas** *(vendedores, compradores, intermediários, colaboradores, parceiros, funcionários);* **política comercial** *(leis e regulamentos específicos);* **protocolos e padrões técnicos** *(trâmites, segurança e privacidade);* **parceiros de negócios** *(bons parceiros) e* **serviços de apoio** *(pesquisas de mercado, relacionamentos e feedback, conteúdo, suporte on-line, banco de dados e sistema de informação em marketing).*

Cabe lembrar que o comércio eletrônico é uma estratégia obrigatória na moderna gestão estratégica dos negócios e de grande importância para executivos de todas as áreas organizacionais. Quando bem usado e gerenciado, o *e-commerce* torna-se o maior aliado das empresas na competição global; quando mal utilizado, torna-se um grande problema para as organizações no que diz respeito a reclamações e processos em escala global. Em resumo, quando todas as áreas organizacionais são bem gerenciadas e integradas produzem a expansão comercial das empresas, fidelização dos parceiros e clientes e aumento da abrangência das marcas em âmbito global.

Em relação ao comércio internacional eletrônico, a Internet é uma grande alternativa para as pequenas e médias empresas aumentarem as possibilidades de venda. Há duas maneiras de atuação no *e-commerce*: negócios corporativos entre empresas, ou *business-to-business* (B2B), que na maioria das vezes se trata de compra e venda de insumos ou fornecimento de produtos entre organizações, e relacionamento entre empresas e consumidor final, ou *business-to-consumer* (B2C), em que as empresas pulverizam a distribuição de seus produtos para diversos clientes. A proposta de ambas modalidades é manter um bom relacionamento entre os parceiros em aspectos como preço, qualidade e satisfação.

De acordo com Porter (2003, p. 26),

> O *valor final criado por uma empresa é medido pelo que os compradores se dispõem a pagar pelo seu produto ou serviço. Uma empresa é lucrativa se esse valor excede ao custo coletivo de realizar todas as atividades necessárias.*

No Brasil, o crescimento do *e-commerce* se deu com a expansão da Internet, que foi marcada não só pelo desenvolvimento tecnológico no fim dos anos 90 mas também pelo número cada vez maior de usuários que, independentemente da idade, contribuem para o crescimento de um novo mercado no país. Hoje em todo o mundo o *e-commerce* e a expansão das redes virtuais são vistos como um dos negócios mais rentáveis e seguros.

No entendimento de Hagel e Armstrong (1998, p. 2),

> *A expansão das comunidades virtuais em redes on-line deu início a uma mudança sem precedentes no equilíbrio de forças: o poder passou das mãos dos fornecedores de bens e serviços para as dos clientes que os compram. Os fornecedores que entenderem essa mudança e decidirem ganhar com ela, organizando comunidades virtuais, serão recompensados com a fidelidade do cliente e com um ótimo retorno financeiro.*

Aos poucos, o modelo econômico regido por grandes empresas está sendo substituído por um novo modelo. Delineia-se, assim, uma nova organização econômica na qual as empresas respondem com maior rapidez às demandas do mercado, apresentando-se mais flexíveis e ágeis.

9.7 O Brasil após a abertura comercial

No Brasil, há muitos anos, mais especificamente desde o início do século XX, vislumbrou-se a possibilidade de implantar empresas no comércio internacional. A verdade é que, embora ainda estivéssemos distantes de concorrer com outras nações, o objetivo era agilizar o relacionamento comercial com os demais países e amadurecer a circulação de bens, serviços, pessoas e capitais.

Segundo Silva (2003), o processo de modernização da economia brasileira foi iniciado e promovido por Juscelino Kubitschek, nos anos 50, quando se implantou a indústria automobilística no país. Ao mesmo tempo, houve a construção de extensas redes rodoviárias, a instalação de grandes usinas hidroelétricas e a expansão da indústria siderúrgica. No fim da década de 1960 foram adotadas diversas estratégias e políticas com o propósito de inserir a economia brasileira no cenário internacional, o que ocorreu por meio de uma maior abertura da economia brasileira. Até então, nosso comércio exterior era bastante reduzido, tanto pelo pequeno número de empresas que mantinha transações comerciais com o resto do mundo quanto pela ausência de políticas comerciais e incentivos.

Nos anos 70, a tentativa de expandir as relações de troca do Brasil com o resto do mundo foi deteriorada pela crise econômica internacional da década, marcada por duas crises do petróleo. Nos anos 80, esse entrave ao crescimento foi acompanhado de vários planos econômicos, cheios de erros e contradições. A inflação prejudicou o consumo interno, provocou a queda do poder aquisitivo e eram constantes os déficits externos, o que evidenciava a pressão pela abertura política e comercial.

Segundo Silva (2003, p. 13),

> *Apesar de a abertura do comércio externo brasileiro ter iniciado no final da década de 1980, somente a partir de meados de 1994 é que o Brasil começa a trilhar o caminho do sucesso internacional.*

O início dos anos 90 foi marcado por uma nova fase do desenvolvimento econômico brasileiro. Primeiro, houve o lançamento do Plano Real, depois, a entrada desenfreada de capital financeiro internacional. Nesse período houve transformações no sistema financeiro nacional, bem como no comércio internacional, o que levou as empresas nacionais a rever seus processos de gestão organizacional. Expostas diretamente à concorrência internacional, as organizações brasileiras, após a liberalização comercial ocorrida na década de 1990, permaneceram sob intensa pressão para aperfeiçoar padrões de qualidade de produtos e de eficiência produtiva, buscando maiores graus de competitividade.

Conforme Lowenthal (2005, p. 9),

> A abertura do mercado e da economia ocorrida em 1990, o aumento dos investimentos e, inclusive, algumas privatizações trouxeram impactos mercadológicos que resultam ao país uma maior pressão competitiva. Competitividade não significa simplesmente uma busca pela vitória. Transcende a guerra, a luta e principalmente a sobrevivência.

Novamente, em pleno início de século, surgem algumas indagações em relação ao destino do país no cenário internacional, quando certos setores da economia brasileira começam a mostrar sinais de cansaço ante o esgotamento de alguns modelos econômicos adotados, que clamam por mudanças. Todos concordam que é necessário diversificar e ampliar mercados para os produtos brasileiros e melhorar a infra-estrutura aeroportuária. Assim como a inovação tecnológica foi fundamental para a evolução do Brasil no comércio internacional, nossos novos gestores precisam ser preparados para enfrentar os desafios da economia globalizada.

Considerações finais

A globalização e a integração econômica visam ampliar as relações internacionais entre os países e promover a consolidação de intercâmbios mais proveitosos. É nesse cenário que as tecnologias avançam em grande velocidade e os meios de comunicação e as tecnologias apontam o caminho que as empresas devem trilhar para conquistar mercado, aumentar a produção com custos menores, vencer concorrências e garantir a lucratividade.

As transformações das empresas no cenário internacional correspondem às ações que realizam a fim de se adaptarem rapidamente às imposições conjunturais das mudanças e quebrarem paradigmas, objetivando a sua sobrevivência e favorecendo a competitividade dos produtos nacionais no mercado global. Essas mudanças impostas pela globalização e baseadas em altos investimentos para renovação tecnológica e organizacional e responsabilidade social garantirão os padrões internacionais de qualidade e o aproveitamento de novos nichos mercadológicos. Nesse aspecto, é positiva a exigência de uma nova postura dos executivos diante da evolução da gerência da informação. É o encontro entre capital humano e alta tecnologia.

Segundo Keegan (2005), o surgimento dos mercados globais representou uma mudança fundamental e possibilitou novas oportunidades de negócio em que os concorrentes globais substituem continuamente os locais. Ao mesmo tempo, a integração mundial da economia tem aumentado de forma significativa, atualmente está em torno de 50%, ao passo que no início do século XX era de 10%.

As empresas desempenham um papel importante no processo das relações econômicas internacionais, possibilitando ao mundo a oportunidade de novos produtos, qualidade, preço e diversidade, em um cenário de extrema velocidade e de mudanças. As novas empresas não surgem somente em função da mobilidade do capital, mas também da conjugação de uma série de fatores: inovação tecnológica, empreendedorismo e formação de profissionais.

O investimento em capital humano no processo de observação, obtenção e disseminação das informações tornou-se uma exigência para qualquer empresa que busque o desenvolvimento no complexo ambiente de negócios globalizado. Assim, de um lado, as organizações devem considerar a importância das pessoas para o desenvolvimento e a aplicação das estratégias competitivas, do outro, devem investir em recursos tecnológicos e cursos profissionalizantes para garantir o acompanhamento dessa evolução. O profissional deve estar em constante aprimoramento e reciclagem.

Quando falamos em mercados globais devemos levar em consideração os aspectos internacionais, a ampliação do comércio e das transações financeiras e dos meios de comunicação, a capacitação dos executivos e as práticas de responsabilidade social corporativa, que garantirão a permanência das organizações nessa competição.

A competitividade dos empreendimentos depende muito de estratégias voltadas para os clientes e de posicionamentos que produtos e empresas tomam nesse cenário financeiro e tecnologicamente integrado. Em relação ao cliente, caso as organizações não percebam a importância de ouvi-lo e de fazê-lo ser o centro das atenções, estarão comprometendo sua sobrevivência.

Nesse cenário de globalização e competição, as empresas não ficam restritas a um único país, seja como vendedoras, seja como produtoras. A busca por novos mercados e a acirrada competição leva-as a novos mercados e à diversificação de parceiros, bem como ao aumento da qualidade e competitividade. Dessa forma, muitas estratégias são chave na conquista de novos mercados e força motriz para aumento dos negócios e expansão dos lucros.

Exercícios de fixação

1. Comente a competitividade e a inovação no mercado internacional.

2. Aborde as estratégias das empresas no ambiente globalizado, caracterizando a importância do gerenciamento de pessoas, bem como a valorização do conhecimento humano na competitividade no mercado internacional.

3. Explique a importância da responsabilidade social corporativa na competição internacional.

4. Descreva os investimentos como base da competitividade no comércio internacional.

5. Comente o processo de mudanças no Brasil e os entraves para o nosso crescimento econômico.

Referências bibliográficas

ALBERTIN, L. Alberto. Comércio eletrônico: mais evolução, menos revolução. São Paulo, *Revista RAE*, v. 42, n. 3, 2002. p. 114-117.

BARBIERI, J. C. O local e o global na implementação do desenvolvimento sustentável. In: CABRAL, A.; COELHO, L. *Mundo em transformação*. Belo Horizonte: Autêntica, 2006.

BARTLETT, Christopher A.; GHOSHAL, Sumatra. *Gerenciando empresas no exterior*. São Paulo: Makron Books, 2000.

CAMARGO, M. Franco de. *Gestão do terceiro setor no Brasil*. São Paulo: Futura, 2001.

CANCLINI, Néstor García. *La globalización imaginada*. Buenos Aires: Paidós, 2001.

CASTELLS, Manuel. *A sociedade em rede*. São Paulo: Paz e Terra, 1999.

CAVALCANTI, D. de Souza B.; SILVA, J. Ultemar da. *As transações internacionais no contexto da globalização*. São Paulo: Plêiade, 2000.

CRAWFORD, Richard. *Na era do capital humano*. São Paulo: Atlas, 2000.

DIAS, Reinaldo; RODRIGUES, Waldemar (Orgs.). *Comércio exterior*: teoria e gestão. São Paulo: Atlas, 2004.

DOWBOR, Ladislau et. al. *Desafios da globalização*. Petrópolis: Vozes, 1999.

DRUCKER, Peter. F. *Administrando para o futuro*: os anos 90 e a virada do século. São Paulo: Pioneira, 1999.

DUARTE, Fábio. *Global e local no mundo contemporâneo*: integração e conflito em escala global. São Paulo: Moderna, 2002.

FISCHER, R. M. *O desafio da colaboração*. São Paulo: Gente, 2002.

GIDDENS, A. *O mundo na era da globalização*. Lisboa: Editorial Presença, 2000.

GONÇALVES, Reinaldo; BAUMAN, Renato. *A nova economia internacional*. Rio de Janeiro: Campus, 1999.

HAGEL, John; ARMSTRONG, A. Gary. *Vantagem competitiva na Internet*: como criar uma nova cultura empresarial para atuar nas comunidades virtuais. Rio de Janeiro: Campus, 1998.

HARBISON, J. R.; PEKAR JR., Peter. *Alianças estratégicas*. São Paulo: Futura, 1999.

HITT, M. A. et al. *Administração estratégica*: competitividade e globalização. São Paulo, Pioneira, 2003.

KEEGAN, W. J. *Marketing global*. São Paulo: Pearson Education, 2005.

KON, A. Tecnologia e trabalho no cenário da globalização. In: DOWBOR, Ladislau et al. *Desafios da globalização*. Petrópolis: Vozes, 1999.

KOTLER, Philip. *Marketing para o século 21*. São Paulo: Atlas, 2002.

_____; ARMSTRONG, A. Gary. *Princípios de marketing*. São Paulo: Prentice Hall, 2003.

LACERDA, Antônio C. *O impacto da globalização na economia brasileira*. São Paulo: Contexto, 2001.

LAZZARESCHI, Noêmia. Pesquisa científica e tecnológica como fator de inclusão social e instrumento de desenvolvimento social. São Paulo, *Revista Gerenciais* – Uninove. v. 2, set. 2003 - Anual.

LOPES, Isac. J. A segmentação de mercado como estratégia de marketing. Disponível em <http://www.crd2000.hpg.ig.com.br/textos/artigo222.htm>. Acesso em 15 mar. 2006.

LOWENTHAL, Richard (Org.). *Brasil*: showcase de competência em e-business. São Paulo: Makron Books, 2005.

McGEE, James; PRUSAK, Laurence. *Gerenciamento estratégico da informação*. Rio de Janeiro: Campus, 1998.

PORTER, M. *Competição*: estratégias competitivas essenciais. Rio de Janeiro: Campus, 1999.

SILVA, J. Ultemar da. A reorganização das empresas no cenário internacional. São Paulo, *Revista Gerenciais* – Uninove. v. 2, n. XX, set. 2003. p. 7-14.

STIGLITZ J. E. *A globalização e seus malefícios*. São Paulo: Futura, 2002.

STONE, M.; WOODCOCK N.; MACHTYNGER, L. Customer relationship marketing. *Page Business Books*. 2. ed. Aug. 2000.

TURBAN, E.; KING, D. *Comércio eletrônico*. São Paulo: Prentice Hall, 2004.

USP, Equipe de Professores da. *Manual de economia*. São Paulo: Saraiva, 2002.

VASCONCELOS, M. A. Sandoval de. *Economia brasileira e contemporânea*. São Paulo: Atlas, 2001.

WINOCK, Michel. *O século dos intelectuais*. Rio de Janeiro: Bertrand Brasil, 2000.

10

O papel das instituições na construção do século XXI segundo a nova economia e as relações internacionais

José Flávio Messias

O objetivo deste capítulo é abordar a importância das organizações e instituições internacionais e o seu campo de ação frente ao declínio da participação do Estado na intermediação de conflitos no contexto internacional.

Introdução

Estamos presenciando um período caracterizado pelo surgimento de novos paradigmas decorrentes do ritmo acelerado dos avanços tecnológicos e de seus desdobramentos nas áreas econômica, política e social. Tradicionalmente, o Estado representou um dos agentes mais dinâmicos na determinação dos rumos da economia e na intermediação dos conflitos existentes nas relações internacionais e entre Estados-membros.

Mudanças substanciais ocorridas no cenário geopolítico internacional a partir do fim da década de 1970, como a crise dos países socialistas e o rompimento do sistema bipolar, o fortalecimento do liberalismo e o avanço das multinacionais e a formação de diversos blocos comerciais regionais, trouxeram uma nova dinâmica; novos agentes capazes de influenciar na formatação de modelos políticos e econômicos.

Vários conceitos clássicos empregados na abordagem das Ciências Sociais, bem como o papel do Estado na economia e sua busca pela obtenção do pleno emprego, e o trabalho, tradicionalmente considerado a categoria-chave para a análise sociológica, perderam relevância teórica e prática na busca de implementar uma ação transformadora da sociedade, em função da imposição da democracia liberal no âmbito político, com o sistema de mercado, em sua versão neoliberal, impondo-se no âmbito econômico.

10.1 O papel das instituições na visão das relações internacionais

As relações internacionais ocorrem quando dois ou mais grupos socialmente organizados realizam intercâmbio de idéias, valores e pessoas, tanto em um contexto definido juridicamente quanto em um contexto pragmático. O campo de estudo das relações internacionais é definido como sendo aquele no qual são exercidas as atividades especializadas de "diplomatas e soldados", isto é, as relações internacionais são regidas por dois parâmetros básicos: interesses nacionais e poder.

As relações internacionais (RI) são definidas como

> (...) *conjunto de contatos que se estabelecem através das fronteiras nacionais entre grupos socialmente organizados. Portanto, são internacionais todos os fenômenos que transcendem as fronteiras de um Estado, fazendo com que os sujeitos, privados ou públicos, individuais ou coletivos, relacionem-se entre si* (...) (SEITENFUS, 2004, p. 2)

A atuação externa do Estado constitui o alicerce das relações internacionais. Ele pode inspirar-se em interesses privados, seja de empresas, seja de indivíduos, reservando para si a definição de estratégias de ação no plano externo. Raymond Aron (*apud* VELLOSO E MARTINS, 1994) sistematizou um conjunto de idéias que permitiu avaliar os desdobramentos das estruturas políticas e econômicas internacionais posteriores à Segunda Guerra Mundial e estabeleceu dois referenciais que historicamente têm pautado as relações internacionais:

a. O *Estado-nação* – Tem como atributo defensivo a soberania e como atributo ofensivo a realização de seus interesses no espaço internacional;

b. O *poder* – Lastreado na capacidade de coerção como condição à imposição de uma vontade política, quaisquer que sejam as conotações que possam ser utilizadas na cultura política.

Com base nessa formulação clássica, podemos destacar dois pontos importantes: o primeiro é que um espaço organizado, no que diz respeito a interesses nacionais e capacidade de satisfazê-los, gera inevitavelmente conflitos, que tendem a ser resolvidos pela violência ou pela ameaça de utilização dela; o segundo, no plano internacional, refere-se à lei de natureza contratual entre os Estados soberanos, que não possui um caráter impositivo como no interior das sociedades, porém precisa de um fórum em que os conflitos possam ser discutidos e resolvidos.

Em função desses dois parâmetros, concluímos que o espaço internacional, na medida em que é integrado por unidades, baliza suas decisões de acordo com seus interesses e é necessariamente instável e conflituoso.

As questões básicas referentes ao funcionamento e ao ordenamento do espaço internacional foram desenvolvidas com bastante profundidade por Stanley Hoffmann (*apud* VELLOSO E MARTINS, 1994) quando este detecta a existência de duas realidades, ainda que questione a existência concreta de uma ordem internacional estabelecida: das relações interestados nacionais e das relações transnacionais.

A primeira tem por referência a preservação da existência e da segurança de cada Estado, a segunda reporta-se às necessidades comuns da humanidade, sendo passível de discussão em que medida essas necessidades se impõem por si mesmas, pelo seu valor universal ou consensual, ou são definidas pelos Estados dominantes.

Ao passo que a primeira instância reflete a idéia do domínio da correlação de forças entre atores movidos por vontades nacionais autônomas, a segunda regula essas vontades, condicionada pelo consenso, ou pela sanção dos atores principais.

Além das análises que partem das relações interestados e suas políticas externas, bem como das relações entre estruturas e processos do sistema, existem vertentes que adicionam novos elementos, dada a sua complexidade: a natureza do regime político, o papel das ideologias, o impacto das mudanças tecnológicas, as mutações ocorridas no funcionamento da economia mundial, entre outras (BOYER in TÔRRES, 2000).

Apesar das diferentes orientações teóricas na análise das relações internacionais, os temas principais discutidos são: o Estado-nação, os sistemas de hierarquias, os equilíbrios de poder e os graus de autonomia existentes entre eles, as configurações do sistema e as relações de caráter transnacional, que acabam determinando o rumo econômico e político de acordo com o predomínio de um dos elementos apresentados ou de vários deles.

10.2 O surgimento das organizações internacionais

Após a Segunda Guerra Mundial, em função da necessidade de formalização e do gerenciamento de acordos econômicos, políticos e comerciais, algumas funções específicas foram delegadas e atribuídas às organizações internacionais (OI). Elas apresentam caráter público e, à medida que buscam seus objetivos, adotam modelos institucionais diferenciados que prevêem a transferência de poderes de seus membros para a instância coletiva ou simplesmente constituem um fórum de contato e cooperação.

Por outro lado, um grupo heterogêneo de organizações internacionais não estatais, as organizações não-governamentais de alcance transnacional, é composto por instituições de origem privada, vinculadas à ordem jurídica nacional, mas que, em razão de seus objetivos, visam atingir os indivíduos ou os bens localizados no território de dois ou mais Estados ou em espaços internacionalizados.

Existe uma vasta rede de organizações internacionais privadas em segmentos variados, cultural, jurídico, esportivo, econômico, cooperativo e político, que ao definir seus escopos e suas formas de ações individuais, visam conseguir autonomia no cenário institucional. Na verdade, podem ocorrer diversas formas de classificação do ramo e da forma de atuação das organizações internacionais (SEITENFUS, 2004):

1. Segundo a *natureza*:

    a. *políticas*: são de caráter político-diplomático, visam à manutenção da paz e da segurança internacionais. Exemplos: Liga das Nações e Organização das Nações Unidas (ONU);

    b. *de cooperação técnica*: visam aproximar posições e tomar iniciativas conjuntas em áreas específicas. Exemplos: Organização Internacional do Comércio (OIC), União Internacional de Telecomunicações (UIT), Organização das Nações Unidas para a Educação, a Ciência e a Cultura (Unesco).

2. Segundo as *funções* que se vinculam aos *objetivos* e aos *instrumentos* utilizados para alcançá-los: trata-se de organizações que não recebem delegação de competência ou de poderes dos Estados; são denominadas de concertação e tentam regular a sociedade internacional por distintas formas de cooperação:

    a. fórum de países-membros para discussão de temas de mútuo interesse. Exemplos: Grupo dos 8 (G8), Organização para Cooperação e Desenvolvimento Econômico (OCDE);

    b. normas comuns de comportamento em áreas específicas, como a dos direitos humanos e trabalhista. Exemplos: Organização dos Estados Americanos (OEA) e Organização Internacional do Trabalho (OIT);

    c. existem organizações voltadas para funções operacionais, como nos casos de urgência na resolução de crises humanitárias decorrentes de conflitos civis ou internacionais e de catástrofes naturais. Exemplos: Comitê Internacional da Cruz Vermelha (CICV), Alto Comissariado das Nações Unidas para os Refugiados (ACNUR). Algumas são direcionadas para pesquisa e desenvolvimento, por exemplo, Conselho Europeu para a Energia Nuclear (CERN), e para gestão de serviços prestados para os Estados-membros, principalmente na área de créditos especiais, por exemplo, Fundo Monetário Internacional (FMI) e Banco Interamericano de Desenvolvimento (BID).

10.3 A ascensão dos blocos econômicos e das instituições multilaterais

Após a arma nuclear ter sido utilizada como instrumento de poder, criou-se um impasse estratégico entre as duas potências que emergiram a partir da Segunda Guerra Mundial: Estados Unidos da América e União das Repúblicas Socialistas Soviéticas, isso estabeleceu um forte antagonismo ideológico.

Essa dicotomia desencadeou a formação de dois grandes blocos: os países que possuíam economias fortemente centralizadas e organizadas por seus governos e os países que adotavam, para condução de suas economias, as leis de mercado, que marcaram profundamente as relações econômicas, sociais e políticas que caracterizaram a Guerra Fria.

Uma linha demarcatória imaginária foi estabelecida com relação ao campo de ação dos dois blocos, deslocando seus conflitos para manobras estratégicas, por meio da contenção dos avanços mútuos em áreas que se situavam fora das zonas imediatas de influência.

Esses deslocamentos geraram uma extensiva rede de pactos, alianças e lealdades, dando lugar a sistemas regionais de equilíbrio de poder de alguma forma tutelados entre os blocos. Esse processo desencadeou uma corrida armamentista sem precedentes, com investimentos maciços para o avanço da tecnologia militar, o que viria a provocar grandes distorções nas economias dos dois países.

O fim da bipolarização política em meados dos aos 70 abriu a possibilidade para o surgimento de novos atores com forças suficientes para disputar as posições hegemônicas. Em alguns casos, isso não foi possível individualmente, então, surgiram alianças estratégicas, que podemos considerar o gérmen de blocos econômicos como o Mercado Comum do Cone Sul – Mercosul (Tratado de Assunção, 1991); Cooperação Econômica entre Países Ásia-Pacífico – Apec (1989); Acordo de Livre Comércio Norte-Americano – Nafta (1993), Pacto Andino (Protocolo de Quito, 1988), entre outros.

Esses blocos econômicos passaram a exercer um papel importante no cenário internacional, uma vez que os acordos comerciais eram realizados de modo interno e externo aos blocos, de forma integrada, isso não permitia decisões unilaterais por parte dos países integrantes. As empresas e os países que atuam no comércio e nas relações internacionais passaram, então, a agir de maneira articulada.

10.4 A crise de atuação do Estado e do *Welfare State*

De acordo com Jorge Mattoso (1995) e Pochmann (1997), a partir do surgimento da terceira revolução industrial e da reestruturação do capitalismo mundial que se processou nas últimas décadas, não só houve um rompimento do paradigma industrial e tecnológico anterior como também se efetivou o questionamento do compromisso social existente entre as diversas instituições, definidas quando da constituição e expansão do padrão de industrialização, iniciado após a Segunda Guerra Mundial.

O período entre o pós-guerra e os anos 70 (1946-1970) representa as décadas de ouro do capitalismo mundial, quando foram registradas as maiores taxas de crescimento econômico.

Esse crescimento foi baseado nas políticas keynesianas, que defendiam a intervenção do Estado como forma de manter o dinamismo da economia em momentos de crise, e, aliado à preocupação ideológica dos países capitalistas em ceder espaço econômico e político para os países socialistas, incrementou as políticas de *Welfare State*, ou seja, favoreceu a ampliação das políticas públicas nas áreas de educação, saúde e assistência social, perpetuando um ciclo virtuoso (MESSIAS, 2001).

No início dos anos 70, a crise econômica decorrente da fragilização do sistema monetário internacional, a decretação do fim da paridade ouro-dólar pelo governo Nixon, em 1971, e a crise do preço do petróleo desencadearam a flutuação das taxas de juros internacionais e o esgotamento do padrão de industrialização fordista; a dinâmica econômica presente até então, dissipou-se.

Podemos sintetizar as dimensões da crise estrutural do capital, que ocorreu a partir da década de 1970, da seguinte forma (ANTUNES, 1999, p. 29-30):

1. queda da taxa de lucro, dada entre outros elementos causais, pelo aumento do preço da força de trabalho;
2. o esgotamento do padrão de acumulação taylorista/fordista de produção, dado pela incapacidade de responder à retração do consumo que se acentuava;
3. hipertrofia da esfera financeira, que ganhava relativa autonomia frente aos capitais produtivos;
4. a maior concentração de capitais graças ao processo de fusões e aquisições;
5. a crise do *Welfare State* ou do "Estado do bem-estar social", acarretando a crise fiscal do Estado e a de retração dos gastos públicos e sua transferência para o setor privado;
6. incremento acentuado de privatizações, tendência generalizada às desregulamentações e à flexibilização do processo produtivo, dos mercados e da força de trabalho, entre tantos outros elementos contingentes que exprimiam esse novo quadro crítico.

Iniciou-se, assim, um processo de reorganização do capital e de seu sistema ideológico e político, cujos contornos mais evidentes foram o advento do neoliberalismo, com a privatização de algumas atribuições do Estado, a desregulamentação dos direitos do trabalho e a desmontagem do setor produtivo estatal e de um intenso processo de reestruturação da produção.

Passamos, então, a observar várias transformações no próprio processo produtivo por meio da constituição das formas de acumulação flexível, do *downsizing*, das formas de gestão organizacional, do avanço tecnológico, dos modelos alternativos ao binômio taylorismo/fordismo, destacando-se o toyotismo, ou modelo japonês.

As unidades produtivas especializaram-se e subdividiram-se para buscar vantagens comparativas especiais em cada ponto do planeta onde as grandes corporações foram levadas a criar uma matriz de conhecimento e não mais de produto, viabilizando constantes alterações no processo produtivo, balizado pelas inovações tecnológicas freqüentes.

A questão central refere-se ao menor potencial de crescimento dos mercados domésticos dos países desenvolvidos, abundantes em capital, constituindo-se em um problema clássico de realização do capital.

Esse processo provocou o deslocamento de recursos da esfera produtiva-real para a esfera financeira, ampliando significativamente este setor, o que provocou pressões crescentes para o acesso de bens e serviços por ele desenvolvidos como estratégia para a crise doméstica de acumulação (GONÇALVES, 1998; ANTUNES, 1999).

Essa ofensiva do capital reestruturado sob o domínio financeiro reverteu a relação capital/trabalho, que era favorável ao segundo, e afetou drasticamente os trabalhos organizados, os quais acabaram perdendo boa parte de seu poder político e de representatividade.

Com base nessas considerações, nas quais verificamos as mutações geradas pela globalização sobre a estrutura produtiva e o fortalecimento do sistema financeiro, analisaremos os desdobramentos ocorridos na estrutura social decorrente dessas mudanças.

A emergência do padrão pós-fordista de produção, que se processou mais intensamente a partir dos anos 80, provocou a ruptura do paradigma industrial e tecnológico vigente, pois, à medida que o capital é intensificado, ocorre uma forte redução da quantidade social de trabalho na produção.

Dessa forma, efetivou-se o questionamento do compromisso social de manutenção do nível de emprego, das garantias e dos benefícios existentes e das relações entre as instituições econômicas, sociais e políticas definidas quando ocorreu a constituição e expansão do padrão norte-americano no pós-guerra (MATTOSO, 1995; POCHMANN, 1998; ANTUNES, 1999).

O enfraquecimento do padrão de integração social levou à perda da eficácia quanto ao controle dos aspectos negativos inerentes ao avanço tecnológico e do processo de expansão do desenvolvimento capitalista realizados, até então, pelas políticas vinculadas ao Estado social ou Estado do bem-estar social.

Por um lado, a desordem monetária internacional e a crise fiscal dos Estados nacionais apontaram o rompimento das políticas macroeconômicas, vinculadas ao objetivo de buscar o pleno emprego e o processo de homogeneização social estabelecidos no pós-guerra.

Por outro, a busca por maior flexibilidade no mercado e nas relações de trabalho obstruiu os mecanismos institucionais que contribuíram para a construção de estruturas salariais com maior solidariedade e menor heterogeneidade.

Os argumentos predominantes para justificar o problema da exclusão social, que se expandiu rapidamente, acentuavam as falhas de funcionamento do mercado ocasionadas pelo excesso de intervenção estatal na economia.

Como decorrência, generalizou-se a tese de que, quanto mais desregulado e flexível fosse o mercado, maior a possibilidade de criação de empregos e de integração social.

Em função da queda do nível do Produto Interno Bruto e do aumento do desemprego nas últimas décadas, diversas formas precárias de ocupação passaram a ser identificadas, funcionando, na maioria das vezes, como alternativas de inserção no sistema.

A estrutura e a forma de remuneração dessa atividade constituíram-se na queda do padrão de vida da população, com a ampliação da pobreza e do processo de exclusão social.

> (...) *a problemática da exclusão social não se restringe à dinâmica do mercado de trabalho. Mas o distanciamento atual de uma situação de pleno emprego e as mutações nas condições e relações de trabalho e no status do assalariado permite observar, com maior clareza, uma ruptura na trajetória de identificação social e de integração comunitária. E com isso, o surgimento de novas vulnerabilidades sociais no capitalis-*

mo torna-se, *por si só, um elemento gerador da exclusão social que se generaliza neste final de século* (POCHMANN, 1997, p. 52-3).

As empresas, visando aumentar sua competitividade e conquistar novos mercados, têm efetuado uma ampla reformulação de suas estruturas produtivas com o objetivo de reduzir custos e melhorar a qualidade dos produtos.

A busca de otimização das empresas em suas configurações produtiva e organizacional, para enfrentar a concorrência doméstica e internacional, incorreu na redução do tamanho da força de trabalho diretamente empregada. Assim, tornou-se maior a subcontratação de trabalhadores temporários (por tempo determinado) e eventuais (em tempo parcial, trabalho a domicílio ou independente, aprendizes, estagiários etc.).

Essas atípicas ou contingentes formas de trabalho possuem características muito heterogêneas em função da forte terceirização e da maior utilização da informática por parte das empresas. Por outro lado, houve o favorecimento do trabalho a distância e da substituição do trabalho integral pelo parcial, ou *part-time*, decorrentes da troca de homens por máquinas, não compensada com a criação de novos empregos equivalentes, o que deu início a uma tendência de insegurança no emprego (MATTOSO, 1994; TÔRRES, 2000).

Segundo Mattoso (1994), a ampliação do emprego *part-time* e/ou de outras formas atípicas de trabalho estaria atrelada à nova divisão do trabalho, e mesmo que haja validação por meio da legislação social, tem conotação diferente do padrão anterior, na medida em que parte dos trabalhadores está sujeita a essas formas de trabalho de modo involuntário, sem garantias (seguridade social, aposentadoria etc.) e com baixa remuneração.

O crescimento econômico não tem conseguido gerar empregos no ritmo e quantidade necessários para absorver a população que ingressa no mercado de trabalho regulamentado ou para absorver os desempregados.

Observamos uma polarização dos postos de trabalho em "bons" e "maus" empregos. Os primeiros tendem a ser destinados àqueles que preenchem melhor as novas exigências do mercado de trabalho, especialmente no que diz respeito à escolaridade, na medida em que esse atributo confere ao trabalhador maior capacidade de reciclar seus conhecimentos e, com isso, manter seu emprego ou estar apto para disputar novas oportunidades de trabalho.

Os elementos determinantes dessa crise são de grande complexidade e acarretam mudanças intensas que, no seu conjunto, afetarão o mundo do trabalho, acentuando as características de exclusão econômica e social do sistema capitalista.

Foram afetadas as relações existentes no interior do processo produtivo, a divisão internacional do trabalho, o mercado de trabalho, as negociações coletivas e a própria sociabilidade de um sistema baseado no trabalho (HABERMAS, 1987; ANTUNES, 1999).

O processo de produção não é mais tratado como o princípio básico da organização das estruturas sociais, a dinâmica social não é concebida como emergente dos conflitos a respeito de quem controla a empresa industrial, a otimização das relações entre meios e fins técnico-organizacionais ou econômicos por meio da racionalidade capitalista industrial não é compreendida como a forma de racionalidade precursora de mais desenvolvimento social.

Vários estudos contemporâneos apontam a situação do trabalho como sendo uma variável dependente da humanização do trabalho iniciada pelo Estado e das políticas sociais e trabalhistas. A pesquisa sociológica da vida quotidiana e do mundo vivido também representa um rompimento com a idéia de que a esfera do trabalho tem um poder relativamente privilegiado para determinar a consciência e a ação social (OFFE, 1994; ANTUNES, 1999).

Offe (1994) ainda assinala que a pesquisa social orientada para a política nas sociedades capitalistas industriais, atualmente, parece concentrar-se nas estruturas sociais e nas esferas de atividades que ficam à margem ou completamente fora do domínio do trabalho – a família, os papéis sexuais, a saúde, a interação entre a administração do Estado e seus clientes etc.

Da mesma forma, os estudos tradicionais de estratificação e mobilidade, que procuraram compreender o parâmetro estrutural crucial da realidade social em variáveis como *status* e prestígio ocupacional também foram submetidos a uma revisão para dar mais atenção a variáveis como sexo, idade, *status* familiar, saúde, identidade étnica, direitos coletivos e exigências legais.

De acordo com Offe (1994, p. 176):

> *A segmentação do mercado de trabalho, a polarização das qualificações dos trabalhadores, assim como a transformação econômica, organizacional e técnica das condições de trabalho, tornam menos significativo o fato de ser um "empregado" e não mais um ponto de partida para associações e identidades coletivas de fundo cultural, organizacional e político.*

O autor salienta a desintegração da idéia de trabalho como um dever ético do homem não só devido à desagregação das tradições religiosas, mas também ao elevado consumismo, aspectos que afetam a infra-estrutura moral das sociedades capitalistas.

Habermas (1987) aponta para o que chama de esgotamento das energias utópicas – como se elas tivessem sido retiradas do pensamento histórico. O horizonte do futuro estreitou-se e o espírito da época, como a política, transformou-se profundamente.

O panorama aterrador da ameaça mundial aos interesses da vida em geral envolve vários fatores, entre os quais, a espiral armamentista, a difusão incontrolada das armas nucleares, o empobrecimento estrutural dos países em desenvolvimento, o desemprego e os desequilíbrios sociais crescentes, as altas tecnologias operadas à beira da catástrofe, que se tornaram palavras-chave e invadiram a consciência pública por intermédio dos meios de comunicação de massa.

Os avanços tecnológicos têm conseqüências ambivalentes: quanto mais complexos se tornam os sistemas que necessitam de controle, tanto maiores são as probabilidades de efeitos colaterais disfuncionais. As forças produtivas transformaram-se em forças destrutivas e a capacidade de planejamento transformou-se em potencial desagregador da sociedade.

Para Habermas (1987), os elementos citados anteriormente implicam o fim de uma determinada utopia que no passado cristalizou-se em torno do potencial da sociedade do trabalho.

Segundo o autor (1987, p. 106),

> Os clássicos da teoria social, desde Marx até Weber, estavam de acordo que a estrutura da sociedade burguesa moldou-se através do trabalho abstrato, por um tipo de trabalho remunerado, regido pelo mercado, aproveitado de forma capitalista e organizado empresarialmente. Como a forma desse trabalho desenvolveu uma força tão percuciente que penetrou todos os domínios, as expectativas utópicas também puderam dirigir-se à esfera da produção, em suma, para a emancipação do trabalho da determinação externa.

A utopia do trabalho perdeu sua força persuasiva, seu ponto de referência – a força estruturadora e socializadora do trabalho abstrato – ou seja, o trabalho perdeu a capacidade de abrir possibilidades futuras de uma vida coletiva melhor e menos ameaçadora.

A alavanca para o apaziguamento dos antagonismos de classe é a neutralização dos pontos de conflito inerentes ao *status* de trabalhador assalariado obtida por meio de legislação social e de negociações coletivas das partes independentes em forma de barganha salarial.

Os encargos, que continuam associados ao *status* do trabalho remunerado, no qual o cidadão é indenizado em seu papel de cliente da burocracia do Estado de bem-estar e em seu papel de consumidor de bens de consumo de massa, sofrem um duro golpe pela queda da arrecadação do sistema formal de trabalho.

Habermas (1987) afirma que a centralidade do trabalho foi substituída pela centralidade da esfera comunicacional ou da intersubjetividade, na qual prevalece a idéia de ciência como força produtiva, subordinando e reduzindo o papel do trabalho no processo de criação de valores. Entende-se que a racionalidade tem menos vínculos com a posse do saber do que com o modo como os sujeitos dotados de linguagem e ação adquirem e usam o conhecimento.

O compromisso social de manutenção do emprego vigente não só proporcionava "segurança" ao trabalhador como também possibilitava formas de integração social que favoreciam o equilíbrio do sistema. Como os programas de proteção social ou de seguridade social, que abrangem a saúde e o sistema previdenciário e a assistência social, têm como base de arrecadação o mercado formal de trabalho para o financiamento das políticas compensatórias e de benefícios adicionais aos trabalhadores, seu campo de ação fica extremamente debilitado.

Na medida em que os avanços tecnológicos afetam drasticamente a sociedade do trabalho e exigem maior qualificação e capacidade de adaptação para a absorção das mudanças proporcionadas, reduzem ou eliminam tarefas no processo. Ainda que o setor de serviços seja mais representativo na geração de empregos, não é suficiente para a inserção de todas as pessoas, como jovens e desempregados, que ficam à margem do sistema.

Temos, então, um grande paradoxo: uma camada da população possui sérias dificuldades quanto à recolocação no mercado de trabalho, ou até mesmo a impossibilidade de isso ocorrer, o que a leva a operar em sistemas de menor produtividade com conseqüente redução dos ganhos, isso a torna dependente dos mecanismos sociais compensatórios.

Então, como sua base de arrecadação é seriamente afetada pela redução do emprego típico ou formal, cria-se um enorme impasse: o aumento substancial da demanda assistencial é representado pelo avanço da massa de marginalizados.

Este é o grande desafio das sociedades modernas: administrar crescentes massas de marginalizados, o que demanda aumento das despesas sociais, em um contexto em que o Estado tem seu campo de manobra reduzido pelas pressões de desregulamentação das legislações trabalhistas e pela queda de arrecadação do sistema em função do impacto causado na manutenção e geração de empregos.

10.5 O papel das instituições segundo a nova economia

O termo institucionalismo foi cunhado em 1918 por Walton Hamilton durante um encontro da *American Economic Association*. O objetivo era evidenciar a abordagem utilizada por um crescente número de pesquisadores que viam na evolução das instituições humanas e sua influência sobre a reprodução material e o bem-estar humano um fator bastante significativo na determinação dos rumos da economia (FÉRNANDEZ E PESSALI, in PELAEZ E SZMRECSÁNYI, 2006; ABRAMOVAY, 2001).

Entre os pioneiros do institucionalismo estavam Thortein Veblen e John Commons, logo seguidos por outros intelectuais, como Clarence Ayres, Wesley Mitchell e Walton Hamilton. Atualmente, entre os representantes mais importantes da tradição institucionalista destacam-se Douglass North, Robert Heilbroner, John K. Galbraith, Warren Samuels e Marc Tool.

A questão central na obra de Douglass North, desde o início dos anos 70, era descobrir por que um conjunto significativo de nações havia conseguido um padrão de crescimento econômico em que a pobreza absoluta se tornou minoritária em suas estruturas sociais, quais seriam os fatores determinantes e se a vitória sobre a pobreza poderia ser um estímulo para o próprio crescimento econômico.

> *A organização econômica eficiente constitui a chave para o crescimento (...) A organização eficiente implica o estabelecimento de arranjos institucionais e direitos de propriedade que criam um incentivo para canalizar o esforço econômico individual para atividades que aproximam as taxas privadas de retorno* (NORTH E THOMAS, 1973, in ABRAMOVAY, 2001, p. 166).

O crescimento sustentado das nações não seria a capacidade inovadora, a democratização do ensino e a valorização do conhecimento, mas esses fatores constituiriam o crescimento. A organização eficiente, segundo North, seria a causa propulsora do crescimento. Para chegar a essa conclusão o autor rompeu com o pensamento neoclássico vigente.

Para ele, as teorias tradicionais do Estado são incompletas por não tratarem adequadamente da questão da evolução das formas de propriedade. A teoria do Estado marxista, que defende os interesses das classes no poder, ignora os ganhos econômicos iniciais obtidos pelo pacto que faz surgir o Estado; a teoria contratualista, por sua vez, explica esses ganhos, mas menospreza a tendência de determinados grupos se apropriarem do Estado.

Inicialmente North (1973) coloca as instituições, a organização e as representações mentais no centro da sociedade humana, e não agentes econômicos como unidades autônomas. A importância das instituições é focada em seu papel como agente transformador e não simplesmente como o encontro em que compradores e vendedores exercem suas opções de consumo e investimento.

Os mercados seriam construções sociais que projetam o ambiente institucional em que estão inseridos e não representam apenas o mecanismo de formação de preços, conforme a visão tradicional.

A determinação de regras formais, que definem a estrutura de propriedade sobre o que é produzido, condiciona a *performance* das economias. Um arranjo institucional é capaz de igualar o retorno privado ao retorno social das atividades econômicas dos agentes de uma dada sociedade.

Uma matriz institucional eficiente é aquela capaz de estimular o agente ou a organização a investir em uma atividade individual que traga retornos sociais superiores aos custos sociais.

A chave para obter esse arranjo de sucesso está em estabelecer um sistema de propriedade bem definido e acompanhado de um aparato de aplicação com força de lei eficaz. Ao definir e garantir direitos de propriedade, arranjos eficientes levarão organizações e indivíduos a investir em atividades economicamente produtivas, em especial no que se refere à acumulação de capital e de conhecimento.

As atividades materiais da sociedade são fundamentais na determinação dos custos da economia. A diminuição desses custos supõe que as condutas humanas sejam estabilizadas e minimamente previsíveis: as instituições cumprem o papel de reduzir as incertezas e incentivar as ações humanas coordenadas.

Neste contexto, a busca da maximização da produção é a forma que as instituições encontram para reduzir os custos inerentes ao processo.

As instituições formais e informais de uma sociedade, de acordo com North, constituem a matriz institucional que será responsável por definir o vetor de estímulos para os diversos atores sociais, notadamente os vinculados à atividade econômica. A história das sociedades resume a evolução das matrizes institucionais e das conseqüências econômicas, políticas e sociais.

Esses arranjos institucionais interagem entre si, com os recursos econômicos que, juntamente com a tecnologia empregada, definem as transformações dos custos tradicionais da teoria econômica, que seriam responsáveis pela evolução institucional e pelo desempenho econômico ao longo do tempo (GALA, 2003).

> *É por isso que o segredo do desenvolvimento não reside em dons naturais, na acumulação da riqueza, nem mesmo nas capacidades humanas, mas nas instituições, nas formas de coordenar a ação dos indivíduos e dos grupos sociais* (ABRAMOVAY, 2001, p. 168).

A conclusão do trabalho de Douglass North remete-nos a alguns pontos extremamente importantes no que se refere à busca de soluções dos problemas da sociedade atual, a saber: desemprego e expansão comercial e tecnológica sem os respectivos benefícios, ao menos para a maioria da população global.

North salienta que o custo do desenvolvimento das sociedades reflete o grau de organização e de atuação das organizações na redução das transações produtivas e da capacidade de maximizar os resultados, tornando os benefícios sociais superiores aos custos incorridos para tal, bem como a necessidade de um viés político para viabilizar a construção dessa matriz institucional.

Verificamos, no entanto, que, com a crise dos países socialistas, a difusão e o domínio do receituário neoliberal, instituições vinculadas ao sistema financeiro internacional atuaram no sentido de corroborar esse modelo.

O Consenso de Washington, reunião realizada nos Estados Unidos em novembro de 1989, da qual participaram instituições como FMI, BID, Banco Mundial e diversos economistas latino-americanos, teve como objetivo avaliar as reformas econômicas ocorridas na região e ratificar a proposta neoliberal que o governo norte-americano vinha recomendando como condição para conceder cooperação financeira externa.

Em síntese, as discussões propostas nesse encontro foram em relação à disciplina fiscal, priorização dos gastos públicos, reforma tributária, liberalização financeira, regime cambial definido via mercado, liberalização comercial, abertura para o investimento estrangeiro, privatização das empresas públicas (Estado mínimo), desregulamentação e a garantia da propriedade intelectual.

A adoção dessas medidas seria condições *sine qua non* para que países interessados obtivessem empréstimos e ajuda financeira bilateral ou multilateral, mostrando o jogo de forças existente no cenário internacional, ou seja, a capacidade de coerção de um país ou das instituições por ele representadas.

Apesar dos efetivos benefícios decorrentes da concorrência e da disciplina dos gastos públicos, a assimetria tecnológica, os poderes econômico e político existentes entre países desenvolvidos e subdesenvolvidos, atualmente denominados emergentes, é muito significativa, como, por exemplo, a recepção de investimentos externos nos países emergentes, pois as empresas multinacionais estão localizadas em praticamente todos os países e recebem recursos provenientes das matrizes.

No Quadro 10.1, verificamos que a recepção de IDE por parte dos países desenvolvidos apresentou crescimento de 294,91%; 35,61%; 24,78% e 47,65%, respectivamente, representando 59,18% do investimento total mundial em 2006. Por outro lado, os países em desenvolvimento tiveram crescimento de 119,27%; 6,28%; 5,36% e 63,93%, com aumento do investimento médio anual entre 1997 e 2001, queda entre 2002 e 2006; a expansão se dá apenas nos anos 2005 e 2006.

Quadro 10.1 Distribuição mundial de recebimentos de investimentos estrangeiros diretos – 1991-2006 (em milhões de dólares norte-americanos)

	1992/6	1997/01*	2002/06*	2005	2006
Total mundial	276,3	908,7	700,7	916,3	1230,4
Países desenvolvidos	170,9	674,9	434,6	542,3	800,7
Países em desenvolvimento	101,7	223,0	237,0	224,3	367,7

continua...

| Europa oriental e Comunidade dos Estados Independentes | 3,7 | 10,8 | 29,1 | 39,7 | 62,0 |

Fonte: UNCTAD – Informe sobre las inversiones en el mundo. World Investment, 2006.
* Média anual no período indicado.

Na verdade, instituições que poderiam atuar no sentido de desenvolver as matrizes institucionais capazes de maximizar os resultados socioeconômicos mencionadas por North, por meio de soluções mediadas politicamente, acabam tomando posturas unilaterais e reforçam as assimetrias estruturais existentes entre os países.

O fim da sociedade do trabalho e do Estado-nação, bem como o sepultamento das idéias de Keynes e do compromisso com a busca do pleno emprego, se deu com as revoluções tecnológicas e seus reflexos sobre a sociedade onde todos os países são atingidos, porém de forma diferenciada.

O grau de organização das instituições internas e dos atores sociais econômicos os qualifica para enfrentar os desafios da dinâmica capitalista atual. Se o país não consegue resolver seus conflitos e anular as próprias assimetrias inerentes à sua estrutura socioeconômica, o que esperar das assimetrias em relação ao cenário internacional?

Considerações finais

Ao concluir este capítulo podemos perceber a importância da especialização das unidades produtivas na busca das vantagens comparativas, uma vez que as grandes corporações são levadas a criar uma matriz de conhecimento e não mais de produto, viabilizando constantes alterações no processo produtivo, balizado pelas inovações tecnológicas freqüentes, o que produz o crescimento econômico.

No entanto, com a crise decorrente do fim do sistema fordista de produção, do rompimento do padrão ouro-dólar e a conseqüente flutuação das taxas de juros e de câmbio, das desregulamentações dos mercados financeiros internacionais, da expansão das multinacionais e do reordenamento socioeconômico decorrente desses processos, ficaram expostos os efeitos distorcidos do paradigma vigente.

Avaliando os reflexos sociais negativos decorrentes desses mecanismos, temos a impressão de que a caixa de Pandora foi aberta, de forma que as diversas variáveis, tanto endógenas quanto exógenas ao sistema, estão "fora de controle".

Instituições e organizações internacionais, entre elas o Banco Mundial e a Cepal, que desenvolvem muitos programas sociais importantes, poderiam desempenhar o papel de pêndulo, no sentido de buscar o equilíbrio e a maximização dos benefícios do processo de globalização dos mercados, mas seguem a postura do carro-chefe da economia internacional, ou seja, a pax americana está se mostrando incapaz de estabelecer mecanismos compensatórios das disparidades existentes atualmente.

Exercícios de fixação

1. Faça um comentário sobre o papel das instituições da perspectiva das relações internacionais.

2. Aborde o surgimento das organizações internacionais e o papel das instituições segundo a nova economia.

3. Sintetize as dimensões da crise estrutural do capital que ocorreu a partir da década de 1970.

4. Explique a ascensão dos blocos econômicos e das instituições multilaterais.

5. Como as instituições internacionais poderiam contribuir para a retomada do crescimento e da integração socioeconômica global.

Referências bibliográficas

ABRAMOVAY, Ricardo; ARBIX, Cláudio; ZILBOVINICIUS, Mauro (Orgs.). *Razões e ficções do desenvolvimento*. São Paulo: Unesp/Edusp, 2001.

ANTUNES, Ricardo. *Os sentidos do trabalho* – Ensaio sobre a afirmação e a negação do trabalho. São Paulo: Boitempo, 1999.

BATISTA, Paulo Nogueira. *Em defesa do interesse nacional*. São Paulo: Paz e Terra, 1994.

BAUMANN, Renato (Org.); COUTINHO, Luciano G. A fragilidade do Brasil em face da globalização. In: *O Brasil e a economia global*. Rio de Janeiro: Campus, 1996.

DUPAS, Gilberto. A lógica da globalização e as tensões da sociedade contemporânea. *Revista Hypnoz*, São Paulo, n. 5, 1999.

_____. *Economia global e exclusão social*. São Paulo: Paz e Terra, 2000.

FURTADO, Celso. *O capitalismo global*. São Paulo: Paz e Terra, 1998.

GALA, Paulo. A teoria institucional de Douglass North. *Revista de Economia Política*, São Paulo, v. 23, n. 2 (90), abr.-jun. 2003.

GONÇALVES, Reinaldo. *A nova economia internacional*. Rio de Janeiro: Campus, 1998.

HABERMAS, Juergen. A nova instransparência – A crise do bem-estar social e o esgotamento das energias utópicas. *Novos Estudos Cebrap*, n. 18, p. 103-14, set. 1987.

MATTOSO, Jorge E. Levi; BALTAR, Paulo Eduardo de A. Transformações estruturais e emprego nos anos 90. *Cadernos Cesit*, São Paulo, n. 21, 1995.

MESSIAS, José Flávio. *Trabalho e emprego*: perspectivas para a unificação social no Mercosul. São Paulo, 2001. Tese (Doutorado em Ciências Sociais) – Pontifícia Universidade Católica de São Paulo.

MORAES, José Geraldo Vinci. *História geral contemporânea* (séculos XVIII-XX). 2. ed. Brasília: Ministério das Relações Exteriores/Funag, 2002.

OFFE, Claus. *Capitalismo desorganizado*. 2. ed. São Paulo: Brasiliense, 1994.

_____. Problemas estruturais do estado capitalista. São Paulo: Tempo Universitário, 1984.

O'ROURKE, Kevin H. Globalization and inequality: historical trends. *NBER Working Papers*, Cambridge, n. 8.339, jun. 2001.

PEDEX – Programa Educativo Dívida Externa. O neoliberalismo, 95.

PELAEZ, Victor; SZMRECSÁNYI, Tamás (Orgs.). *Economia da inovação tecnológica*. São Paulo: Hucitec/Ordem dos Economistas do Brasil, 2006.

POCHMANN, Marcio. Novas vulnerabilidades sociais no capitalismo do final do século XX. *Pesquisa e Debate* (FEA PUC-SP), São Paulo, v. 8, n. 12 (especial), 1997.

RICUPERO, Rubens. Integração externa, sinônimo de desintegração interna? *Revista Estudos Avançados* (USP), São Paulo, n. 40, p. 13-22.

SEITENFUS, Ricardo A. S. *Relações internacionais*. São Paulo: Manole, 2004.

STIGLITZ, Joseph E. *A globalização e seus malefícios*. São Paulo: Futura, 2002.

TÔRRES, Ofélia de Lanna Sette. Configuração de uma economia plural na virada do século. *Texto para Discussão* (PUC/SP), São Paulo, n. 7, 1998.

_____. *Empregabilidade negociada*. São Paulo: Atlas, 2000.

UNCTAD. Conferencia de las naciones unidas sobre comercio y desarrollo. World Investment Report, 2006.

VELLOSO, João Paulo dos Reis; MARTINS, Luciano. *Fórum nacional*: a nova ordem mundial em questão. 2. ed. Rio de Janeiro: José Olympio, 1994.

GALE CENGAGE Learning — Negócios

Bases de dados • eBooks • Coleções Digitais
Publicações periódicas acadêmicas • Livros impresos

Bases de Dados:

Academic OneFile
Bases de dados de periódicos eletrônicos, multidisciplinar e de perfil academico que apresenta grande quantidade de artigos em texto completo. A interface é amigável e oferece tradutor on-line.

Informe Acadêmico
Coleção de periódicos em língua espanhola em todas as áreas do conhecimento e provenientes de diversas revistas publicadas pelas mais renomadas instituições acadêmicas da Iberoamerica.

Business & Management Practices
Valorosa ferramenta para estudo dos conceitos, processos, métodos e estratégia em administração de empresas.

Small Business Resource Center
Fonte informaçao para projetar, iniciar e operar pequenos negócios. Oferece informação sobre administração, financiamento, marketing, recursos humanos, franquias, contabilidade e impostos.

Business and Company Resource Center
Oferece perfis de empresas, marcas e produtos, preços das ações, relatórios de investimento, estatísticas industrias, notícias de indústria, artigos de revistas especializadas e análise de mercado.

eBooks:

- Personal Money Management and Entrepreneurship
- Economic Indicators Handbook
- Everyday Finance: Economics
- World Economic Prospects
- Encyclopedia of Management
- Encyclopedia of Small Business
- Small Business Sourcebook
- Advanced Project Management eBook Bundle
- Encyclopedia of Business and Finance
- Encyclopedia of Small Business
- International Directory of Business Biographies

Livros impressos:

- China and the Challenge of Economic Globalization
- Information Technology and Economic Development
- Everyday Finance: Economics
- Economic & Business Handbook
- Personal Money Management and Entrepreneurship
- Worldmark Encyclopedia of National Economies
- Encyclopedia of Leadership
- Management and Service
- 21st Century Management: A Reference Handbook
- International Encyclopedia of Hospitality Management

Para mais informações: www.galecengage.com
ou gale.brasil@cengage.com